ドイツ軍攻防史

マルヌ会戦から第三帝国の崩壊まで

Die offensiven und defensiven Schlachten der deutschen Streitkräfte.
Vom Marne-Feldzug bis zum Ende des Dritten Reiches.

大木毅

作品社

はじめに

戦史・軍事史をテーマとした著者の最初の論集『ドイツ軍事史――その虚像と実像』（作品社、２０１６年）を上梓《じょうし》してから、もう四年になる。日本には、アカデミシャンが戦史・軍事史を扱わない、自衛官もより喫緊の要のある課題（たとえば、中国人民解放軍の分析）に忙殺され、なかなか近現代欧米戦史・軍事史の研究成果を咀嚼《そしゃく》できないといった特殊事情があった。それによって生じた三、四十年、ときには半世紀にもおよぶ知識・認識のギャップを埋めたいというのが、拙著を執筆した動機のなかでも、もっとも大きな要因であった。

いささか我田引水な感想かもしれないが、こうした溝も少しずつ埋められているように思う。四年前に比べ、ドイツ、ひいては欧米の戦史・軍事史に対して学問的なアプローチを取る書籍が眼につくようになったと感じているのは、おそらく著者だけではあるまい。

さりながら、この間にも、欧米におけるドイツ軍事史の研究は長足の進歩をとげている。とくに、２０１４年から２０１８年は、第一次世界大戦百周年ということで（同大戦については当事者意識の薄い日本では、残念ながら、学界の動きは低調だったといわざるを得ないが）、多数の論考が発表され、従来の像に疑義を呈する、あるいは一新させるような成果があがった。また、ドイツでは、連邦情報局が、外部の歴史家に委託するかたちで公式の局史編纂を進めている。このプロジェクトに参加した研究者たちは、機密文書の閲覧を許され、冷戦下の情報戦に関する実情をあかるみに出したのだ。

本書『ドイツ軍攻防史――マルヌ会戦から第三帝国の崩壊まで』では、従来通り、いまだ日本では受容されていないドイツ軍事史の「常識」を紹介することに加えて、こうした最新の議論を伝えることに努めた。読者があらたな認識を得るための一助となれば、著者としては何よりの歓びである。

目次

Schlachten der deutschen Streitkräfte.

Vom Marne-Feldzug bis zum Ende des Dritten Reiches.

── マルヌ会戦から第三帝国の崩壊まで

ドイツ軍攻防史

Die offensiven und defensiven

兵科記号

兵科記号の見方を覚えておけば、複雑な軍事組織の編成を容易に理解できます。兵科記号が地図に描かれている時、その記号の位置が、記号が表す部隊が存在した場所を示し、記号の中のシンボルが、部隊の種類＝兵科を表しています。代表的な兵科記号は、以下の通りです。

歩兵		ロケット砲	
自動車化歩兵(路上)		迫撃砲	
自動車化歩兵		対戦車砲	
空中機動／空中突撃（ヘリボーン）		対空砲(1945年以前)	
空挺(落下傘)		防空	
海兵／海軍歩兵		信号兵／通信兵	
山岳歩兵		爆撃機隊	
機械化(機甲)歩兵		戦闘機隊	
戦闘工兵		攻撃ヘリコプター	
コマンド／特殊部隊		補給／輸送	
騎兵		補充	
機甲騎兵／偵察		自動車化特殊作戦部隊	
オートバイ兵		憲兵	
装甲車		自動車化対戦車砲	
機甲／戦車		自走対戦車砲	
突撃砲／自走砲		諸兵科連合	
車両牽引砲兵		車両化海兵	
馬匹牽引砲兵		自動車化海兵	

規模記号

XXXXX＝軍集団／方面軍／正面軍　XXXX＝軍　XXX＝軍団
XX＝師団　X＝旅団　III＝連隊　II＝大隊　I＝中隊　●●●＝小隊　●＝分隊

第I章　鋼鉄の嵐　第一次世界大戦とドイツ軍

「砲兵が耕し、歩兵が占領する」

——第一次大戦時のスローガン

「やつらは側面を剝き出しにしている」

——パリ軍事総督府の参謀たち

「元帥閣下、英国の名誉は失われようとしているのですぞ！」

——フランス軍最高司令官ジョゼフ・ジョフル中将

「戦術は、純粋な戦略の上位に位置する。戦術的な成功なしには、戦略も推進し得ない。戦術的勝利を考慮しない戦略は、最初から成功の見込みがないものと運命づけられている」

——参謀次長エーリヒ・ルーデンドルフ歩兵大将の戦時回想録

「ドイツ軍に戦闘精神《スピリット》が欠けていたからではなく、イギリス軍がふんだんに持っていた酒精《スピリット》飲料のために」拒止された。

——ドイツ陸軍軍医スティーヴン・ウェストマン

Ⅰ―1 突破ミュラーの砲兵戦術

ドイツ軍の150mm榴弾砲

　第一次世界大戦の西部戦線といえば、陰鬱な印象がつきまとうのは否めない。果てしなく続く塹壕と鉄条網、じめじめと湿った陣地やトレンチフット……[1]。数日間、ときには数十日におよぶ砲撃も、蜘蛛の巣のごとくはりめぐらされた縦深陣地には、さほど効果がなく、突撃した歩兵は機関銃の前に死体の山を築く。毒ガスも、堅固な敵陣を突破するには一時的な効果しか持たず、結局、戦車の出現までは、戦術の画期的な変革は訪れなかった。このような固定観念も抜きがたく存在しているようだ。

　しかしながら、近年、とりわけ、２０１４年に第一次世界大戦勃発百周年を迎えてからの研究の進展は、かつてのイメージを払拭しつつある。西部戦線で採用された戦術は、技術的な発展を取り入れ、さまざまな創意工夫を凝らして、急速に変わっていった。つまり、だらだらと続く準備砲撃と歩兵の犠牲的白兵突撃といった紋切り型は必ずしも当たっておらず、もっとダイナミックに捉えるべきだというのだ。

ゲオルク・ブルフミュラー
その砲兵戦術は、今日なお世界の陸軍によって研究されている

本節では、こうした新視点のなかでも、とくに注目されているドイツ軍の砲兵戦術について述べてみたい。その際、かかる戦術の成立に大きな役割を果たした軍人、ゲオルク・ブルフミュラー大佐に注目することになる。

不充分な砲兵

1914年9月、西部戦線で猛進していたドイツ軍がマルヌの戦いで阻止されるとともに、戦争は、中欧諸国と連合国、いずれの陣営も予想だにしていなかった様相を呈するようになった。西部戦線では、両軍ともに飽くことなく延翼競走に励んだ結果、北海から中立スイスの国境に至る、史上空前の長大な戦線が形成されたのである。しかも、それは、いずこにおいても、鉄条網や地雷、縦横無尽にめぐらされた塹壕といった野戦築城をほどこされていたから、敵味方を問わず、攻撃側は多大な困難を被ることになった。ここに、空前の規模の陣地戦が現出したのだ。

そうなると、頼りにされるのは、破壊力に優れた砲兵である。けれども、1914年のドイツ軍砲兵は、このような戦いに適した装備・編制を有していたわけではなかった。第一次世界大戦前のドイツ軍砲兵は、おおむね野戦砲兵と徒歩砲兵の二種類に分けられていた。前者は、軽野砲を装備した騎馬砲兵で、野戦軍に付き従い、敵と遭遇するや集中砲火を浴びせることを任務とする。事実、初期の進撃にあたって、野戦砲兵は大きな戦果をあげていた。後者の徒歩砲兵は、重砲や攻城臼砲を装備し、機動性に乏しい。したがって、運動戦では使いにくいから、要塞防御や敵要塞の攻囲に用いられる。開戦劈頭《へきとう》、ベルギーのリエージュ要塞攻略に重要な役割を演じたのも、有名な「太っちょベルタ」こと42センチ榴弾砲をはじめとする重砲を備えた徒歩砲兵であった。ドイツ軍は、日露戦争の戦訓を研究した結果、重砲・榴弾砲の威力に注目しており、その点では、主敵となったフランス軍に一歩先んじていたのである。▼2 具体的にいうなら、開戦時のドイツ軍歩兵師団には、建制で砲兵1個旅団があったが、そのうち四分の一の砲は、大仰角で榴弾を撃ち出すことができる軽榴弾砲だった。これらは、塹壕に隠れた敵の頭上に砲弾を降らすことが可能で、おおいに威力を発揮した。

だが、それでも、西部戦線の陣地や要塞を攻撃するには不充分であった。野戦築城を固め、縦深を深めていくばかりの陣地に対して、軽野砲は威力不足だったのだ。さりとて、徒歩砲兵を野戦に使おうにも、大戦前のドイツ軍ドクトリンは、これらは要塞攻囲や静的な防御に用いると定めていたため、野戦への投入には、さまざまな試行錯誤を経なければならなかった。とはいえ、陣地戦における榴弾砲や重砲の効力には疑問の余地がなく、ドイツ軍はあわててその比率を増やしていく[3]。ただし、急場に間に合わなかったのはいうまでもない。

砲兵戦術の進歩

とはいうものの、1915年以降、両陣営は陣地戦に備えて、砲兵戦術を改良しはじめた。なかでも、進歩したのは間接射撃である。周知のごとく、観測班によって、砲兵それ自身には視認できない目標の位置を特定し、砲撃を加える戦法は、すでに日露戦争において日本軍が旅順艦隊攻撃などで使用していた。それが西部戦線の塹壕陣地攻撃に応用され、完成をみたのである。ちなみに、現代砲兵の間接射撃も、基本的には、この第一次世界大戦で確立された方法を用いている。

また、当時、主として野砲が使っていたシュラプネル式砲弾[4]も、野戦で暴露されている敵に対してならともかく、鉄条網を破壊したり、塹壕を崩すことはできなかったが、炸薬量を増やした砲弾を使ってみるといった工夫がほどこされていった。シュラプネル弾を活用するために、フランス軍が採用した砲兵戦術が「斉射《ラファール》」(rafale)である[5]。味方が突撃する瞬間に、敵陣にシュラプネル弾を集中、対応を困難にさせるのだ。もっとも、この戦術は、1915年末ごろから高性能爆薬を用いた砲弾が大量に使えるようになったため、放棄された。

続いて、現れたのが「弾幕射撃《バラージュ》」(barrage)である。[6]右記のような砲弾を集中使用し、炸裂する砲弾の幕をつくって敵陣に浴びせる、準備砲撃の一種だ。それによって、攻撃対象となる陣地帯に敵が兵員を配置するのを阻止し、また別の弾幕を敵陣後方に指向、増援部隊の召致を妨げるといったことがなされた。この弾幕射撃を一歩進め、より直接的な攻撃支援としたのが「移動弾幕射撃」だった。読んで字のごとく、突撃発起時に味方部隊前方に張った弾幕を、歩兵の進撃につれて、100ないし200メートルずつ動かしていくのである。

また、敵砲兵に対する砲撃戦法も進歩した。むろん敵砲兵も、捕捉されないよう、砲撃を加えては陣地転換を行う。それを、射撃時の発射炎や煙を観測、位置を特定する火点観測や、敵の砲撃音より位置を割り出す音響測定によってあぶりだし、砲弾の雨を降らせる手法が使えるようになってきたのだ。

天文学的な浪費

これら、第一次世界大戦前半に編み出された砲兵戦術の粋を集めて実行されたのが、1916年のヴェルダン攻略作戦だったといえよう。1914年9月、小モルトケことヘルムート・フォン・モルトケ上級大将の後を襲って、陸軍参謀総長に就任したエーリヒ・フォン・ファルケンハイン歩兵大将[7]は、フランス軍に決戦を挑むことによって、彼らの戦意を喪失させ、イギリス軍と離間させることを企図した。今日の眼からすれば、物量・人員に劣る側が攻勢をかけるなど無謀と思われるが、ファルケンハインはドイツ軍の戦術的優位を確信しており、陣地戦の膠着を打開し、再び機動戦に持ちこむことができると考えたのである。この目的のために彼が選んだ決戦場が、フランス北東部ロレーヌ地方に築かれたヴェルダン要塞だった。

かくのごとき企図のもとに要塞を攻めるのであるから、その序盤の主兵は必然的に砲兵となる。ドイツ軍は、250万発の砲弾と1700門の大砲を集め、1916年2月21日、ヴェルダン攻略を開始した。ドイツ軍の戦果はめざましく、四日間で防御陣第二線まで到達、ドゥオーモン堡塁を奪取したのである。しかしながら、フランス軍には、この要塞を譲り渡す気などなかった。指揮を執ったフィリップ・ペタン中将は、他の要塞から引き抜いてきた大口径砲を使い、ドイツ軍砲兵隊と一大砲撃戦を展開した。ドイツ軍は2200万発の砲弾を撃ち込み、フランス軍は1500万発を撃ち返したといわれる。かかる火力戦では、生身の兵隊の犠牲が甚大になることはいうまでもない。両軍いずれも、30万におよぶ死傷者を出し、そのほとんどが砲撃によるものだと推定されている。しかし、このような損害を出しながらも、ペタン率いるフランス第2軍はヴェルダンを守り抜き、ファルケンハインの企図をくじいたのであった。▼8

ただし、こうした超物量戦ともいうべき集中砲撃は、ドイツ軍の専売特許ではない。むしろ、連合軍のほうが多用したといえる。たとえば、イギリス軍は、1916年7月のソンム戦で、1週間にわたる準備砲撃を行い、150万発の砲弾を敵陣に放っている。

エーリヒ・フォン・ファルケンハイン歩兵大将。彼の戦略がヴェルダンの「地獄」をもたらした

けれども、こうした砲撃の限界は、しだいにあきらかになっていった。西部戦線にはりめぐらされた陣地網はすでに、数日間にわたる準備砲撃をも受け止めるだけの抗堪力を得ていたのだ。かくも多数の砲弾を使った砲撃が実行されているあいだ、歩兵は約9メートルの深さの退避壕にこもっていたため、ほとんど損害を受けなかったのである。こうして砲撃をやりすごした歩兵は、敵の突撃がはじまると、あるいは機関銃座や塹壕に収まり、あるいは逆襲に転

じたのであった。

加えて、費消される砲弾の量も深刻な問題であった。ここに掲げた表を参照すれば、一目瞭然であろう。1866年の普墺戦争において、プロイセン軍が使った砲弾は、ひと月あたり2万発にすぎない。が、およそ半世紀後のドイツ軍は、800万発もの砲弾を撃つようになっていた。歩兵を投入する前に、砲兵だけで敵陣の防御施設や機材を破壊しようとすれば、鉄条網のような地表に露出した目標を撃つ場合においてすら、厖大な物量を必要とする[9]。このころ声高に叫ばれた「砲兵が耕し、歩兵が占領する」というスローガンは、空文となっていた。そういっても過言ではあるまい。むろん、かくのごとき量の砲弾を生産することは、参戦各国の戦時経済にとって重い負担となっていた。

つまり、戦果は、砲弾の天文学的な浪費にみあわぬものだったのである。

月あたり砲弾消費量の変遷

年	戦争	使用軍隊	消費弾数
1866	普墺戦争	ドイツ軍	20,000
1870	普仏戦争	ドイツ軍	81,000
1904	日露戦争	ロシア軍	87,000
1912	第一次バルカン戦争	ブルガリア軍	254,000
1914	第一次世界大戦	フランス軍	900,000
1916	第一次世界大戦	フランス軍	4,500,000
1918	第一次世界大戦	ドイツ軍	8,000,000

ブルフミュラー登場

こうした状況の打開に大きな役割を果たしたのが、ドイツの軍人ゲオルク・ブルフミュラーであった。彼は、1863年にベルリンで生まれた。砲兵や工兵に進む者の多くがそうであったように、ブルフミュラーも貴族ではなく、中産階級の出身である[10]。父カール・グスタフはセールスマンだったと伝えられている。事実、ゲオルク・ブルフミュラーは、陸軍幼年学校も士官学校も出ていない。古典学校《ギムナジウム》で大学入学資格を取得したのち、フンボルト大学（ベルリン）で数学と物理学を専攻しているのである。

しかし、ブルフミュラーは教師や研究者ではなく、軍人の道を選んだ。1883年、彼は三年志願兵として[11]、第1徒歩砲兵連隊に入隊した。1885年には、少尉に任官、メッツ駐屯の第8徒歩砲兵連隊に配属される。興味深いのは、このあと、第一次世界大戦で召集されるまでのその軍歴は、必ずしも輝かしいものとはいえないことである。彼は、イューターボルクの徒歩砲兵学校・教導連隊をはじめ、各種砲兵学校や要塞砲部隊を転々としたが、目立った仕事といえば、1908年に徒歩砲兵教範作成に関わったことぐらいであった。また、少佐に進級するまでに23年かかっている。当時のドイツ軍にあっては珍しいことではないが、とうてい順風満帆にエリートコースを歩んだとはいい難い。従って、1913年に神経衰弱をわずらって、中佐で退役したときのブルフミュラーは、無数にいる平凡なドイツ将校の一人にすぎなかったのだ。[12]

ところが、第一次世界大戦とともに召集されたブルフミュラーは、意外な才能を発揮する。最初はクルム要塞の砲兵指揮官、その後は、第2近衛後備師団[13]徒歩砲兵大隊長、第86野砲兵連隊長などを歴任した彼は、砲兵戦術の名手との評判を取ったのである。

ブルフミュラーの成功の秘密は、従来の砲兵戦術の欠陥を見抜き、まったく異なる方法を採ったことにあった。彼によれば、1916年までには当たり前のこととなっていた、数日間、ときには数週間におよぶ攻撃準備砲撃には、以下のごとき問題がある。莫大な量の砲弾費消、尋常でない砲身の摩耗（砲撃精度の低下をもたらす）。また、攻撃予定地域を砲撃で掘り返し、通行困難にするし、何よりも、そうした砲撃は敵の警戒を呼び起こし、奇襲の可能性を皆無としてしまう。

こんなやり方では駄目だ。そう考えたブルフミュラーは発想を転換した。敵陣地を奪取し、さらに突破を成功させるには、何もすべてを破壊する必要はない。歩兵が突入するまで、対手が効果的な対応をできないよう、マヒさせておくだけで充分だ。

現代の軍隊は、砲撃を三つの範疇《はんちゅう》に分けている。装備や人員そのものを狙って、敵部隊撃破をはかる「破壊」、敵部隊の一部、あるいは通信・指揮機能を叩き、対応を困難とする「無力化」、そして、敵を掩体壕などに追い込み、味方の攻撃を妨害できない状態に置く「制圧」だ。ブルフミュラーは、第一次世界大戦時に早くも、後の二つ、「無力化」と「制圧」という思想に到達していたのである。

もっとも、そうした砲兵戦術を考えていたのは、ブルフミュラーだけではなく、その萌芽は他国の陸軍にもみられる。たとえば、1916年のブルシーロフ攻勢において、ロシア軍は長時間の準備砲撃を止め、司令部や物資集積所、交通の結節点といった目標に短時間の集中的な砲撃を浴びせたのち、攻撃を開始、大きな成功を収めている。しかしながら、同攻勢の砲兵戦術が、実は砲弾不足からの苦肉の策であったことからもわかるように、[14] いまだシステマティックに「無力化」や「制圧」を行うことを意識した軍隊はなかった。それを自覚的に進めたという点で、ブルフミュラーは時代に一歩先んじていたといえる。

かかる目的を果たすために、ブルフミュラーは、当時としては画期的な火力管制を採用した。彼は、麾下砲兵を口径と射程距離に応じて、四種類に区分した。長距離砲兵、対歩兵用砲兵、前線陣地の敵砲兵に直接射撃を行う重砲、敵第一線に直接射撃を浴びせる予備の軽・重砲である。これらが、あらかじめ定められた時間表に従い、短期間に集中的な砲撃を実行していくのだ。

このブルフミュラー式の戦術では、まず敵の司令部や指揮所、通信施設、前線の歩兵・砲兵陣地に砲撃が指向される。その際、マヒ効果を高めるために、毒ガス弾も多用された。ついで、第二段階として対砲兵戦が実行されたのち、第三段階、敵第一線の目標への砲撃ならびに敵増援部隊の召致を阻止するための遠距離砲撃を行う。この第三段階で、弾幕が張られ、その掩護のもとに歩兵が前進していくのである。

新戦術の成功

1916年1月、第86野砲兵連隊長だったブルフミュラーは、白ロシアのナラチ湖畔の戦いで、自らの構想を実行に移し、大きな戦果をあげた。続いて、彼は、リンジンゲン軍集団の砲兵を統合指揮せよとの特命を受け、1917年9月のリガの戦いにのぞむ。航空写真をもとにした情報を地図に反映させ、試射なしに砲撃を開始する方策が初めて採られたのも、このときだという。かくて、ブルフミュラーの砲兵戦術が本格的に用いられると、その結果はめざましいものとなった。リガ周辺のロシア軍は押し返され、ドイツ軍は同市を占領したのだ。

今や、ブルフミュラーの赫々たる戦功は、誰の眼にもあきらかになっていた。1917年5月1日、彼は、ドイツ軍人最高の栄誉であるプール・ル・メリート勲章を授与された。翌1918年4月には、大佐に進級している。このころまでには、彼の姓とドイツ語の「突破《ドゥルヒブルフ》」(Durchbruch)をかけた「突破ミュラー」の異名は、全軍に知れ渡っていたのである。

ドイツ軍最後の大攻勢、1918年の「皇帝の戦い《カイザーシュラハト》」においても、ブルフミュラー砲兵戦術は威力を発揮した。味方砲兵の存在を暴露しかねない、軽率な砲撃は行わない。測距射撃さえ禁止され、標定は日常的な砲撃を交わしているあいだに、ひそかに済ませておく。こうした措置を取った上で、突撃発起の五時間前から、6000門の砲が英軍陣地に集中的な砲撃を浴びせかけた。たちまち、敵の防御システムはマヒし、ドイツ軍攻勢は猛烈な勢いで進展した。結果的には、アメリカ軍部隊を含む連合軍予備の投入などによって、攻勢は挫折するものの、ブルフミュラー砲兵戦術は遺憾なくその優秀性を発揮した。彼の戦術思想は現代までも受け継がれ、各国陸軍の砲兵戦術の基本となっているのである。

第一次世界大戦が終わったあと、ゲオルク・ブルフミュラーは長命を得て、1948年に南独ガルミッシュ=パルテンキルヒェンに没した。▼15 つまり、自らの思想が第二次世界大戦でも活用され、さらには祖国が再び敗れるのを目撃したことになるわけだが、彼がどういう感想を抱いたかは、あいにく伝えられていない。

Ⅰ－2 マルヌ会戦――ヘンチュ中佐に責ありや？

マルヌ会戦

２０１４年から２０１８年にかけて、第一次世界大戦の開戦から終結までの諸事件の百周年が続いた。欧米においては、そうしたテーマに関する学術会議や論文集の刊行が目白押しであり、新しい事実や視点の提示が多々なされたのである。だが、参戦国ではありながらも、第一次世界大戦で深刻な影響を受けることがなかった日本では、必ずしも論議は活発ではなかった。とくに戦史・軍事史の分野にあっては、旧日本軍の研究に全面的に依拠したり、[1]先行研究に体系的な検討を加えることなしに、たまたま得られた文献に頼って記述したものさえみられる。通俗的な新書などでは、シュリーフェン計画に修正を加えなければ、ドイツは戦争に勝っていたなどという、とうの昔に否定されたテーゼがまかり通っているありさまなのだ。しかし、そのような、日本で広く知られている第一次世界大戦の諸戦闘のイメージが、研究の進展によって、大幅に修正されている例は少なくな

リヒャルト・ヘンチュ

いのである。

そこで、以下の二節では、マルヌ会戦とヴェルダン要塞攻防戦[2]の二つの事例を取り上げ、第一次世界大戦研究の現状の一端をレポートすることにした。新しい第一次世界大戦像の理解に資することができれば、何よりの幸いである。

パリ危うし

1914年8月、フランスの首都パリは累卵《るいらん》の危うきにあった。あるいは、そのようにみえた。ルクセンブルクとベルギーを突破したドイツ軍は、圧倒的な勢いで連合軍を撃破、北フランスを急進して、パリに迫りつつあったのだ。

フランス軍の攻撃重視のドクトリンが破綻したのであった。よく知られているように、第一次世界大戦直前のフランス軍には、哲学者アンリ・ベルクソンの「生命の飛躍《エラン・ヴィタール》」論[3]の俗流解釈により、攻撃精神こそが勝利の要諦であるとする将校たちが台頭していた。とくに、当時陸軍大学校校長で中将だったフェルディナン・フォッシュ（のち、1918年に連合軍最高司令官に就任）は、攻勢絶対主義と勝利への意志を唱えるドクトリンをつくりあげ、フランス陸軍に叩き込んだ。1913年10月に公布された指揮教範には、今日の眼からみれば、時代錯誤と思われるような文章が並んでいる。「フランス陸軍はいまや古来の伝統に立ち返り、今後は攻撃以外の法則は、これを排す」。「攻撃のみが絶対的な結果をもたらす」。「成功は苦しまざる者には与えられず、断固たる意志と、もっとも強靭な士気を有する者にのみ与えられる」。

かかる用兵思想にもとづき、悪名高い「第17計画」が作成された。ドイツとの戦争に突入した場合、仏独国境の要塞地帯を正面攻撃、これを突破するという作戦案だ。第一次世界大戦の緒戦で、フランス軍は、この「第17計画」に従って行動し、惨憺《さんたん》たる結果を招いた。フランス軍首脳部は、19世紀から20世紀にかけての火力の発展により、防御の有効性が飛躍的に高まったことを無視していたのだ。加えて、後述するようなドイツ軍の作戦計画からすれば、フランス軍の中央突破の企図は、むしろ思うつぼだったのである。

こうして、フランス軍とそれを支援するイギリス遠征軍は退却を余儀なくされた。敗走する連合軍を追って、灰緑色《フェルトグラウ》[4]の奔流がベルギー、フランスを呑み込んでいく。8月25日、ジョゼフ・シモン・ガリエニ中将が、首都防衛に責任を負うパリ軍事総督に任命された。スーダン駐屯軍司令官だった時代の1896年に、マダガスカルの反乱鎮定で功績をあげていたガリエニは、高いカリスマ性を有していると評価されており、パリを守り抜くことができる人物として選ばれたのである。なお、ガリエニがパリ軍事総督に就任してからおよそ一週間後の9月2日、フランス政府はボルドーに退避した。

危機である。フランスは、1870年から1871年の普仏戦争のときと同じく、またしてもパリを失い、敗れてしまうのだろうか？　軍人たちはもとより、フランス国民全体が憂色に包まれた。

しかし――「丘の向こう側」では、ドイツ軍もまた窮境におちいっていたのである。

右翼の戦力は減衰していた

ドイツは、ロシアとフランス相手の二正面戦争を宿命づけられている。それゆえ、ロシアの国土が広大で動員に時間がかかるのを幸い、まずドイツ軍の主力を以て、フランス軍を撃滅、しかるのちに返す刀でロシア軍に当たる。第一段階の対仏戦では、短期決戦を可能とするため、西部戦線のドイツ軍右翼を徹底的に強化し、ベルギーを突破する。以後、「右翼軍の、さらに最右翼部隊は、袖で〔英仏〕海峡をかすめて」[5]進撃、パリの西を通って旋回し、フランス軍主力を独仏国境方面に圧迫して、包囲殲滅する――。

ドイツ帝国第三代の参謀総長である伯爵アルフレート・フォン・シュリーフェン元帥が、第一次世界大戦前に立案した作戦構想、いわゆる「シュリーフェン・プラン」である。今日では、政治との連繫を無視

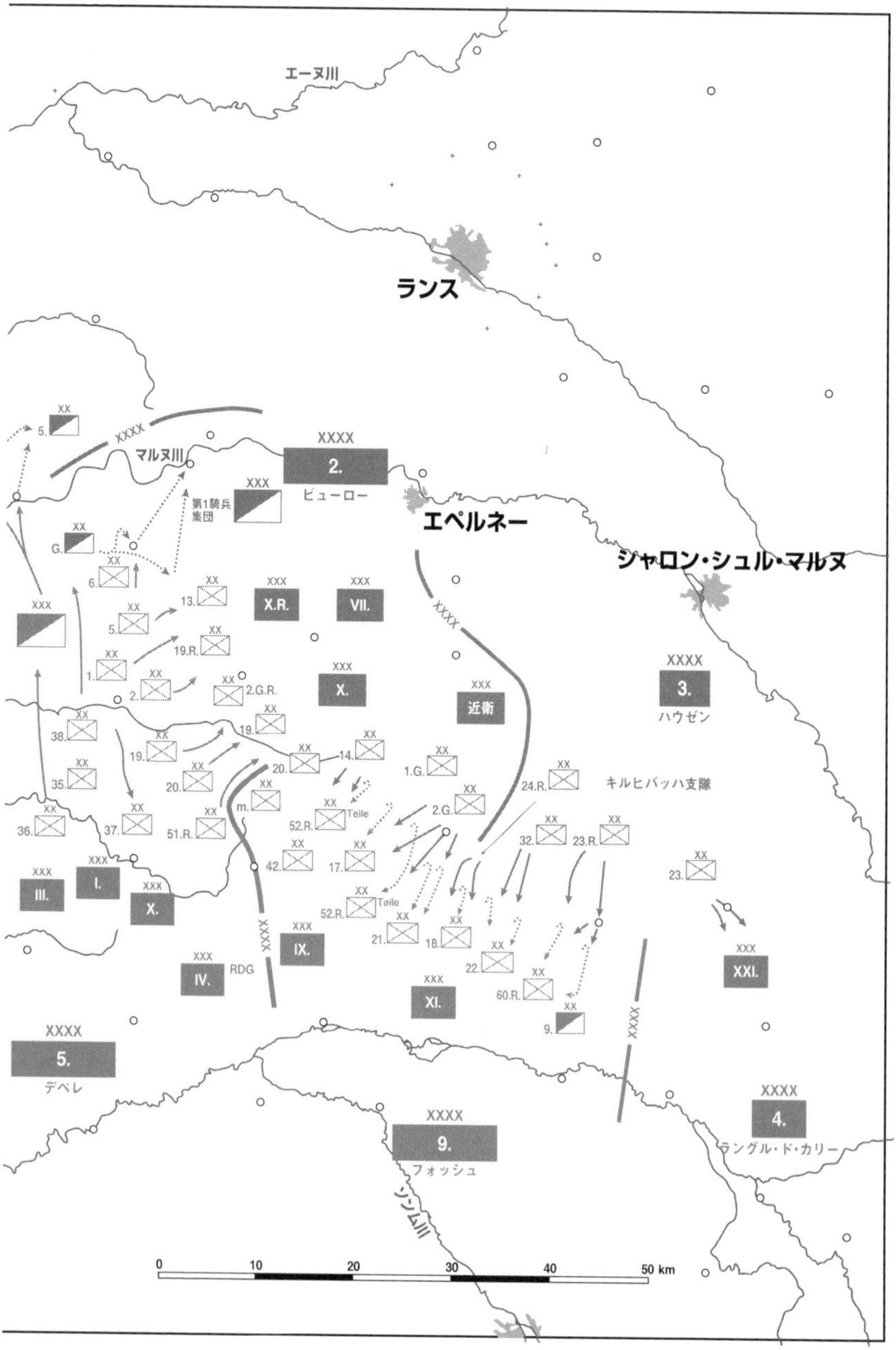
エーヌ川
ランス
マルヌ川
2.
ビューロー
第1騎兵集団
エペルネー
シャロン・シュル・マルヌ
3.
ハウゼン
近衛
キルヒバッハ支隊
5.
デペレ
9.
フォッシュ
4.
ラングル・ド・カリー
ソンム川
RDG
Teile
0 10 20 30 40 50 km

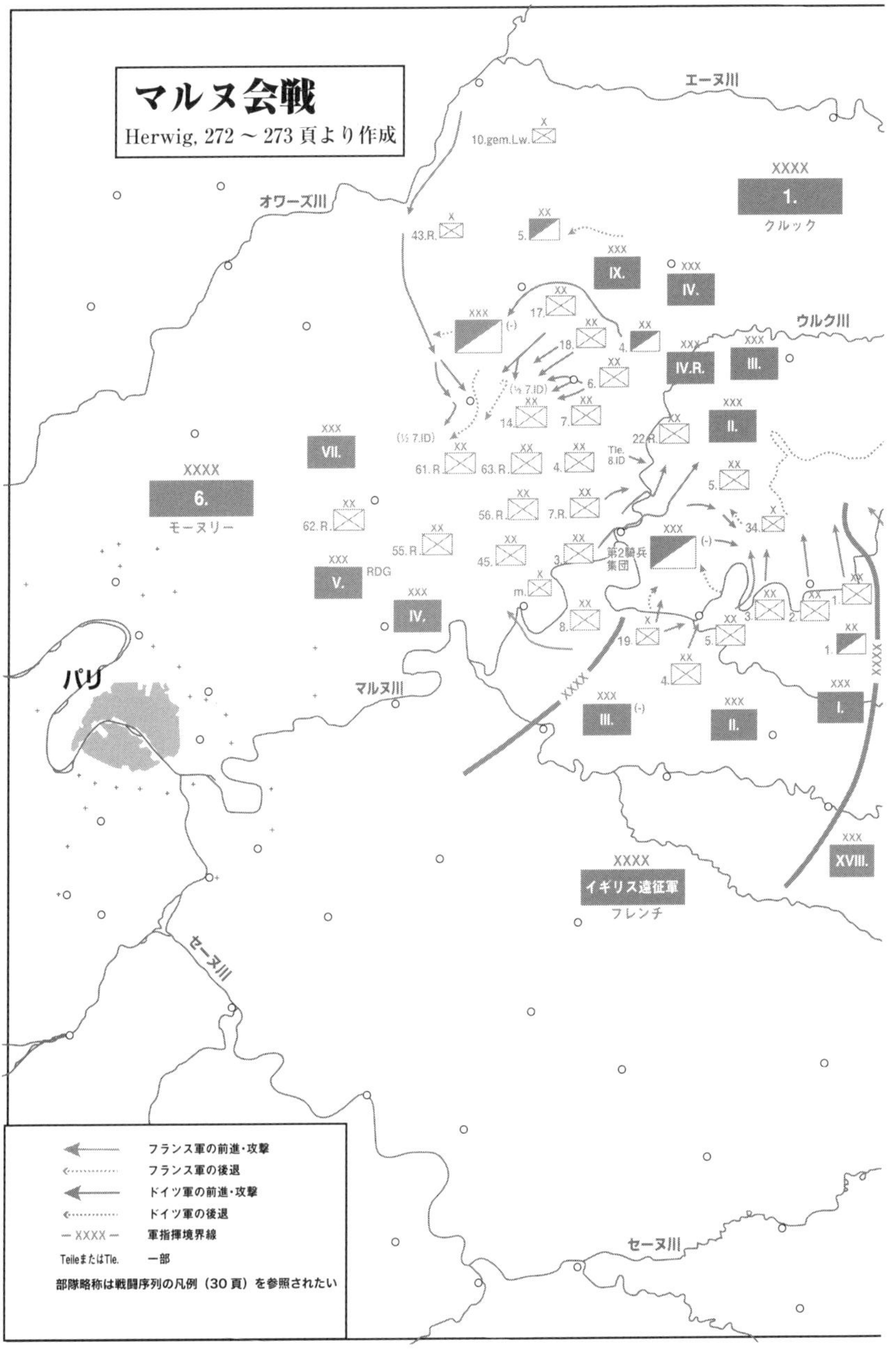
マルヌ会戦
Herwig, 272 ~ 273 頁より作成
エーヌ川
オワーズ川
ウルク川
マルヌ川
セーヌ川
パリ
1. クルック
6. モーヌリー
イギリス遠征軍 フレンチ
第2騎兵集団
RDG
10.gem.Lw.
43.R.
(½ 7.ID)
Tle. 8.ID
フランス軍の前進・攻撃
フランス軍の後退
ドイツ軍の前進・攻撃
ドイツ軍の後退
XXXX 軍指揮境界線
TeileまたはTle. 一部
部隊略称は戦闘序列の凡例（30 頁）を参照されたい

マルヌ会戦の両軍の戦闘序列　Herwig, 280 ～ 281 頁より作成

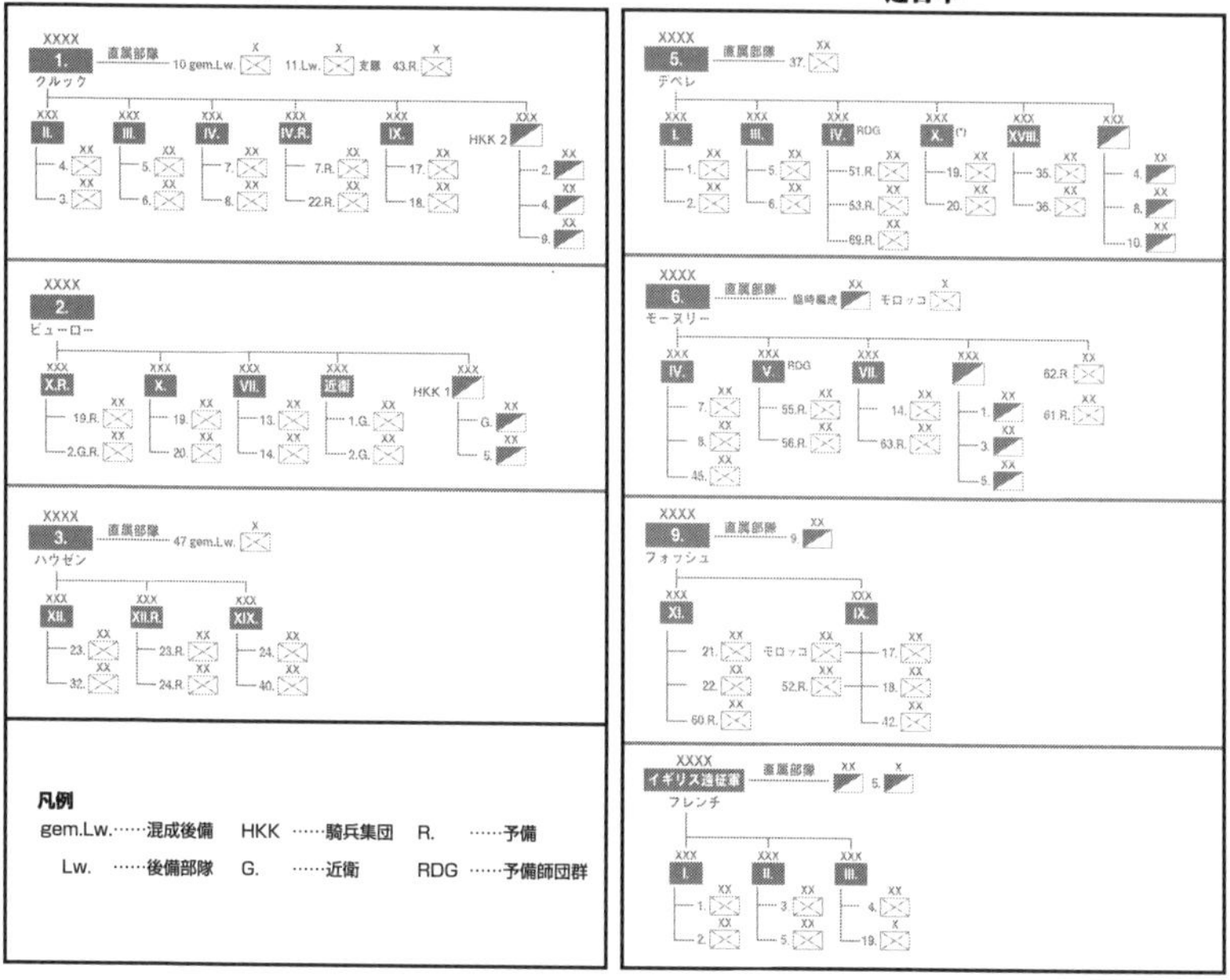

し、軍事的にも兵站や通信の限界を超えたことを要求するなど、多数の欠陥を有していたと批判される計画だ。▼6

けれども、第一次世界大戦開戦時のドイツ陸軍参謀総長、▼7「小モルトケ」こと、伯爵ヘルムート・フォン・モルトケ上級大将は、独自の情勢分析を加えた上で、なお同工異曲の作戦計画を採用せざるを得なかった。彼もまた、ただ軍事面だけを考慮するという、参謀総長にあるまじき視野狭窄におちいっており、政治によって、大状況を変えんとする方向に動くことはなかったのだ。そうしたモルトケのあり方を如実に示すエピソードがある。開戦に向かう流れのなかで、ロシア一国だけに対する戦争を模索し、作戦計画変更の検討を命じたカイザー・ヴィルヘルム二世に対し、小モルトケは、そんなことは、緻密に組み立てられた動員計画を崩壊させてしまうから不可能だと答えた。カイザーは「貴官の伯父上ならば、ちが

った答えをしてくれたであろう」と嘆息したという。「貴官の伯父上」とは、ドイツ統一戦争で大功をあげた「大モルトケ」、元帥伯爵ヘルムート・カール・ベルンハルト・フォン・モルトケであることはいうまでもない（「小モルトケ」「大モルトケ」の呼称は、この両者を区別するために用いられる）。

さりながら、西部戦線における兵力の優越、また、機動翼である右翼のふところに飛び込むかたちで、「第17計画」を遵守したフランス軍が攻撃してきたことが幸いして、ドイツ軍の攻勢は大きな成功を収めつつあった。陸軍最高統帥部《オーベルステ・ヘーレスライトゥング》、OHL《オーハーエル》▼8の総長となったモルトケは、9月初頭、戦争の第一段階であるフランス軍の殲滅は完了しつつあると判断し、まもなく第二段階、主力を東部戦線に移しての対ロシア攻勢に移ることができるものと考えていた。事実、8月25日には、ロシア軍の動きが予想以上に活発であることに鑑み、3個軍団ならびに1個騎兵師団を西部戦線から引き抜き、東部戦線に送ると決定している▼9。

だが、モルトケの楽観とは裏腹に、攻勢をリードするドイツ軍右翼部隊の戦力は減衰しつつあった。とくに、最右翼のアレクサンダー・フォン・クルック上級大将率いる第1軍の将兵は、1日平均40キロの行軍を実施し、かつ戦闘を展開していたから、はなはだしく疲弊し、落伍兵も甚大な数に達していた。鉄道端末からの距離は、最低でも150キロに達していたから、補給にも多大な困難が生じている。しかも、敵地深く前進するにつれ、後方警備にも少なからぬ部隊を割くことを要した。加えて、アントウェルペンとモーブージュの攻囲に当てられた部隊は、進撃に参加できなかった。つまり、ドイツ軍右翼は、開戦当初よりもはるかに弱体化していたのだ。

イスラエルの軍事史家マーチン・ファン・クレフェルトは、この時期におけるドイツ軍の作戦指導を、「時刻表の戦争《タイムテーブル・ウォー》」をやろうとしていたと批判している。実際、モルトケの作戦計画は、動員日プラス何日で所定の地点に達することを命じるといったぐあいで、人馬の体力的な限界や鉄道線延長の遅延などを顧慮しないものだった。いわば、ドイツ軍右翼の将兵は、自らの肉体を以て、時刻表を厳守させられていたのである。

マイクロ・マネージメントの失敗

さらに、モルトケとドイツ軍指導部は、もう一つの失敗を犯していた。彼らは、航空機や自動車、オートバイによる連絡、無線・有線通信によって、最前線の部隊までも、はるか後方から指揮統制できると信じていたのだ。たしかに、こうしたテクノロジーの発達は、19世紀には考えられなかったレベルに達していた。無線機の到達範囲は約200キロに延びており、大規模団隊間の連絡を可能にしたのだ。[10] ドイツ国内の電報局も、1870年の1000箇所から1911年の63万7000箇所へと飛躍的に増大しており、濃密な通信網を形成していた。電話の加入者も、同じく1911年の時点で50万人を数えている。加えて、電報二通を同一の電線で送る技術、電話・電報を同時に伝達できる電線の開発などもなされていたのである。

シュリーフェンは、こうした新時代の指揮手段を用いて、最前線の状況を把握し、マイクロ・マネージメントをほどこすことができると考えた。前線の軍、軍団、あるいは師団までも、後方にいながらにして、自由自在にあやつることが可能になったとみなしたのだ。しかしながら、彼の後継者モルトケは、さまざまな演習の結果、総司令部と各団隊の通信連絡はそううまくはいかないことを承知しており、シュリーフェン流のマイクロ・マネージメントに疑問を抱いていた。少なくとも、モルトケの回想録には、そう記されている。にもかかわらず、モルトケは、テクノロジーに頼った指揮を踏襲し、OHLの司令所を、ルクセンブルクより先に進めようとはしなかった。そこからフォン・クルックの第1軍までは240キロほども離れているのだが、指揮統帥は可能であるとされたのだ。

開戦とともに、彼らの楽観は、現実によって裏切られていった。自動車や騎馬の伝令部隊が適切に編成されていなかったため、それらによる連絡は充分機能しなかった。期待された電信も、連合軍が退却に際して施設や電線を破壊していったから、大幅な修復を必要としたが、その作業も遅々として進まない。各軍司令部における電線の延長は、一日あたり、約800メートルだったと記録には残されている。当時のドイツ軍通信部隊の教範では、前線で電線を延長するよりも、後方司令部との連絡維持を優先すべしとされていたことも、通信網構築の遅れに拍車をかけた。一方、無線通信のほうは十二分に機能していたが、通信の暗号化と解読に多大な時間がかかり、その価値を減じていた。さらに、フランス軍はエッフェル塔を使って電波妨害をしかけ、ドイツ軍の無線通信をマヒさせようと試みていたのだ。

かかる指揮統制の混乱は、来るべきマルヌ会戦において、致命的な事態を招くことになる。

「やつらは側面を剝き出しにしている」

モルトケは、ドイツ軍右翼の衝力が乏しくなっていることに鑑みて、パリの西方を通過して旋回し、フランス軍を東方に圧迫することは困難だと判断した。8月27日、OHLより、あらたな指令が下達される。第1軍を現在位置より南東に進撃させ、その右翼でパリを押さえるべしと命じたのである。だが、この指令は、第1軍の右側面を無防備にすることを意味していた。

9月3日、航空捜索を実施していた英仏のパイロットたちが、それまで南に進んでいたドイツ軍の縦列が「西から東に横滑りしている」（パリ守備隊所属の偵察機による報告）と、ガリエニの司令部に伝えてきた。この報に接したパリ軍事総督府の参謀たちは、地図上に刺された敵軍を示すピンを見て、「やつらは側面を剝き出しにしている」と叫んだという。すでに開戦以来、ツェッペリン飛行船のリエージュ要塞爆撃やアラスの戦いにおける英軍機の捜索活動などにおいて、航空機には大きな価値があることが実証されていたが、この決定的な瞬間にあってもまた、その威力が発揮されたわけである。

だが、連合軍が、このあらわになった側面に食いつくには、まだ時間が必要であった。8月28日から30

日にかけてサン・カンタンにおけるフランス第5軍の攻撃が失敗した結果、フランス軍最高司令官ジョゼフ・ジョフル中将は、持久抵抗を行いつつ後退せよとの命令を下していたのだ。

しかし、9月4日午前9時45分に、ガリエニからかかってきた電話が、ジョフルの判断を大きく変えた。ガリエニは、パリ軍管区が有する部隊を以て、ドイツ第1軍の無防備な側面を攻撃したいと意見具申し、同時に仏第5軍による支援を求めた。ジョフルは同意し、退却を停止、反攻に出る決意を固めた。翌5日、ジョフルは、イギリス遠征軍司令官ジョン・フレンチ元帥と会見する。やはり困難な退却行を経てきた英軍部隊を攻撃に投ずることを渋るフレンチに、ジョフルは熱弁をふるった。かくも重要な攻勢に、イギリス軍がフランス軍に協力することを拒むなどとは信じられない。英軍が身を引けば、歴史の厳しい批判を受けるであろう。ジョフルは、とどめの言葉を放った。「元帥閣下、英国の名誉は失われようとしているのですぞ！」フレンチは屈した。イギリス遠征軍も攻撃に参加することを約束したのである。

この時点で、戦いの潮目は変わりつつあった。輸送等の困難から、損耗を補充できずにいたドイツ軍に対し、フランス軍は10万の歩兵を増援されていたのだ。結果として、両軍の歩兵の兵力比は、英仏連合軍100万に対して、ドイツ軍75万となっていた。

また、同じ9月5日に、マルヌ川の支流であるウルクの河畔で威力偵察を行った独第4予備軍団は、フランス軍の反撃を受け、10キロもの後退を強いられている。不吉な兆候というべきであった。

連合軍の攻勢転移

9月6日午前6時、連合軍は反転攻勢に出た。ジョフルが下達した日々命令は、決死の覚悟をうながしている。

「各軍へ。〔中略〕この国の運命が懸かった会戦が展開されんとする瞬間においては、後方を見やっているようなときではないと、誰もが肝に銘じることが重要である。敵を攻撃し、撃退するために、あらゆる努力を払わなければならない。前進停止に至った部隊は、いかなる犠牲を払おうとも占領した地を固守し、後退するのではなく、その場で死ななければならぬのだ」。

かくて、マルヌ河畔からヴェルダン地区に至る、およそ300キロの戦線で攻勢が開始された。ヴェルダン方面では、仏第3および第4軍が、独第4・第5軍相手に激戦を展開し、一進一退の様相を呈する。その西、戦線中央部では、新編された仏第9軍が、フォッシュに率いられ、独第3軍を攻撃した。この仏第9軍の左翼に隣接した仏第5軍の攻勢は、はからずも奇襲となった。ドイツ側は、仏第5軍が撃破されたものと信じ込んでいたのである。しかし、攻撃を受けた独第2軍は、動揺から立ち直るや、執拗に抵抗し、仏第5軍の攻撃を拒止した。

だが、仏第5軍は、翌7日に最初の突破口を開くことに成功した。一方、パリ軍事総督ガリエニは、パリのタクシー600台を動員して、連合軍攻勢の最西翼に位置する新編第6軍に増援を送り込んでいた。有名な「マルヌのタクシー」、両大戦間期に軍の機械化を論じる場合、しばしば引き合いに出されることになる挿話である。1台あたり5人を乗せたタクシーのピストン輸送により、約6000の兵員が第6軍に送り込まれたのだ。▼11 ほかにも増援を受けた第6軍は、フォン・クルックの独第1軍の側面を衝き、後退を強いる。第6軍は、さらに前進し、ドイツ軍の後方連絡線を遮断することを企図していた。

9月8日、ジョフルの要請を受けたイギリス遠征軍も攻勢に加わる。北に向かって15キロ前進し、マルヌ川に突進したのだ。

こうして連合軍の攻勢が成功した結果、独第1軍と第2軍のあいだには、危険な空隙部が生じていた。これが拡大され、作戦的な突破につながるようなことになれば、西部戦線のドイツ軍右翼は包囲殲滅されるかもしれないのである。

ヘンチュ中佐来たる

ここで、やや時系列をさかのぼる。9月8日朝、前線の状況、とくに、重要な右翼のそれが判然としないことに業を煮やしたモルトケは、OHL第3(情報)部長リヒャルト・ヘンチュ中佐を前線視察に派遣し、麾下《きか》にある各軍の行動を調整させることにした。ヘンチュは、ただちに出発、自動車を活用して、左翼の第5軍から、第4、第3、第2軍の順番で軍司令部をまわっていく。

その夜、第2軍司令官カール・フォン・ビューロー上級大将から、ヘンチュが聞かされた情勢は恐るべきものだった。第2軍が、第1軍とのあいだに開いた間隙部を埋めることは不可能であり、前者は北へ後退したばかりだというのだ。この第2軍の退却により、戦線の穴は、幅40キロにおよんでいた。そこに、連合軍がなだれこんでいるのだ。

翌9日朝に第1軍を訪問したヘンチュは、クルック上級大将の説明を受け、事態はきわめて深刻になっていると判断した。第2軍は消耗しきっており、フランス軍の反攻を拒止することはできない。第1軍はウルク河畔に孤立したまま、激戦に突入している。つまり、西部戦線のドイツ軍右翼は潰滅の危機に瀕《ひん》していると考えたヘンチュは、他の軍やOHLに連絡を取ることなく、独断専行で第1および第2軍に撤退するよう指示した。クルックはなおパリをめざす進軍を継続するつもりだったが、OHL差し回しの参謀の言に逆らうことはできず、麾下部隊に退却を命じる。

マルヌ会戦の転回点であった。この後退は、西部戦線のドイツ軍全体の退却につながり、以後、戦いは機動戦から陣地戦に移行する。パリ前面まで迫っていたドイツ軍が、一転して防勢に立つことを強いられたのである。にわかには信じ難い戦局の転換に、連合国の人々は驚愕《きょうがく》し、これを「マルヌの奇跡」と呼んだ。逆に、ドイツ側にとっては、屈辱的な敗北だった。ゆえに、第一次世界大戦中、あるいは、大戦後も、スケープゴートが求められ——ヘンチュ中佐が生《い》け贄《にえ》とされた。いまだ充分なチャンスがあったにもかかわらず、無用に弱気になったヘンチュが、責任ある司令官をさしおいて、参謀が恣意専横の指揮を行う「幕僚統帥」により、軍の後退を強要、マルヌの敗戦を招いたとの主張がなされたのだ。おかげで、ヘンチュは1917年に査問委員会にかけられたものの、責任なしと判定されている。

ところが、その後も、ヘンチュ批判は止まなかった。たとえば、マルヌ会戦当時、ビューロー上級大将の副官だったイェネー・フォン・エーガン＝クリーガー中佐は、こう回想している。「悲観的なヘンチュ中佐が、9月8日に、第5、第4、第3、第2軍の諸司令部に向かった際〔中略〕、途中のどこかで木に衝突するか、フランス軍の敗残兵にでも撃たれていたなら、二週間後には休戦に至り、われわれ全員が希望を抱くことができる平和を得ることができただろう」。マルヌ会戦の敗北以降、結局は戦争全体を失うに至ったドイツ軍人の怨嗟《えんさ》が伝わってくる評言といえる。しかしながら、これは、敗戦を認めたくないがゆえの未練でしかなかった。また、論文や研究書のかたちで出された批判の多くも、ドイツ参謀本部無《む》謬《びゅう》論を唱える意図が明白だった。第一次世界大戦の緒戦で取られた作戦は誤りではなく、ヘンチュのごとき人物が現場で決定的なミスを犯したがゆえに敗れたのだと、歴史を修正したかったのである。

にもかかわらず、こうした、ためにする批判は、ドイツ陸軍の権威によって世に流布され、21世紀の日本の通俗的な文献にもはびこっている。さりながら、ヘンチュに責任を押しつける議論は、今日では、とうてい維持できるものではない。そもそも、ヘンチュがマルヌ会戦以後も要職を歴任し▼12、大佐に進級していること自体、彼に罪なしと思われていたことの証左であろう。また、同時代にも、ヘンチュを弁護する主張があった。ウルク河畔の戦闘を研究したフランス軍のルイ＝マリー・ケルッ中佐は、「中佐ヘンチ〔ヘンチュ〕は9月〔ママ。9日の誤植か〕夜より第1軍を退却に就くことに余儀なくして、第1軍を疑いなき敗竄《はいざん》から救出したのである。第1軍は9日午後に已《すで》に戦術的勝利を博し得なかった。10日午前に於《おい》ては、已に之《これ》を獲得する情況になかった。而《しか》て10日正午以後には第1軍は、或《あるい》は遮断され、或は全く包囲されたことであろう」（キヨルト。旧字旧かなを新字新かなに、漢数字を算用数字に直して、ルビを付した）。

ちなみに、日本の一部の文献には、マルヌ敗戦の責を感じたヘンチュが自殺したと書かれているが、これはまったく事実に反する。ヘンチュは、胆嚢《たんのう》手術に失敗した結果、1918年2月13日に病死したのである。

「奇跡」だったのか？

9月6日に開始された連合軍の反攻は、ドイツ軍の進撃を押しとどめたばかりか、攻勢の主力であった独第1および第2軍に脅威を与え、これを退却せしめた。しかしながら、連合軍側も、ドイツ軍に致命的な打撃を加えるには至っていない。ジョフルは成功を喜びながらも、つい数日前まで猛威をふるっていたドイツ軍がもろくも後退しているという事実を信じきれず、慎重な追撃しか実行しなかった。その結果、ドイツ軍は大損害を被ることなく敵から離脱し、戦線を立て直すことができたのである。

それでも、これは、フランス、ひいては連合国全体が待ち望んでいた勝利であった。エラン・ヴィタール論を唱えたベルクソンは、「マルヌの奇跡」に、自らが主張した意志の神秘が具現されているとみた。「ジャンヌ・ダルクが、マルヌの会戦を成功に導いた」という彼の言葉は、意図してのことではなかったとはいえ、一時はフランス軍を破滅の淵に追いやった精神主義が表れているといえるだろう。ほかにも、仏軍最高司令官ジョフルの不屈の信念こそが「マルヌの奇跡」をもたらしたというような言説がもてはやされた。

けれども、ここまで述べてきたごとく、今日の眼からみれば、マルヌの勝利は「奇跡」ではない。テクノロジーを過信し、「時刻表の戦争」を実行できると信じたドイツ参謀本部の作戦が破綻したのだ。ヘンチュ中佐の「幕僚統帥」は、そのなかで生じた表面的な事象にすぎない。仮にヘンチュが派遣されなかったとしても、ドイツ軍右翼の退却は不可避であったろう。「マルヌの奇跡」は、精神の物質に対する勝利などではなく、補給や指揮のインフラストラクチャーの限界を無視した計画が迎えねばならなかった、当然の帰結だったのである。

Ⅰ－3 無意味な流血——ヴェルダン要塞攻防戦

ヴェルダンの戦い前後のドゥオーモン堡塁

1916年2月から12月まで、およそ9カ月間にわたって展開されたヴェルダン要塞攻防戦は、「銃剣塹壕《トランシェ・ド・バヨネット》」▼1に象徴されるような悽愴《せいそう》さにおいて、今なお戦史に記憶されている。この戦いで、攻撃側のドイツ軍は、およそ33万6000、守りきったフランス軍は36万2000の損耗を出した。膨大な人的・物的資源を呑み込んだ、一大流血戦だったといえる。▼2

エーリヒ・フォン・ファルケンハイン

しかしながら、近年の研究は、ヴェルダン戦像について、大幅な修正を要求している。これまで、ドイツ軍はヴェルダンで出血を強いることにより、フランス軍を屈服させることを狙ったとされてきたが、それは本当か。フランスは、第一次世界大戦中、さらに、その終戦後も、ヴェルダン要塞の攻防は、戦争の帰趨《きすう》を定める決戦だったと喧伝《けんでん》してきた。けれども、ヴェルダンは、そのような戦略的重要性を有していたのだろうか。以下、こうした、さまざまな疑問に対する回答を示すとともに、現在のヴェルダン戦に関する諸説を叙述していくこととしたい。

内紛を起こしたドイツ軍首脳部

1914年9月14日、陸軍最高統帥部《オーベルステ・ヘーレスライトゥング》、OHL《オーハーエル》の総長として、第一次世界大戦の緒戦を指揮した「小モルトケ」こと、伯爵ヘルムート・フォン・モルトケ上級大将は、その職を辞した。マルヌ会戦に敗れ、戦争の勝利を得られなかったことに苦悩し、執務に耐えられなくなったのである。[3] 後任となったのは、プロイセン王国陸軍大臣エーリヒ・フォン・ファルケンハイン中将だった。彼のもとに、第二次OHLが発足する。[4]

ファルケンハインが直面した課題は、きわめて困難なものであった。まずフランス、ついでロシアを叩き、ドイツにとって危険な二正面戦争を短期間で完了させるという企図は、もはや挫折している。では、イギリス、フランス、ロシアという三大国を相手の戦争を、いかにして遂行し、どのように終わらせるべきか。

1914年11月、連合軍を軍事的に打倒し、勝利のうちに講和を結ぶことなど夢のまた夢となった時点で、ファルケンハインは、つぎのような結論を出している。英仏露が結束しているかぎり、ドイツの戦争目的を強制するかたちで戦争を終わらせることは不可能とみたのだ。開戦直前には、熱烈な主戦論者だった男が、180度考えを変えたのである。ロシアに軍事的打撃を与え、それを契機とし、領土割譲要求を放棄した上で、同国と単独講和すべきだというのが、ファルケンハインの解決策であった。しかるのちに、ドイツの「仇敵」であり、連合国の「黒幕」であるイギリスを、Uボートによる封鎖で締め上げる。一方、陸軍を西部戦線に集中して、フランス軍を覆滅、西側連合国を屈服にみちびくのだ。

ところが、このファルケンハインの構想は、すぐに政府や軍内部の反対に遭う。帝国宰相テーオバルト・フォン・ベートマン＝ホルヴェークは、ベルギーやロシアより領土を奪い、ドイツと同盟国であるオーストリア＝ハンガリーの中・東欧における覇権を確立することが戦争目的であるとする主張の支持者であった。また、戦争の実情について充分に情報を与えられないまま、勝利のあかつきには賠償金や新しい領土が得られるのだと信じる国民による内政的圧力にもさらされていたから、ファルケンハインの議論を肯定するわけにはいかなかったのだ。

さらに、軍内部では、パウル・フォン・ヒンデンブルク元帥とエーリヒ・ルーデンドルフ少将が、反対派にまわっていた。二人は、1914年夏のタンネンベルクの戦いで、第8軍の司令官と参謀長として大功をあげ、そのまま、同年11月に東部戦線全体を統轄するために新設された東部総軍《オーバーベフェールスハーバー・オスト》のトップとナンバー・ツーにせり上がっていた。ヒンデンブルクとルーデンドルフは、東部戦線においてこそ決勝が得られると確信しており、ファルケンハインとは相容れなかったのである。彼ら二人をはじめとする「東部決戦論者」ともいうべき一派は、OHLに対し、より多くの増援を要求し、かつ、ファルケンハインを失脚させようと工作した。

しかも、1915年1月以来、東部戦線ではドイツ軍の攻勢が成功していたから、いよいよ「東部決戦論者」が勢いづくことになった。が、ファルケンハイン以下の「西部決戦論者」は、広大なロシアに致命打を与えることは不可能であると考えており、むしろ、この戦果で得られたはずみを利用して、同国に単独講和を申し入れた。けれども、ロシアは応じようとはせず、東部の戦争はなお継続されることになる。

一方、この年には、ロシア軍の攻勢により、オーストリア＝ハンガリー軍が大打撃を受けるという事態が生じた。また、イタリアが連合国側に立って参戦したり、連合軍がガリポリに上陸、やはりドイツの同盟国であるオスマン帝国に圧力を加えるなど、戦争正面は拡大される一方であった。ゆえに、ファルケンハインと「東部決戦論者」の対立を内包し、決定打を加えられないまま、1915年が過ぎ去っていく。

ファルケンハインの虚偽

しかしながら、ドイツ軍の攻勢により、ロシア軍が大損害を受けて退却したのをみたファルケンハイン歩兵大将は、▼5 1915年末には、東部戦線より兵力を抽出し、それらによって、西部戦線のフランス軍に攻勢をかけ、敵の継戦意志を喪失させることを企図するようになっていた。その攻撃地点として選ばれたのが、ヴェルダン要塞だったのである。

第一次世界大戦後、1920年に出した回想録において、ファルケンハインは、1915年のクリスマスごろ、ドイツ皇帝《カイザー》ヴィルヘルム二世に奏上した際に用意したという文書を引用している。のちに有名になった「クリスマス覚書」だ。そこでは、炭田地帯と国土の北東部を奪われたフランスは抵抗力の限界にあり、ロシア軍も大打撃を受けて、いまだ攻勢能力を回復していないとの前提を置いたのちに、このように述べられている。

「フランスが、なお耐え得る限界近くまで、能力を振り絞ってきたことは、すでに強調した。加えて、驚くべき消耗である。フランス国民に、軍事的にはもはや希望が持てないことを見せつけることができれば、その限界を超えることになろう。イギリスは、最高の剣を取り落とすはめになる」。「西部戦線のフランス軍戦区の背後には、フランス軍が最後の一兵までも投じて維持することを余儀なくされるような目標が、〔火砲の〕射程内に存在する。そうなれば、フランス軍は、逃げ道がないのだから、失血死するはずだ。われわれが目的を達成しようとしまいと、同じことである。もし、防衛を行わず、それらの目標をわれわれの手にゆだねるならば、フランスの士気におよぼす影響は、とほうもないものになる」。

また、1919年に新聞に寄稿した記事において、ファルケンハインは、同様のことを述べている。「ヴェルダンの占領自体は、ドイツにとって直接的な意味を持たなかった。〔中略〕真の目的は、むしろ、フランスに深い傷を負わせ、それが長いことふさがらないようにすることで、最終的には、そこから失血死に追い込むことだったのだ」。

かかるファルケンハインの「失血死戦略」論は、ながらくヴェルダン攻撃の動機を説明するものとされ、広く流布した。しかし、今日では、かかる主張は、ヴェルダン攻略の失敗を糊塗するために、ファルケンハインが後から組み立てたものだと判明している。「クリスマス覚書」も、ファルケンハイン回想録に収録されているのみで、いくら陸軍の公文書を探してみても、その原文書は発見されなかった。陸軍文書館は第二次世界大戦中に空襲に遭い、多くの所蔵資料を焼失しているが、それ以前、１９２０年代から１９３０年代の調査でも見つからなかったのである。

にもかかわらず、かつてのドイツ参謀本部の権威に後押しされたファルケンハインの虚偽は、両大戦間期に定説となり、「クリスマス覚書」も重要な一次史料として扱われた。その影響は、第二次世界大戦まで続き、「クリスマス覚書」が捏造《ねつぞう》されたものではないかと疑われはじめたのは、実に１９８０年代なかばのこととなった。[6] これについては、後段で述べることにする。

ヴェルダンの選定

このように「失血死戦略」論も「クリスマス覚書」も、自己弁護を目的として、第一次世界大戦後につくられたフィクションであることを確認した上で、ヴェルダン攻略作戦の本当の策定経緯をみていこう。

ファルケンハインが、東部戦線から抽出した兵力を以て、西部戦線の攻勢を企図したこと、そこまでは嘘ではない。カイザーの副官だったハンス・フォン・プレッセン将軍の日記には、[7] 以下の記述がある。１９１５年12月3日の条だ。「ファルケンハイン将軍は、陛下に対し、戦況についての深刻な像を描いてみせた。決戦を生起せしめるため、西部で打撃を加えなければならず、そのために使用し得るすべての兵力を準備すべきだというのが結論であった」。つまり、「失血死」ではなく、「決戦」が求められていたのである。ただし、どこで、そうした攻勢を行うかは、フランスとスイスの国境にほど近く、側面掩護が得られるベルフォール付近が望ましいというだけで、目標は明示されていなかった。

続いて、12月なかばに、ファルケンハインは、ヴェルダン前面に展開していた第5軍司令官で陸軍少将のドイツ皇太子ヴィルヘルムと協議した。議題となったのは、西部戦線でフランス軍を攻撃し、イギリスとの同盟を破棄せざるを得なくなるような打撃を与えるのに、もっとも適した場所はどこかということだった。このとき、ヴィルヘルム皇太子は、攻撃目標はヴェルダンがふさわしいと断じた。少なくとも、彼の回想録にはそう記されている。理由は、ヴェルダン周辺のフランス軍戦線が、くさび状に突出しており、そこから攻勢を受ければ、ドイツ軍の戦線が分断される脅威があるから、それを除去することは重要であるというものだった。

ついで、ヴィルヘルム皇太子は、第5軍参謀長コンスタンティン・シュミット・フォン・クノーベルスドルフ中将に攻勢計画立案を命じた。このクノーベルスドルフこそが、「審判《ゲリヒト》」と名付けられた作戦の生みの親であり、ヴェルダン攻撃を事実上指揮した人物であった。というのは、ヴィルヘルム皇太子は、いわば御神輿《おみこし》的存在で、第5軍の指揮統率はクノーベルスドルフにゆだねられていたからである。▼8 ちなみに、軍司令官であるヴィルヘルム皇太子とクノーベルスドルフ参謀長は、開戦以来、ヴェルダン攻略の必要があるという点で一致していた。

12月16日から18日にかけて、ベルリンに出張したクノーベルスドルフは、ヴェルダン攻略計画をファルケンハインに披露《ひろう》した。目標はヴェルダン市ではなく、その東側の要塞帯である。これらを攻略すれば、ヴェルダンは火制され、無力となる。かかる攻撃を効果的たらしめるため、クノーベルスドルフは、ヴェルダン地域を流れるムーズ川（ドイツ名マース川）の東岸のみならず、西岸をも攻撃するべきだと主張した。ところが、ファルケンハインは、この案を拒絶した。そのような規模の攻勢を行うには、兵力が足り

ヴェルダン要塞攻防戦に参加した独仏両軍の戦闘序列
（1916年2月21日）

ドイツ側

第5軍（ドイツ皇太子ヴィルヘルム）
- 第7予備軍団（ハンス・フォン・ツヴェール歩兵大将）
  - 第13予備師団
  - 第14予備師団
- 第18軍団（デドー・フォン・シュンク歩兵大将）
  - 第21師団
  - 第25師団
- 第3軍団（エヴァルト・フォン・ロホウ歩兵大将）
  - 第5師団
  - 第6師団

フランス側

ヴェルダン要塞地区（フレデリク・ジョルジュ・エール少将）
- 第72予備師団
- 第51予備師団
- 第14師団

ほかに、予備兵力として、第37師団が配属されていた。

Gold/Schwencke ほかの資料より作成

ないとしたのだ。ゆえに、クノーベルスドルフは、ムーズ川東岸からのみの攻撃で満足するしかなかった。

1916年1月6日、OHLは、修正されたクノーベルスドルフの作戦案を正式に承認した。ただし、攻撃をムーズ川東岸からのものに限定したのは、大きな禍根を残すことになる。

かかる経緯をみれば、「審判」作戦は、第一次大戦後にファルケンハインが主張したような、フランス軍に消耗を強いることを目的とする攻勢ではなかったことがわかる。作戦発動直前の1916年2月11日、ファルケンハインは西部戦線の軍司令官たちを召集し、会議を開いた。彼は、その席で、ヴェルダン突破を敢行するだけの兵力はないが、本攻撃により、再び機動戦をもたらすことができるだろうとしている。

つまり、ファルケンハインには、実際に生じたがごとき一大消耗戦を行う企図などなく、ヴェルダン要塞をマヒさせて、その脅威を排除し、陣地戦の膠着から脱却するつもりだったのである。換言すれば、ヴェルダン攻勢は、のちに仮構されたように、それ自体で決戦を求めたものではなく、決戦を誘発するための作戦だったと考えられる。

ヴェルダンを軽視していたフランス軍

一方、フランス側にも、ヴェルダン要塞攻防戦に関する伝説は、根強く残っている。843年のヴェルダン条約は、フランク王国を、のちにドイツ、フランス、イタリアとなる地域に三分割し、それぞれを三人の王子に相続させることを定めた。すなわち、ヴェルダンは、現代フランスの祖型を定めた地といえる。その聖地を攻撃されたフランスは、これぞ国難と捉え、国民の総力を結集して、ドイツ軍を退けた……。

これが、フランスの国民神話ともいうべきヴェルダン戦像である。だが、あいにく歴史学は、実情は大幅に異なるものだったことを暴露している。フランス軍は、ヴェルダンが攻撃される可能性はないと考えていたのだ。

そもそもヴェルダンは、1870年、普仏戦争開戦の年以来、営々として強化されてきた大要塞であった。[▼9] 20もの堡塁、40箇所の拠点から成るヴェルダン要塞は難攻不落と目されており、事実、開戦前のドイツ軍の評価においても、攻略不可能とみなされていた。しかしながら、1914年秋にひとまず戦線が安定し、翌1915年にヴェルダン前面以外の戦区でさまざまな会戦が生起するにつれ、要塞に設置されていた火砲は引き抜かれ、その防備は弱体化していく。1915年8月以降、重砲大隊43個、軽砲大隊11個、さらに多数の機関銃が抽出され、他の正面の野戦部隊に引き渡されたのだ（ただし、ドイツ側は、この事実に気づいていない）。

こうした数字から、当時、ヴェルダン要塞がどの程度重要視されていたかが読み取れる。その点からみても、先に触れたファルケンハインの「失血死」論には、疑問符がつけられるであろう。1986年にフランスの歴史家アントワーヌ・プロが指摘したように、1915年から1916年初頭にかけてのヴェルダンは、ファルケンハインが主張したごとき、最後の一兵までも投じて守り抜かれるべき重要地点ではなかった。かかる認識は、ヴェルダンの激戦ののち、その意義を強調するために、プロパガンダ等により、つくられたものだったのである。

しかも、フランス軍は、物資輸送活動が活発になり、大規模な施設構築がなされているなど、ドイツ軍の攻勢準備に関する情報を得ていたにもかかわらず、しかるべき措置を取らなかった。フランス陸軍総司令官ジョゼフ・ジョフル中将は、ドイツ軍が多大な犠牲をともなう要塞攻撃を行うはずがないと確信しており、仮に攻勢が行われるとしても、別の方面で実施される主攻のための牽制であろうと考えていたのだ。かくて、フランス軍は奇襲を受けることになった。

突進するドイツ軍

ジョフルが、ヴェルダンが攻撃されることはあり得ないとみなした理由の一つとして、ヴェルダンの前面は、深い渓谷が刻まれた丘陵地帯であり、大部隊の行動は困難だとされていたことがある。しかし、ドイツ軍は、歩兵ではなく、砲兵を主体にして、ヴェルダン要塞を攻撃するつもりだった。第一次世界大戦中に流布された「砲兵が耕し、歩兵が占領する」という言葉通りの戦術であった。そのために、曲射砲４１６門、平射砲２０９門、短砲身重砲26門、長砲身重砲（「のっぽのマックス《ランガー・マックス》」とあだ名された38センチ口径の重砲）３門が集められたのだ。大量の弾薬を補給するため、２１３編成の列車が準備され、１９１６年1月12日より輸送を開始した。攻撃開始以後は、一日あたり34編成が運行されている。

「審判」作戦発動は、本来2月12日に予定されていたが、悪天候により、砲兵観測のための視界が確保されなかったために延期された。この間に、フランス軍は情報機関よりの警告により、ドイツ軍のヴェルダン攻勢が目前に迫っていることを察知していた（2月10日）。ジョフルは半信半疑ながら、ヴェルダン防衛態勢の強化を命じ、同要塞守備隊は野戦陣地構築に取りかかる。

だが、フランス軍がそうした措置を実施しているさなか、１９１６年2月21日に、ドイツ軍の攻勢が開始された。午前8時12分より、ほぼ日中の時間すべてを費やした準備砲撃ののち、午後5時にドイツ第５軍麾下の3個軍団が、ヴェルダン北方にあるオルヌ前面、およそ13キロ幅で前進する。

その際、注目すべきは、「突撃部隊《シュトゥルムトルッペ》」が投入されたことであろう。この特殊部隊は、塹壕戦の膠着を打破するために、１９１５年に工兵部隊を中心に編合されたものだった。手榴弾や火焔放射器を装備、弾帯や数日分の食料を携帯して、可能なかぎり長く、敵陣内で独立した行動を取れるようにした特別攻撃部隊である。彼らの多くは、鹵獲した敵の兵器を使用できるよう、その取り扱いの訓練を受けていた。この

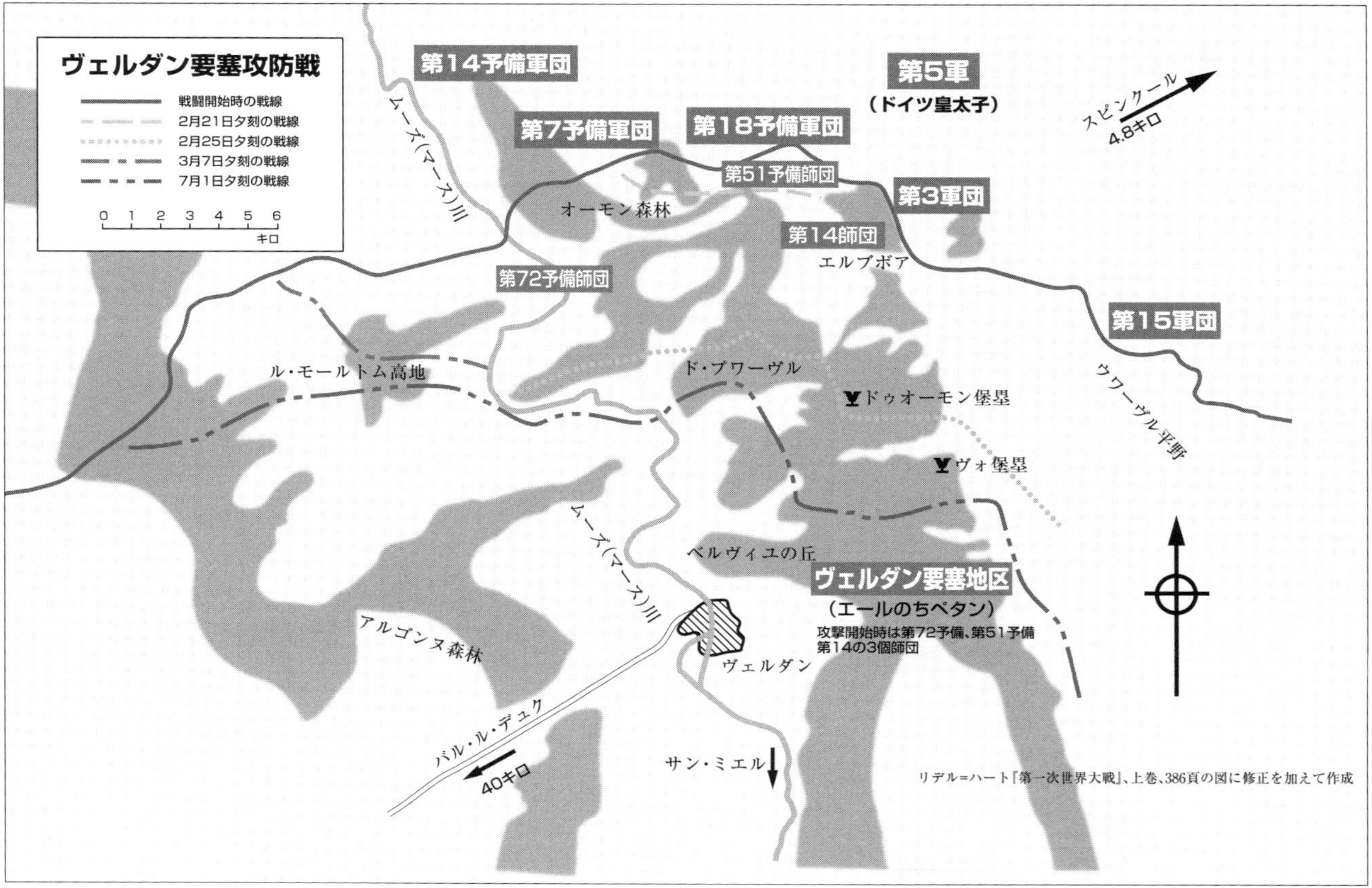

リデル=ハート『第一次世界大戦』、上巻、386頁の図に修正を加えて作成

「突撃部隊」が発展し、のちの浸透戦術を駆使する「突進部隊《シュトーストルッペ》」になったのだ。

かかる部隊を先頭に立てたドイツ軍の進撃はめざましく、たちまちフランス軍の第一線を突破した。すでに触れたように、フランス軍がヴェルダンから他の正面に回した砲は補充されておらず、また、野戦陣地の構築も、困難な地形ゆえに完了していなかったのだ。それでも、ヴェルダン攻勢近しとの情報により、開戦直前に防御態勢が強化されていなければ、事態はもっと悲惨なことになったであろう。

2月25日、ドイツ軍は、ヴェルダン市北東のドゥオーモン堡塁を急襲、これを占領した。戦闘開始前のフランス軍のヴェルダン軽視が祟り、1916年2月の時点で、同堡塁の守備隊は後備兵56名のみだったのである。いずれにせよ、要塞帯の一角は崩れた。ただし、その意味は、ドイツ側が喧伝したほどには大きくなかった。当然のことながら、同堡塁の諸施設は、東側、すなわち敵側に向けて設置されていたから、これを占領しても、西や南のフランス軍を撃つ射界は限られていたのだ。それでも、ドゥオーモン堡塁を獲得したことにより、ドイツ軍は、そこに攻撃部隊や物資を集積することができるようになった。

回りだした「肉挽き機」

しかし、フランス軍は、最初の衝撃から立ち直りつつあった。同時に、平穏で副次的な正面であったはずのヴェルダンを、仏独つばぜり合いの場とする決意を固めていたのである。2月24日、フランス首相アリスティード・ブリアンは、陸軍参謀本部との協議の席上で、ヴェルダンを放棄し、戦線を立て直すことも可能であるとの意見具申を受け、怒り心頭に発して、叫んだ。「ヴェルダンを放棄するだと？　それは敵前逃亡に等しい行為ではないか」。陸軍総司令官ジョフルも首相に賛成し、われわれは最後まで戦うと明言した。

かくて、放棄してもさしつかえないと評価されていたはずのヴェルダンは、フランス防衛の象徴となった。2月25日、ヴェルダン要塞地区司令官フレデリク・ジョルジュ・エール少将に代わり、フランス第2軍司令官フィリップ・ペタン少将が、ヴェルダン防衛の指揮を執ることになった。

ペタンにとって、最初の課題は、ドイツ軍の猛攻を受けているヴェルダン市とその要塞帯の守備隊を維持し、強化することであった。しかし、ヴェルダンに通じる鉄道は、ドイツ軍に遮断されるか、砲火にさらされていたため、ペタンは、県庁所在地のバル・ル・デュク市から延びている街道を使っての自動車輸送に頼るしかなかった。この道は、のちに「聖なる道《ラ・ヴォワ・サクレ》」と称されるようになる。ドイツ軍が交通妨害のための「阻止砲撃」を加えたにもかかわらず、2月28日以降の一週間で、2万5000トンの物資と19万人の兵員が「聖なる道」を通った。まもなく、14秒ごとにトラック1台が通過、それらの走行距離の合計は、週あたり地球円周の25倍に達したというレコードが刻まれる。ヴェルダンにおけるフランス軍の勝利は、何よりもトラックの勝利だったとされるゆえんである。

また、ペタンは、他のフランス軍要塞から引き抜いてきた大口径砲を用いて、「対砲兵射撃」部隊を編成し、ヴェルダンに脅威を与えていたドイツ軍砲兵部隊を叩きはじめた。ドイツ軍もこれに応射し、一大砲兵戦がはじまる。結局、ヴェルダン戦全体の数字をみると、ドイツ軍は2200万発、フランス軍は1500万発を費消したのであった。

さらに、ペタンは、「聖なる道」により、ヴェルダン守備に当たっていた部隊が消耗するや、ただちに新手と交代させた。その結果、当時のフランス軍が有していた330個師団のうち、259個師団がヴェルダンに投入されたといわれる。「水くみ水車《ノリア》」と称された戦法であった。

かかる抵抗により、3月初旬には、ドイツ軍の前進は停滞していた。やむなくファルケンハインは4個師団を増援し、また、ムーズ川西岸の攻撃を許可する。すでに述べたように、当初、兵力不足から同方面の攻撃は見送られ、支援砲撃を行うだけに留められていた。だが、ムーズ川西岸のフランス軍砲兵隊は、東から進んでくるドイツ軍部隊に砲撃を浴びせ、その攻撃を食い止めていたのである。やはり、この障害は除去されねばならなかったのだ。3月6日、二日にわたる準備砲撃ののちに、ムーズ川西岸の攻撃が開始され、8日には東岸の部隊も作戦に加わる。しかし、攻勢の進捗ははかばかしくなく、ムーズ川西岸の部隊が、「死んだ男《ル・モールトム》」高地に到達し、フランス軍砲兵を沈黙させることに成功したのは、ようやく4月9日のことであった（完全占領は5月20日）。このころには、ヴェルダンを叩き、決戦につなげることを企図していた「審判」作戦は、敵に消耗を強いることによって勝利をめざす「物量戦《マテリアルシュラハト》」に変質していたのである。ヴェルダン攻防戦は、おびただしい流血をもたらしたことから、しばしば「肉挽き機」と形容される。今、その「肉挽き機」が回りはじめたのだ。

以後、6月7日のヴォ堡塁奪取のような成功はあったにせよ、ドイツ軍の攻撃がヴェルダン要塞に決定的な打撃を与えることはなかった。つまり、ただ独仏両軍の将兵の血を吸うだけの戦闘が展開されたことになる。やがて、東部戦線でロシア軍の攻勢がはじまり、また西部戦線の別正面でソンム会戦が生起するとともに、ドイツ軍には、ヴェルダン攻勢を貫徹するだけの余裕はなくなった。この年の末まで小競り合いが続いたものの、「審判」作戦は、実質的には7月に中止されることになる。

かくのごとく、ヴェルダン攻防戦は、独仏両軍の錯誤から、消耗戦の様相を呈したものといえよう。にもかかわらず、ドイツ側は流血を意義づけるために、フランス側は「国民の勝利」という神話を形成するために、ヴェルダンの戦いは、両軍が企図しての一大衝突だったとするフィクションを流布したのであった。だが、ここまでみてきたように、ヴェルダンが「肉挽き機」となるに至った真相は、あらためて確認されているのである。

Ⅰ－4　ルーデンドルフの戦い——ドイツ陸軍最後の攻勢

ドイツ軍の突撃歩兵、1916年の西部戦線にて（Bundesarchiv）

攻勢の萌芽

1917年、オーストリア＝ハンガリー帝国の帝位継承者暗殺事件に端を発した、人類未曾有の大戦は、大きな転回点を迎えていた。ロシア帝国に革命が生じ、戦争から脱落したのである。ドイツ帝国とオーストリア＝ハンガリー帝国を中心とする中欧同盟側にとっては、東部戦線の維持という巨大な負担が消滅したことになる。かかる変化は、ドイツ帝国の指導部に、ロシアに投入されていた兵力を西部戦線に引き抜き、攻勢を実施することによって、西方連合国を苦境に追い込み、講和を強いることができるのではないかとの期待を抱かせた。

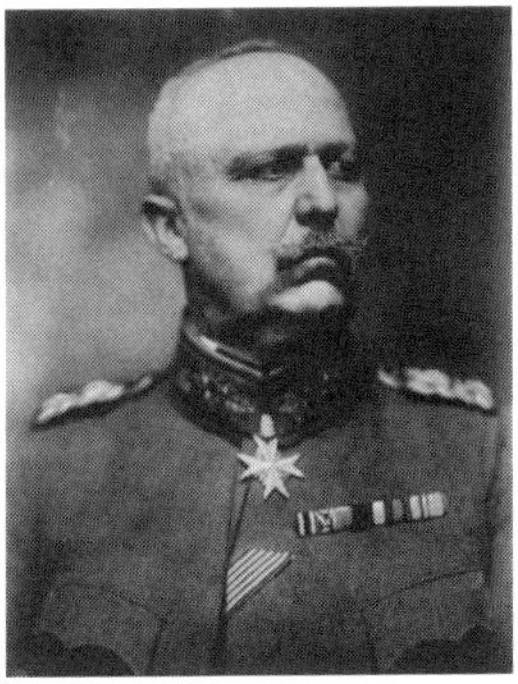

エーリヒ・フリードリヒ・ヴィルヘルム・ルーデンドルフ

なかでも、参謀次長エーリヒ・ルーデンドルフ歩兵大将は、西部戦線で一大攻勢をしかけ、ドイツに好都合な条件での終戦にこぎつけるという思考に傾いていた。ルーデンドルフは、その司令官パウル・フォン・ヒンデンブルク元帥とともに、軍参謀長として1914年のタンネンベルク会戦で大勝利を得た結果、大きな影響力をふるうようになり▼1、1916年8月以来、OHL《オーハーエル》、陸軍最高統帥部《オーベルステ・ヘーレスライトゥング》の参謀次長となっていた。彼は、この職にあって、事実上の独裁者となっていたのだ。参謀次長の職は、法制的には陸軍の軍令をつかさどる組織のナンバー・ツーにすぎないのだが、第一次世界大戦中に軍部の発言力が強まるとともに、ドイツ皇帝（カイザー）の統帥権が有名無実のものとなったこと、ヒンデンブルクが実権のほとんどすべてをゆだねてしまったこともあって、ルーデンドルフは、軍事のみならず、政治も自在に動かせる存在にのし上がっていた。歴史家が「ルーデンドルフ独裁」と呼ぶ現象である。

それまで、西方攻勢により勝利を得るとの方針については、腰が定まらなかったルーデンドルフではあったけれども▼2、ロシア革命の勃発によって、東部戦線から兵力を引き抜ける見通しが立ったのちは、西部戦線での攻勢に戦争の勝敗を賭すると決心していた。彼自身の戦時回想録から引用しよう。「1917年の晩秋に、陸軍最高統帥部は、重大な問題に直面していた。翌春に、所与の好都合な状況を利用して、西部戦線で大攻勢をかけるか、あるいは、そんなことは試みずに、計画通り防御に専念し、イタリアか、マケドニアのどこかで副次的攻勢を実行するかということだった▼3」。「わが同盟国ならびに、われわれ自身とその陸軍の状態に鑑みて、速やかに決戦をもたらすがごとき攻勢が必要であった。それは、西部戦線以外にあり得ない」（以下、引用に際しては、拙訳を用いる）。

しかも、ルーデンドルフは急がなければならなかった。もう一つの大転換、アメリカ合衆国の参戦があったからだ。ルシタニア号撃沈事件をはじめとする、ドイツの無制限潜水艦戦による被害は、合衆国にとっては、中立侵害以外の何ものでもなく、ついに1917年4月に対独宣戦布告を行うに至っていたのである。従って、アメリカの巨大な国力を注いで編成された軍隊が西部戦線に投入されるのは、時間の問題だった。もし、西部戦線で決戦を行うのであれば、それ以前でなくてはならぬ。1917年10月23日付の、OHL作戦部長ゲオルク・ヴェッツェル少佐（同年12月18日に中佐に進級）による情勢判断書「1918年春季におけるわが情勢の考察。いかにして、1917年から1918年の冬季作戦を遂行し、1918年春季にどのような準備をととのえるべきか？」も、同様の懸念を示していた。ヴェッツェルはいう。「わが方の軍事的な全体情勢における指導上の原則は、従前通り、西方戦域で決戦を行うことである。かかる決戦は、アメリカの援助が効果を発する前に、イギリス軍、もしくはフランス軍に、殲滅的な打撃を与えるのが早ければ早いほど、われわれに好都合な結果が得られよう」。ルーデンドルフは、この文書を受領してから24時間以内に、その内容が適切なものであるとして承認した。▼4

1917年、会議中のルーデンドルフ（右）。中央は皇帝ヴィルヘルム二世、左はヒンデンブルク

11月11日、OHLは、占領下のベルギー領モンスに、西部戦線にあった軍集団の参謀長、すなわち、ドイツ皇太子軍集団参謀長の伯爵フリードリヒ・フォン・シューレンブルク大佐ならびにバイエルン王太子ルプレヒト軍集団参謀長ヘルマン・フォン・クール中将を招集して、会議を行い、翌1918年に西方で攻勢を行うとの方針を定めた。同日、ヒンデンブルクは、両参謀長と会談、1918年春に西部戦線で大攻勢を行い、軍事的に決勝を得ると決定している。

重点はあるのか？

しかしながら、1918年の西方攻勢は、このごく初期の段

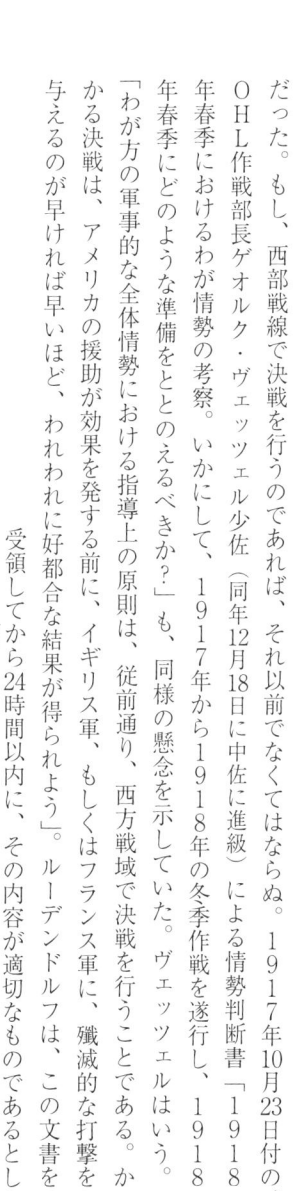

階から、今日、両世界大戦を通じて、ドイツ軍の宿痾《しゅくあ》であったとされている欠点を内包していた。戦争目的を定める戦略次元の視点から、作戦目標を策定し、戦役《キャンペーン》を配置していく思考の欠如である。[5] 現代からみれば、西部戦線での攻勢により連合軍に打撃を与え、講和を強いるという戦略目標が定められた以上、そこから下ろしていって、いつ、どこで、どのような行動が取られるべきかを考えていかなければならない。その際、何よりも判断の材料となるのは、クラウゼヴィッツのいう「重点《シュヴェーアプンクト》」[6]、何を叩けば、敵に戦略的打撃を与えることができるかであって、作戦・戦術次元の有利不利ではない。

ところが、1918年の春季攻勢を立案するにあたってのドイツ軍首脳部の議論は、それとは程遠いものだった。前述のモンス会議において、バイエルン王太子ルプレヒト軍集団（以下、「王太子軍集団」と略）を代表するクール中将は、西部戦線北部で主攻勢を行い、イギリス軍を分断するとの案を提示した。一方、ドイツ皇太子軍集団（以後「皇太子軍集団」と略）参謀長のシューレンブルク大佐は、ヴェルダンの両側で攻撃を行い、アルゴンヌの森から東へ、サン＝ミエルから西に進撃することにより、フランス軍を挟撃、潰滅に追い込むべきだと主張した。

驚くべきことではあった。軍集団の参謀長ともあろうものが、せいぜい作戦次元で何が有利かという考察しか念頭になく、その攻勢が重点を衝けるのか、戦闘の成功を戦争の勝利につなげられるかについて、真剣に検討していないのである。もっとも、シューレンブルクは、イギリス軍は大敗に耐え得るであろうが、フランス軍はまとめて潰滅してしまうだろうと、攻撃目標選定の理由を述べている。だが、それも、フランス軍は心理的に弱いという推定によるものだった。

では、彼らの意見を聞いたルーデンドルフは、いかなる反応を示したか。この、ドイツの軍事戦略を決定する権能を持つ人物は、クール大佐に、王太子軍集団はさらに南部のアラス、もしくはサン・カンタン地域に攻勢を継続できるかと尋ねた。その理由は、ペロンヌとアムのあいだでソンム河畔に達したのち、同川で左翼を掩護されつつ、さらに北西に突進できるから、攻勢成功の見込みがあるというものだった！

これに対するクールの反論も、ソンム地域は、1916年の会戦と1917年のドイツ軍撤退により、地形が荒れており、攻撃作戦には不適、また、フランス軍予備の過早な介入を招くという、作戦・戦術上の考慮の範疇《はんちゅう》を出ないものだったのだ。かくのごとく、ドイツ陸軍参謀次長も、攻勢にあたる軍集団の参謀長も、作戦・戦術上の有利不利を超えて、戦争に勝つためには何をなすべきかという発想を持ってはいなかったのである。

ルーデンドルフは、リエージュ要塞の攻略やタンネンベルク会戦をはじめとする東部戦線の勝利により、作戦の鬼才と評されてきた。にもかかわらず――戦略と作戦をつなぐすべは、まったく理解していなかったのだ。その事実は、彼自身の言葉によって、如実に示されている。ルーデンドルフの戦時回想録から引用してみよう。現代の用兵思想からすれば、ナンセンスとしかいえない議論だ。「戦術は、純粋な戦略の上位に位置する。戦術的な成功なしには、戦略も推進し得ない。戦術的勝利を考慮しない戦略は、最初から成功の見込みがないものと運命づけられている」。

ドイツ軍にとって不幸だったのは、かような思考様式が、ルーデンドルフのみならず、他の多くの参謀将校にも共有されていたことであろう。この後、1917年12月27日のバート・クロイツナッハ（当時、カイザーの大本営が置かれていた）での会議と1918年1月21日のアルサンにおける会議▼7を経て、西部戦線の攻勢作戦の構想が固まっていく。しかしながら、その過程においても、そこを衝けば、連合軍に致命的な結果をもたらすであろう重点はどこか、「ミヒャエル」は、そうした戦略的課題を達成できるのかという本質的な議論がなされることはなかったのである。

結局、1918年の西部戦線における攻勢は、作戦次元の成功を積み重ねて、戦略次元の勝利に至るという、なんとも心もとない内容しか持ち得なかった。ルーデンドルフも、それを自覚していたとみえ、カイザーと帝国宰相宛の書簡で、このように記している。「ガリツィアやイタリアで行ったような攻勢を遂行し得ると考えてはならない。ここではじまったかと思えば、別の地点で継続されるといった、長い時間を要する巨大な争闘になるであろう」。

「戦術的」作戦

かくのごとく、1918年のドイツ軍攻勢は、戦略目標を徹底的に考察するという点で欠陥のあるもので、それは作戦面にも影を落とすことになった。

1917年から1918年の冬にかけて、練り上げられた「ミヒャエル」作戦[▼8]が発動されるのは、結局、サン・カンタンの両側、北のランス（Lens. カナ表記してしまうと同じになってしまうが、後出の Reims とは異なる都市である）から南のラ・フェールに至る戦線ということになった。攻撃対象は、この正面にいるイギリス軍だ。主役となるのは、王太子軍集団の左翼第17軍と皇太子軍集団の右翼第2軍および第18軍だった。これらが英軍の戦区を突破し、北西へ進撃することで、その後方連絡線を遮断し、潰滅に追い込もうというのである。南のフランス軍には牽制攻撃を加えて、これを拘束する一方、主攻勢方面には、その進展とともに兵力を増強、モーメンタムを維持する。

しかし、何故、フランス軍ではなく、イギリス軍が攻撃対象に選ばれたのであろうか。ここでもまた、ルーデンドルフの戦術至上主義が作用していた。ヴェッツェルOHL作戦部長、皇太子軍集団司令官ヴィルヘルム皇太子、皇太子軍集団参謀長シューレンブルクらは、フランス軍の士気が衰えているし、ヴェルダン周辺の同軍部隊を壊滅させることができれば、心理的な影響が大きいとし、まず、そちらを叩くべきだとしていた。だが、ルーデンドルフは、最弱の敵のもっとも弱い部分を撃つことこそが効果的だと考えていたから、数的には、いちばん兵力の少ないイギリスこそがくみしやすいとみた。しかも、英軍戦区の縦深は浅い。そのことは、戦後、イギリスの公刊戦史も認めている。イギリス軍の策源となっている英仏海峡諸港は、ドイツ軍の前線からおよそ80キロほどでしかない。ドイツ軍砲兵の有効射撃範囲からも約64

キロほど離れているにすぎないのだ。このように、フランドル〔当時、英軍が展開していたベルギー西部から北フランスにかけての地域〕では、縦深が取れないため、弾性防御[9]の選択肢も閉ざされていた。従って、「海峡諸港をめざす攻撃が成功したなら、イギリス軍潰滅という事態になりかねなかった」のである。

ルーデンドルフの直属上官、ヒンデンブルク元帥も、その回想録に未練げに記したものだ。「私のみるところ、この〔英軍に対する〕攻撃が首尾良く遂行し得るかに、戦争の勝敗が懸かっていたのである。もし、われわれが英仏海峡沿岸に達することができれば、イギリスの生命線を直接押さえることになっただろう。それによって、英国の連絡線を封じるのに、もっとも好都合な状態が得られるばかりか、そこから、

ドイツ軍ミヒャエル作戦参加部隊戦闘序列
(1918年3月21日)

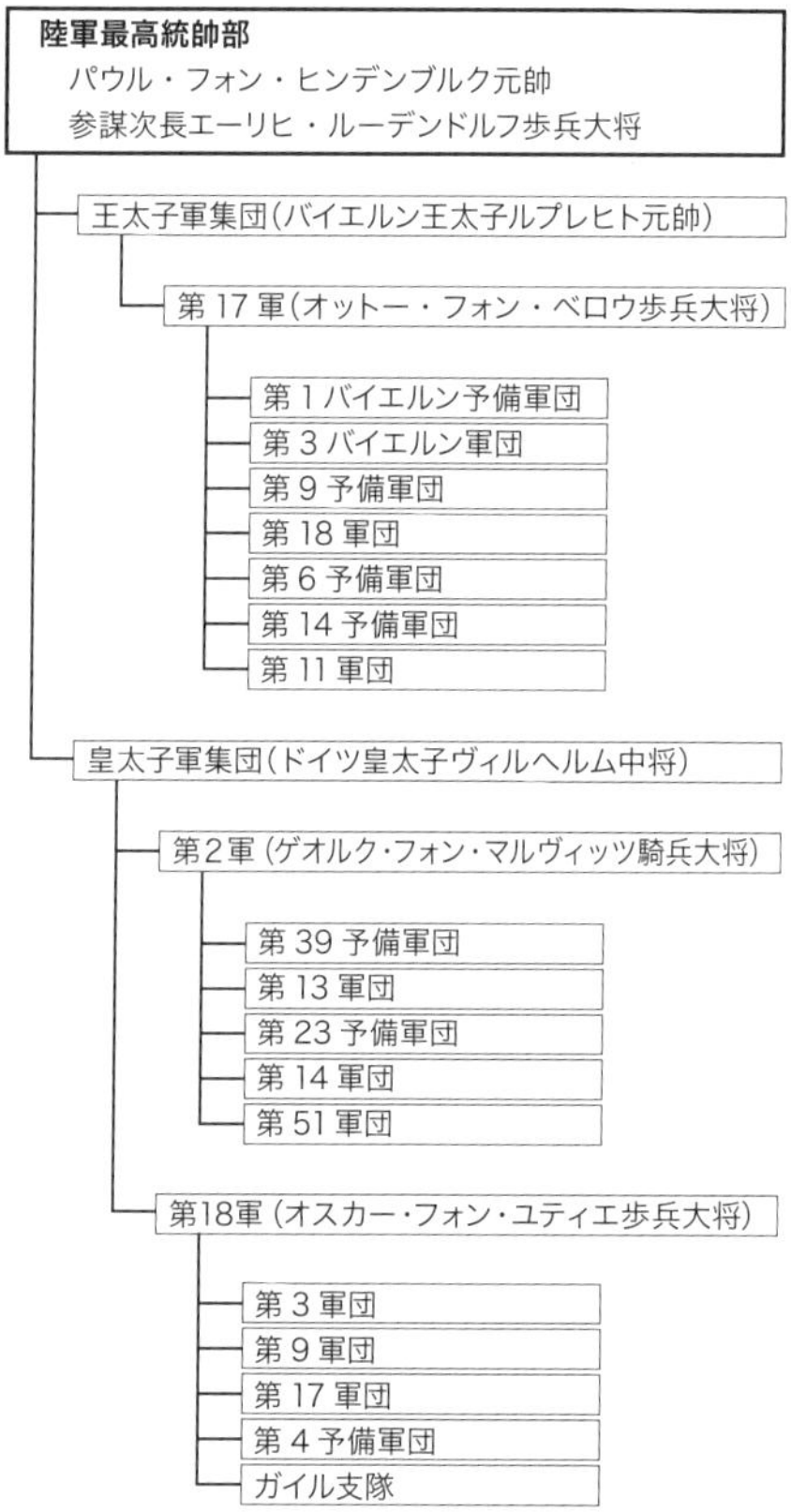

Zabecki, *The German 1918 Offensives*, 136頁より作成

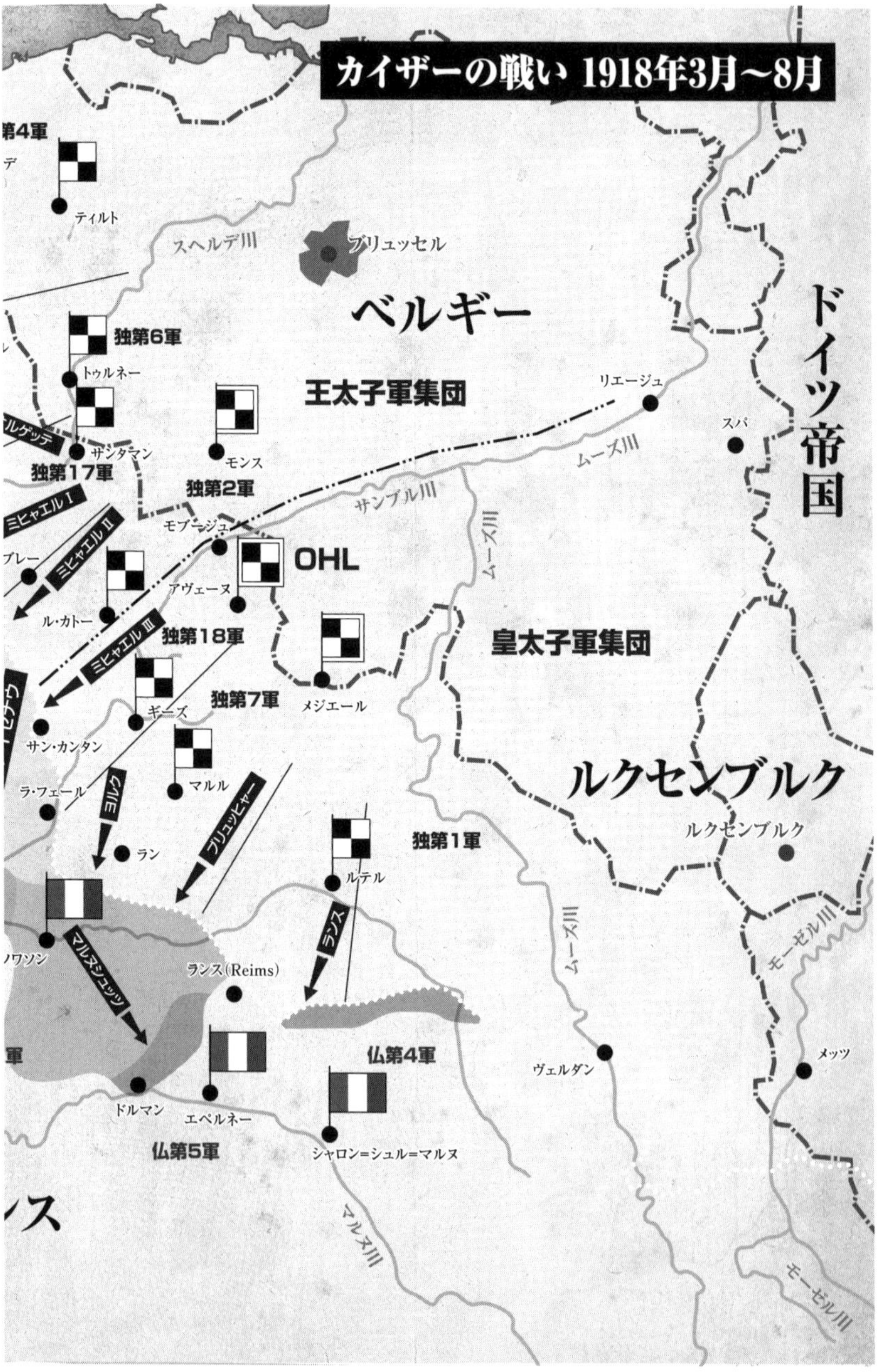
カイザーの戦い 1918年3月～8月
第4軍
ティルト
スヘルデ川
ブリュッセル
ベルギー
ドイツ帝国
独第6軍
トゥルネー
王太子軍集団
リエージュ
スパ
サンタマン
モンス
ムーズ川
独第17軍
独第2軍
サンブル川
ミヒャエルⅠ
ミヒャエルⅡ
モブージュ
OHL
ブレー
アヴェーヌ
ル・カトー
ミヒャエルⅢ
独第18軍
皇太子軍集団
ギーズ
独第7軍
メジエール
サン・カンタン
ルクセンブルク
ラ・フェール
ヨルク
マルル
ブリュッヒャー
独第1軍
ラン
ルテル
ランス
マルヌシュッツ
ランス(Reims)
モーゼル川
仏第4軍
ヴェルダン
メッツ
ドルマン
エペルネー
仏第5軍
シャロン=シュル=マルヌ
マルヌ川

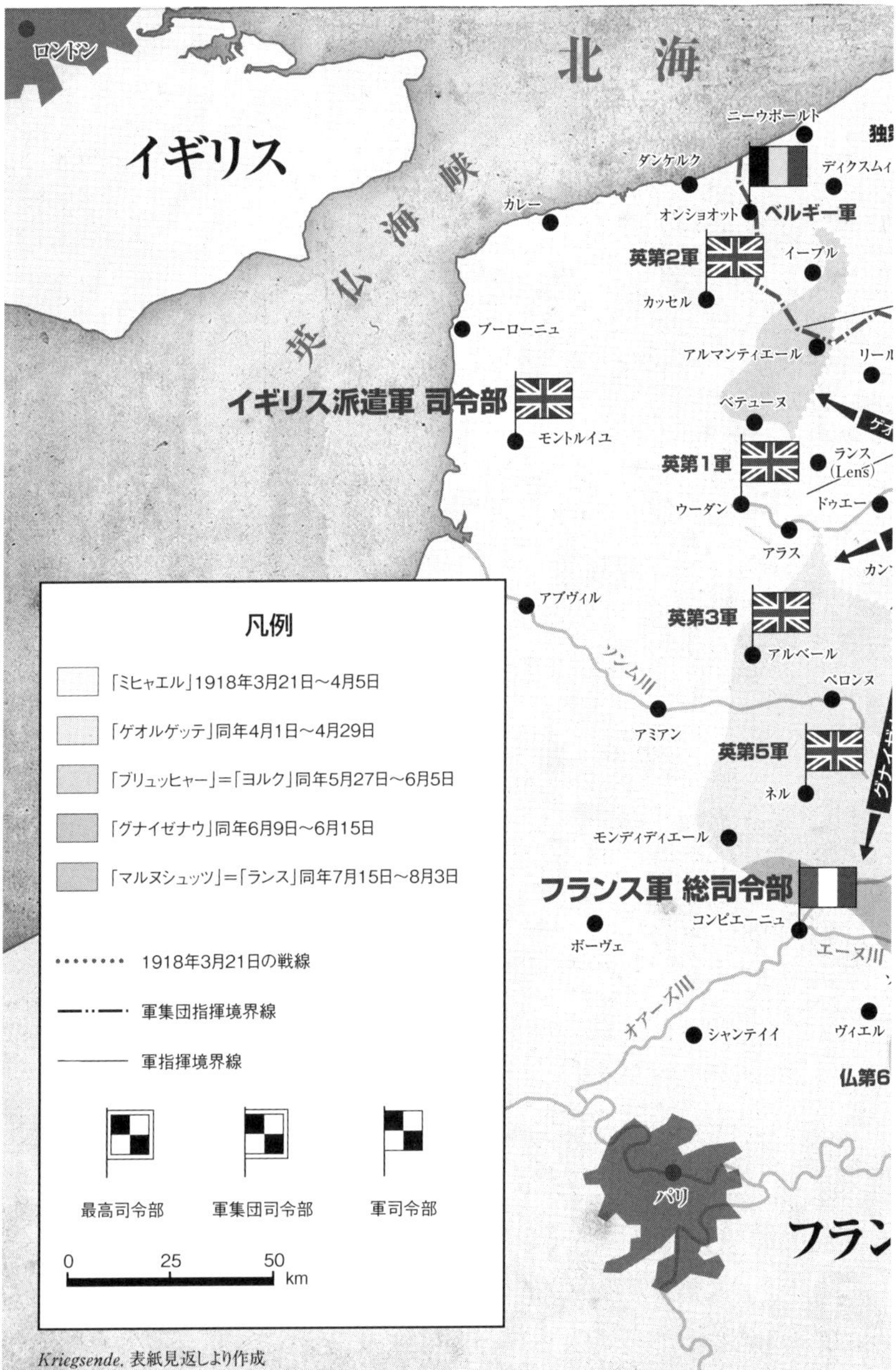

Kriegsende, 表紙見返しより作成

わが最大級の重砲を以て、イギリス南岸の一部に砲撃を加えることができたのだ」。

だが、これも後知恵というものだった。ルーデンドルフは、作戦を定めるにあたり、戦争を決するのに有効かどうかではなく、戦術上の利点のほうを重視していたのである。いわば、「戦術的」に作戦を遂行するつもりだったのだ。１９１８年1月21日のアルサン会議において、彼が「われわれは、作戦については喋々《ちょうちょう》するが、戦術に関して述べることはあまりにも少ない」と発言したのは、語るに落ちたというものであろう。結局、ルーデンドルフは、戦術的勝利を積み重ね、作戦の成功、ひいては戦争の勝利が得られるという発想に凝り固まっていたのだ。その戦後の回想録においても、「戦略的には、北部の攻撃はきわめて利点が大きかったが、限定的な目標であった。もしカレーとブーローニュの奪取に成功したならば、戦線短縮が可能になったかもしれぬ」と書かれている。このように、ミヒャエル作戦の主眼は、英仏海峡諸港を占領して、イギリス軍に戦略的打撃を与えることではなかった。英軍の側面を南から巻き上げ、退却に追い込み、それでもなお敵が抵抗を続ける場合には、これを撃破することにあったのだ。

１９４４年12月、アドルフ・ヒトラーは、アルデンヌの森を突破して、米英軍を分断、アントワープを占領してイギリス軍の補給を断つことを夢見て、一大反攻作戦を開始した。けれども、１９１８年のルーデンドルフは、１９４４年のヒトラーほどの戦略センスも持ち合わせていなかったのである。

戦術的進歩の頂点

かくのごとく、ミヒャエル作戦は、戦略面からみた場合には、大きな欠陥を内包していたのであったが、一方、戦術レベルにおいての準備は、第一次世界大戦におけるドイツ軍の進歩の頂点を示しているといってよかった。

まず、注目すべきは、いわゆる委任戦術《アウフトラークスタクティーク》[▼10]が、ドイツ軍によみがえっていたことである。高級司令官から現場の指揮官に至るまで、情勢判断と作戦目標の認識を共有することを前提として、権限の大幅な下方移譲を可能とし、それによって柔軟な戦闘指揮を行う戦法である。フリードリヒ大王の時代にまでさかのぼることができるとされるプロイセン・ドイツ軍の軍隊文化にもとづくものであり、大モルトケのもと、ドイツ統一戦争の勝利をもたらした一因である指揮の様態だった。ところが、この委任戦術も、第一次世界大戦勃発までに廃れていき、電信や電話の発達も相俟《あいま》って、ドイツ軍においても、上位司令部による厳格な統制の傾向が強まっていたのである。

しかし、第一次世界大戦によって、強大な火力と陣地による防御の優位が示され、これを打ち破る必要が出てくる。何日にもわたる準備砲撃、計画を厳守した歩兵の突撃といった機械的な攻撃では（イスラエルの軍事史家クレフェルトの表現を借りれば「時刻表の戦争《タイムテーブル・ウォー》」）、地下要塞と化したといっても過言ではない縦深陣地は、突破するどころか、突入さえも拒止されることがしばしばだったからだ。

そこで、ドイツ陸軍のみならず、各国陸軍が着目したのは、少数精鋭のエリート部隊に優良装備を与え、敵陣の弱体な部分を攻撃、陣地帯内奥部に進出（その際、なお抵抗を続けている敵の抵抗拠点は、後続の一般部隊に任せて、バイパスする）、通信連絡や補給、交通の結節点を押さえて、対手の抵抗力をマヒさせる。そうして、敵が弱体化したところで、通常部隊により、残る拠点を掃討していくのである。いわゆる「浸透戦術」と呼ばれる攻撃方法であった。ちなみに、第二次世界大戦でドイツ軍が実行した「電撃戦」も、実は、それに特化したドクトリンや理論があるわけではなく、この浸透戦術の延長線上にあるというのが、最近の定説となっている。敵後方に急進する「突進部隊《シュトーストルッペ》」（大戦後半に、装備・戦法を進歩させていき、最終的には、短機関銃や火炎放射器をも装備するエリート部隊となった）の代わりに装甲師団や自動車化歩兵師団、前線に残留している敵を覆滅する一般師団の役目を歩兵師団が果たすというわけだ。

こうした戦術は、経験を得て磨きあげられていき、1917年のリガ攻略やカポレットの戦いで、大きな効果をあげるようになっていた。だが、かような攻撃を行うにあたっては、命令を待つのではなく、自ら判断し、独断専行できる下級指揮官が不可欠である。ドイツ軍にあっては、先に触れた委任戦術の精神が生きており、その意味では優位に立っていたのだ。ルーデンドルフも、ミヒャエル作戦発動にあたり、かかる見地から、指揮官の自主独立性が必要であることを強調し、かつ、事前の教育・訓練を通じて、それを叩き込んだ。ルーデンドルフが、OHL作戦部の参謀ヘルマン・ガイヤー大尉に命じて作成させた教範「陣地戦における攻撃」（1918年1月1日公布）には、そうした企図が如実に示されている。一部を引いてみよう。「一方、あらゆる攻撃は、個々の兵士に至るまでのすべての階梯において、**自由な活動と決定的な行動の好機**を与える」。「**すべては、全体、すなわち砲兵支援と弾薬供給を維持する能力という枠内で、各級司令部が、どれだけ迅速で独立した行動が取れるかにかかっている**」（強調原文）[11]。

加えて、ドイツ軍の砲兵戦術も、このときまでに長足の進歩をとげていた。砲兵戦術改革の立役者となったのは、すでに退役していたが、第一次世界大戦勃発とともに現役に復帰したゲオルク・ブルフミュラー大佐である[12]。ブルフミュラーは、従来取られていた「破壊」を目的とする長時間の砲撃では、厖大な量の砲弾消費、砲身の磨滅による射撃精度の低下をもたらすばかりか、攻撃予定地域を荒廃させ、歩兵の前進を困難とし、また敵の警戒を呼び起こすといった弊害があるばかりだと考えた。むしろ、短期間の集中砲撃によって、敵部隊の一部や通信・指揮機能を叩き、マヒさせる「無力化」、あるいは、敵を掩体壕に追い込み、味方の攻撃に対応できなくさせる「制圧」のほうが有効だ。

ブルフミュラーは、かかる発想のもと、あらたな砲兵戦術を実行に移し、1916年のナラチ湖畔の戦い、1917年のリガ攻略などで、多大なる戦果をあげた。こうして、いまや砲兵戦術の大家として知られるようになったブルフミュラーは、皇太子軍集団の砲兵総指揮官として、ミヒャエル作戦に参加することになった。

このように、1918年のドイツ軍は、戦術レベルでは、世界最強といってもよい水準に達していたのである。しかしながら、戦術の成功によって、作戦を勝利にみちびくことは困難であるし、ましてや、戦略次元の誤謬は、いかなる卓越した作戦を行っても、取り返すことはできない。来るべき1918年の春季攻勢は、かかる昔ながらの原則をまたしても証明することになるのであった。

足をひきずる大天使

1918年3月21日、日付が変わってから午前2時までのあいだに、サン・カンタン正面の戦域には、深い霧が垂れ込めていた。午前3時半、ドイツ軍の攻勢が目前に迫っているのを察知したイギリス軍が砲撃を開始する。いわゆる攻勢準備破砕射撃により、敵の出鼻をくじこうとしたのである。けれども、濃霧のなか、充分に隠蔽された出撃陣地に入った敵に対する砲撃は、さしたる効果を得られなかった。

午前4時40分、ドイツ軍の準備射撃がはじまった。ブルフミュラーの砲兵戦術にもとづき、精密に定められた手順に従い、英軍陣地を叩くのだ。砲撃は、およそ5時間にわたって続いた。高性能爆薬を用いた榴弾が拠点を破壊し、たまらず地上に出てきた敵兵はガス弾でマヒさせられる。このとき、実に110万発もの砲弾が放たれたのであった。

午前9時40分、移動弾幕射撃に膚接して、ドイツ軍歩兵が前進を開始した。攻勢部隊は、北から、カポレットでイタリア軍を撃破したオットー・フォン・ベロウ歩兵大将率いる第17軍（王太子軍集団）、ゲオルク・フォン・マルヴィッツ騎兵大将指揮の第2軍（皇太子軍集団）、前年に浸透戦術を駆使してリガを征服したオスカー・フォン・ユティエ歩兵大将[13]麾下の第18軍[14]（皇太子軍集団）であった。

この攻勢を受けたイギリス軍は、激しく動揺した。とくに、前年にドイツ軍が後方のジークフリート陣地線に撤退したあとに、フランス軍と交代した第5軍（ヒューバート・ゴフ大将）の戦区では、陣地構築が不充分で、大きな損害を受けた。当時、イギリス軍も、ドイツ軍同様の弾性防御を採用していたのだが[15]、それもまだ徹底されていなかったのだ。攻勢第一日目で、イギリス軍は7512名の戦死者と1万人の負傷者を出していた。電信・電話のネットワークが砲撃で破壊され、伝令による連絡も、浸透してきたドイツ軍突進部隊に妨害され、英軍は混乱し、戦力として機能しなくなっていた。クレフェルトの言葉を借りれば、イギリス軍は、「その対手と異なり、自主独立の行動ができるように組織されておらず、また、そうするための訓練も受けていなかった」のである。まもなく、英第5軍は全面的な撤退に移った。個々には、前線で粘っている堡塁もあったが、これもドイツ軍の後続部隊に覆滅されてしまう。ついで、英第3軍（ジュリアン・ビング大将）も、第5軍の後退によって、暴露された自軍の側面を衝かれるのを恐れ、退却にかかった。

しかしながら――戦略と作戦の両次元をつなぐことができなかったルーデンドルフの過失が、ここであきらかになってきたのである。なるほど、突破口は開いた。けれども、それは、戦略的に敵の重点を衝くところまではいかず、連合軍は、その戦線の重要な部分の大半を保持していたのだ。また、ドイツ軍の損害も少なくなかった。とくに、カンブレー前面で英軍戦線の突出部を挟撃するはずだった第17軍と第2軍は、英軍の主陣地帯で身動きが取れなくなっており、激しく消耗していたのである。

加えて、攻撃の主役であった突進部隊も、衝力を失いつつあった。突進部隊は、後続部隊が補給路を啓開してくれるものと想定していたから、弾薬・食糧も数日分しか携行していない。ところが、通常部隊の前進が停滞したことから、充分な補給が与えられないという事態も生じていた。さらに、側面や背後に構わず、敵陣深く突入するという浸透戦術に内包されていた危険もあらわになった。つまり、敵陣のなかで

アラスとパリの中間、ネルの近郊ロワで3月26日に撮影されたドイツ軍戦車 A7V（Bundesarchiv）

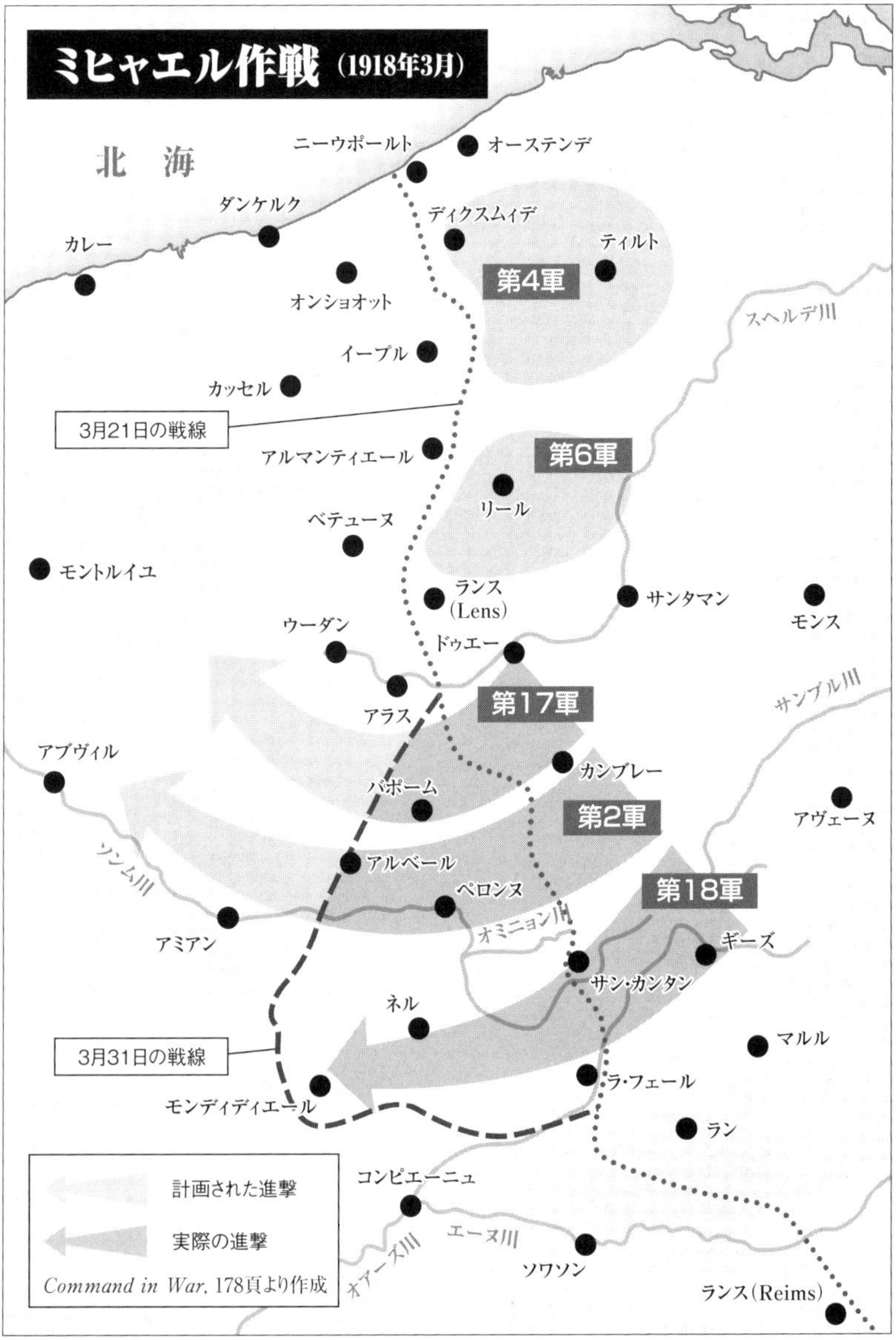
ミヒャエル作戦（1918年3月）
北　海
ニーウポールト
オーステンデ
ダンケルク
ディクスムィデ
カレー
ティルト
第4軍
オンショオット
スヘルデ川
イープル
カッセル
3月21日の戦線
アルマンティエール
第6軍
リール
ベテューヌ
モントルイユ
ランス
(Lens)
サンタマン
モンス
ウーダン
ドゥエー
第17軍
サンブル川
アラス
アブヴィル
カンブレー
バポーム
第2軍
アヴェーヌ
ソンム川
アルベール
ペロンヌ
第18軍
アミアン
オミニョン川
ギーズ
サン・カンタン
ネル
マルル
3月31日の戦線
ラ・フェール
モンディディエール
ラン
計画された進撃
コンピエーニュ
実際の進撃
エーヌ川
オアーズ川
ソワソン
Command in War, 178頁より作成
ランス(Reims)

戦う突進部隊の下級将校や下士官の戦死・負傷が続出し、その戦闘力はしだいに減殺されていったのだ。

こうして、大天使ミカエルは、縦横無尽に羽ばたくどころか、地上にとどめられ、足を引きずりながら、進むことになったのである。かかる状況下、ルーデンドルフは、難しい決断を強いられた。既定の計画通りに攻撃を進めるべく、足踏みしている第17軍と第2軍に増援を送りこむべきか、それとも、予想外の前進を示しているユティエの第18軍を強化し、敵側面に圧力をかけるべきか？　ルーデンドルフは前者を選んだ。戦術にこだわる男らしからぬ、機動なき正面攻撃の決断であった。予備の3個師団が王太子軍集団に渡されたものの、焼け石に水であった。決定的な打撃を与えられぬまま、時間だけが過ぎ去っていく。3月28日、アラス正面に突破口を開こうと企図したミヒャエルの支作戦「戦神《マルス》」も発動されたが、拒止されただけに終わった。

とはいえ、英軍とフランス軍の指揮境界地域にドイツ軍の攻勢が向けられたことは、連合軍のあいだに、あつれきを生じせしめていた。イギリス派遣軍司令官ダグラス・ヘイグ元帥は、ドイツ軍が猛攻をしかけているというのに増援があまりに遅いと、フランス軍総司令官フィリップ・ペタン少将に抗議したのである。もっとも、この問題も、連合国最高戦争会議のフランス代表だったフェルディナン・フォッシュ少将が、3月26日の両軍の調整官に就任するに至って（のち、フォッシュは連合軍最高司令官となる）、解決した。

こうして、ドイツ軍が疲弊していくのと反比例するかのように、ミヒャエル正面の連合軍は強化されていった。アミアンを中心とする鉄道網が健在であったことがものを言い、新手のイギリス軍・オーストラリア軍部隊が戦線を固めたのだ。

4月5日、さしものルーデンドルフも、ミヒャエル作戦中止を決断せざるを得なかった。この時点までの連合軍の損耗は、およそ25万5000人、ドイツ側のそれは約23万9000人であった。しかし、前者は補充可能であったのに対し、ドイツ軍の人的資源はもはや尽きようとしていた。加えて、突進部隊の損害がとくに多かったことも見逃してはならないだろう。

これだけの犠牲を払って、ドイツ軍が得たのは、わずかな占領地だけだったのだ。当時の塹壕戦の物差しに照らせば、相当の前進を果たしたといえるかもしれない。だが、それらの地域には、戦争経済上の重要地点があるわけではなかったし、何よりも連合軍は、アミアンやアラスといった要衝を、しかと保持していたのだった。とどのつまり、ミヒャエル作戦は、戦術的な勝利、戦略的な大敗以外の何ものでもなかったのである。

「食い散らかし」の攻勢

けれども、ルーデンドルフ自身は、終わったとは思っていなかった。連合軍に決定的な打撃を加えることを企図して、以後も一連の攻勢作戦を実行したのだ。ただし、それらは、戦略的な意義がないことでは、ミヒャエル以下であるため、簡潔に列挙するにとどめる。

「ゲオルゲッテ」作戦[16]。イギリス軍がアミアンに集中した結果、カレー、ブーローニュ、ダンケルクに通じる鉄道を狙うことが可能になった。その結節点であるアズブルックの占領を企図した作戦である。4月1日に発動、当初は、攻勢正面を守っていたポルトガル遠征軍を蹴散らし、順調な進捗をみせたが、やはり兵站上の問題が生じたことと、暴露されていた側面に、英仏アンザック（オーストラリア・ニュージーランド軍）の攻撃を受けたことにより、失敗した。4月29日中止。ドイツ軍の損害は、およそ8万6000人。

「ブリュッヒャー」＝「ヨルク」作戦[17]。フランス軍を叩くことにより、その部隊がイギリス軍正面に増援されるのを封じ、北部作戦を再開できる状況をつくることを期した。ドイツ軍は、5月27日、ソワソンとランスのあいだで攻勢を開始した。対手のフランス軍が防御態勢を固める上でミスを犯したこともあって、ドイツ軍は驚異的な進撃をみせた。マルヌ河畔に迫り、パリを長距離砲の射程内に収めたのも、このときである。けれども、ドイツ軍は、やはり兵站の困難と損耗の大きさゆえに、6月5日、前進を停止せざるを得なかった。ドイツ軍の損害は約13万人。

「グナイゼナウ」作戦[18]。「ブリュッヒャー」＝「ヨルク」作戦で得た突出部を、さらに拡大し、連合軍の兵力をよりいっそう南で拘束し、北部で実施されることになっていたイギリス軍への攻勢作戦「ハーゲン」[19]（ただし、実行されなかった）の前提条件を満たすことを企図していた。6月9日に発動されたが、仏米軍の反撃に遭い、6月15日に中止された。ドイツ軍の損害は約3万人。

「マルヌシュッツ」＝「ランス」（「平和のための突撃《フリーデンシュトルム》」）作戦[20]。「ブリュッヒャー」＝「ヨルク」作戦によって形成されたマルヌ地域の突出部を拡張し、その翼側を安泰たらしめることと、北部作戦のために、連合軍部隊を南部に拘束することを企図した一連の攻勢。7月15日に発動、8月3日まで続いたが、連合軍の頑強な抵抗と反撃によって、中止に追い込まれた。ドイツ軍の損害は約11万人。

結局、これらの作戦は、占領地を増やし、連合軍にそれなりの損害を与えたものの、戦略的には決定打を与えることができぬ、ひたすら作戦上の有利を追って、連関の乏しい攻撃を展開した、いわば「食い散らかし」でしかなかった。しかも、そうして得た戦線突出部は、ひとたび連合軍が攻勢に転移したときには、絶好の目標になったのである。また、人員の損耗も深刻だった。この半年間で、ドイツ陸軍の総兵力は、510万人から420万人に減少していたのだ。そうした損耗のうち、見かけ以上に問題だったのは、槍の穂先たる突進部隊のそれが大きかったことであった。

敢えていうなら、ドイツ軍は、戦略なき攻勢によって、自ら戦力を消耗し、攻撃どころか、戦線を維持することにも困難を感じるようになっていたのである。

ドイツ陸軍暗黒の日

1918年、ソンム川周辺の湿地帯を行軍中のドイツ軍

事実、ドイツ軍は、末期症状を呈しはじめていた。給養状態も悪化していたから、ミヒャエル作戦においても、せっかく敵陣地を占領していながら、現場の餓えた将兵がそこに備蓄されていた物資の掠奪に夢中になって前進を停止、好機を逸するというようなこともしばしばだったのである。第一次世界大戦でドイツ陸軍の軍医として従軍したスティーヴン・ウェストマン[21]は、ミヒャエル作戦で、前線の兵士が鹵獲した酒に酔いつぶれて動けなくなる事態が続出したことを指摘し、洒落《しゃれ》を利かせている。1918年の春季攻勢は「ドイツ軍に戦闘精神《スピリット》が欠けていたからではなく、イギリス軍がふんだんに持っていた酒精《スピリット》飲料のために」拒止されたというのである[22]。

加えて、一連の攻勢、「カイザーの戦い《カイザーシュラハト》」と称せられた諸戦闘で決定的な成果が得られなかったことなどによる、ドイツ軍将兵の士気沮喪もはなはだしく、脱走兵の数も急増していたのだ。ドイツの研究者クリストフ・ヤールは、第一次世界大戦における英独将兵の脱走について、詳細なデータを付した論文を発表している。それによって、たとえばバイエルン第2歩兵師団の数字をみると、1918年3月には4件だった脱走事件が、8月には、実に28件に増大しているのである。

かくのごとく、「衰弱」したドイツ軍とは対照的に、アメリカの厖大な物資と人員を得た連合軍は、息を吹き返していた。1918年8月8日、ヘイグ将軍麾下の連合軍部隊は、アミアン前面で攻勢を敢行、ドイツ軍を大敗させた。ルーデンドルフいうところの「ドイツ陸軍暗黒の日」である。この日、戦意を失ったドイツ兵多数が、抵抗もせずに敵に投降したのであった。ルーデンドルフの戦時回想録には、生々しい記述がある。前線の実情を把握するため、視察に派遣した参謀が、このように報告してきたというのだ。「勇敢に攻撃に移ろうとした、ある新手の師団は、退却してきた部隊の将兵から、『スト破り』、『戦争を引き延ばそうとする連中だ』と罵声を浴びせられた」。

しかし、「ドイツ陸軍暗黒の日」は、これきりというわけではなかった。9月以降、連合軍は連続攻勢に移り、ドイツ軍を退却に追い込む。ブルガリア、トルコ、オーストリア＝ハンガリーもドイツとの同盟を破棄し、単独講和に走った。そして、11月3日、キール軍港で、ドイツ艦隊水兵の反乱が生起した。ドイツ革命の烽火《のろし》があがったのである。以後、カイザーの軍隊が再び攻勢に出ることはなく、ドイツ帝国は滅亡への坂道を転落していくのであった。

コラム① ロンメルはパスタを好んだか

「砂漠の狐」と異名を取ったエルヴィン・ロンメル元帥が服毒自殺を強要されてから七十年余、彼を無謬の名将とするような伝説も、さすがに色褪《いろあ》せてきた。戦略次元の事象に理解が少ないこと、補給の軽視、ヒトラーに引き立てられて、軍の表舞台に上がってきたことといった負の側面があきらかになり、ロンメルといえども、等身大の評価の対象にされたのである。

缶詰で昼食を摂るロンメル。かたわらの部下が、しげしげとラベルを眺めているところをみると、この缶詰は「老いぼれ」かもしれない

しかしながら、騎士道精神や厳しい禁欲といった、ロンメルの個人的な美徳はなお否定されていないといってよい。とくに、彼の日常生活がスパルタ的であったことは、人口に膾炙《かいしゃ》していることだろう。たとえば、アフリカ軍団の情報将校を務め、ロンメルに親しく仕えたハインツ・ヴェルナー・シュミットは、このように回想している（用語等の統一のため、邦訳がある場合でも、修正を加えて引用する。以下同様）。

「ロンメルそのひとは、食事に関して控え目で、食べものにも不平をこぼさなかった。彼は兵隊と同じ割当てで生活しているものと思っていた。だいたい、食卓に出るものは、缶詰のイワシ、まずい缶詰のソーセージ、パン、それから例の『老いぼれ』▼1のほかには、ほとんど何もなかった。唯一の贅沢といえば、社交上、特別の場合に、一杯のワインを飲むぐらいのものだった。煙草は、まったく吸わなかった。事実、彼とその好敵手モントゴメリーは、質実剛健な生活態度の点で、不思議なほど相似ていた」。

こうした記述は、他の文献にも多くみられ、枚挙にいとまがない。おおかたの読者も同様のイメージを持っていることだろう。

ところが——ここに、ロンメルはパスタを好み、特別につくらせていたと証言する者がいるから、「砂漠の狐」の質素な生活という伝承も揺らごうというものだ。その人物が、イタリア語の通訳として、ロンメルのもとで勤務した体験があるとなれば、なおさらのことである。

ロンメルの通訳

彼の名は、ヴァルター・シュピターラーという。シュピターラーは、1918年に南チロルに生まれた。イタリア領ではあるが、ドイツ系住民が多数存在する地方である。ヒトラーとムッソリーニが手を結ぶまで、独伊の係争地だったところだ。こういう地域の出身であるシュピターラーは、国籍上はイタリアに属し、兵役に服したのもトレント師団においてであった。

1939年12月、イタリア軍を満期除隊したシュピターラーは、南チロルのドイツ系住民に関する独伊協定にもとづき[2]、ドイツに移った。しかし、シュピターラーが帰化したドイツは、すでに英仏相手の戦争に突入していたのだ。彼も、1939年のクリスマスの直後に召集を受け、今度はドイツ国防軍に勤務することになった。とはいえ、シュピターラーは、かような生い立ちから、イタリア語とドイツ語の両方に堪能である。単なる一兵卒にとどめられているわけがなかった。1941年までに軍曹に進級していたシュピターラーは、ドイツが北アフリカ戦役に乗り出すや、先遣スタッフの一人として、まずイタリア、ついで、北アフリカに派遣されたのである。このとき、アフリカに到着したシュピターラーは、最初の二週間、「特別指導官《ゾンダーフューラー》」[3]と交代するまで、ロンメルの通訳を務めたのだ。

彼のロンメルに関する第一印象は、広く伝えられているイメージを裏打ちするものである。将校に対しては、独伊軍のいずれであろうと、例外なく厳しい。ロンメルは、「自分自身に期待することを、同じく将校たちにも期待した。もし、将校が後方に引っ込んでいたら、また、実際にそうしているところを見つかったら……悲惨なことになっただろう！　……下士官兵に対しては、彼は非常に親切だった」。「ベルサリエーリ[▼4]を含む最前線の部隊は、ロンメルの訪問を心から歓迎した。彼は、いつでも何かしら、持ってきてくれた。たとえば手紙だ。ロンメルは砲撃にもひるまなかった。ただ、他の者に聞いたところによれば、戦争後半には、戦闘機を非常に恐れたということだった」。

狐の特命

しかしながら、シュピターラーの証言で興味深いのは、このあとだ。通訳の任を解かれたのちも、ロンメルのそばで勤務していたシュピターラーは、ある権限を与えられた。任務の一環として、イタリア軍の主計部に行き、パスタを購入してくることができたというのである。それには、ロンメルの好物がパスタであるということも与《あずか》っていた！　にわかには信じ難いことではあるが、まずはシュピターラーの言葉を引こう。

「ロンメルは、司令部外に旅行に出るときには、パスタを食べた」。「司令部にいるときには、彼は、兵士と同じものを摂った。そのなかには、不幸にも、数回供せられたラクダの肉[▼5]も含まれている。しかし、旅に出るときには、私が、パスタ、トマト、パルミジャーノ・チーズ、オリーヴ・オイルの購入を仰せつかったものである」。

もしも、この発言が事実だとすれば、ロンメルは、司令官の特権を使って、好物を調達させていたことになる。質朴で、兵士たちには許されていないような贅沢はしないというロンメル像と、おおいに食い違う話だ。あるいは、「名将ロンメル」は虚像だったかと、幻滅を感じる向きもあるかもしれない。だが、そう断じることができるかどうか。

引用したシュピターラーの証言には、▼6ある曖昧《あいまい》さがある。「司令部外に旅行に出るとき」、「旅に出るとき」とは、どういう場合を指しているのだろう？　ロンメル自身が回想録に書き、また、彼に接した人々が紹介しているごとく、その北アフリカでの日常は、以下のようなものであった。早朝に起床、司令部で状況を把握し、留守を参謀たちにまかせると、最前線を視察してまわる。当然、食事も兵士と同様のものだったと思われる。そんなところで、調理に多くの水を要し、手間暇もかかるパスタをつくれと命じたりすれば、なんたる我《わ》儘《まま》勝手かと批判されたことだろうし、もちろん、それに関する証言や記録も残っているはずだ。

だとすれば、「旅行」というのは、そのような前線視察のことではなく、同盟国イタリアの軍首脳との協議のため、後方の高級司令部に赴くという意味ではなかろうか。それならば、イタリアの将軍・参謀たちを迎えての会食ということも多々あったろうと推測され、その際にパスタを供したとしても不自然ではない。シュピターラーが、食材の調達を命じられたのも、かような背景があったのではないかと、著者は想像する。

さはさりながら――むろん、イタリア軍上層部との会食にパスタを出さなくてはならないという規則があるわけではない。ロンメルも人の子、あるいは、そうした機会に、好物のパスタをつくらせ、口福を味わうという、ささやかな特権を行使していたのかもしれない。もし、そうだとしても、ロンメルの醜聞などということにはならず、むしろ、彼の人間味を感じさせるエピソードではないかと、著者には思われる。

第Ⅱ章

稲妻はいかにして鍛えられたか
両大戦間期から第二次世界大戦まで

「民間人の恐怖を引き起こす目的で、都市に対して攻撃を行うことは、原則として回避すべきである」

――1935年発行、ドイツ空軍の教範第16号「航空戦指導《ルフトクリークフュールング》」

「将軍閣下、暴発しますぞ」

――エルンスト・ブラウンマイヤー参謀大佐

対ソ戦は「同盟国があろうとなかろうと、この巨人が最終的に崩壊するまで戦」い続けられるべき戦争だった

――1943年2月1日付、ヒトラーのムッソリーニ宛書簡

諸子は全員「終着駅までの切符を持っているのだ」

――第19自動車化軍団長ハインツ・グデーリアン中将

「それはティーガーだ。他の戦車は考えられない」

――ドイツ国防軍の戦車乗りたち

Ⅱ—1 軍事面からみたゲルニカ

スペイン内戦時、国際旅団のT-26戦車（1937年9月）

「ゲルニカはバスクの一州ビスカヤの小都市であり、海岸から10キロ、ビルバオから30キロの谷あいにある。人口約7000のゲルニカは、人なつこい村々と孤立した農家をもつ山の多い田舎の、どことも同じ村のひとつにすぎないようにみえる」と、スペイン内戦史の古典、ヒュー・トマスの『スペイン市民戦争』には記されている（漢数字を算用数字に直して引用。以下同様）。その牧歌的な町が戦争の惨禍の象徴となったのは、1937年4月26日のことである。1936年の人民戦線政府成立に対する軍事クーデターに端を発したスペイン内戦は、政府軍と反乱軍のそれぞれに外国勢力が援助を与えたことにより、独伊対英仏ソの代理戦争の性格を帯びるようになっていた。かかる状況下、ドイツが反乱軍支援のために派遣した「義勇軍」コンドル兵団《レギオーン・コンドル》[1]がゲルニカを爆撃、非戦闘員から多数の死傷者を出したのだ。[2]この蛮行は世界の非難を浴び、またパブロ・ピカソの壁画『ゲルニカ』をはじめとする芸術作品によって、その残虐性を記録されることとなった。

かくのごとく、コンドル兵団による空襲の非人道性が報じられたことから、ゲルニカ爆撃は、非戦闘員の殺戮により政府軍の戦意をくじくことを目的とするテロ爆撃であり、軍事目標以外を攻撃する航空作戦に道を開いた責任があると断定されたのである。それは、論証するまでもない自明の理であるとみなされ、事実、1990年代に入るまで疑いを挟まれることもなかった。しかしながら、その後の研究の進展により、1930年代後半のドイツ空軍、さらにはコンドル兵団のドクトリンは、のちにドイツや日本に向けられた英米空軍の戦略爆撃とは異なるコンセプトを持っていたことがあきらかにされている。もとより、そうした事実が解明されたとしても、ゲルニカ空襲の犯罪性に対する責任は軽減されるものではない。が、そのような背景を示すことによって、ゲルニカが持つ意味をより鮮明に照らし出すことができよう し、いわゆるコラテラル・ダメージ、戦闘における非戦闘員の被害という問題を考える一助になると思われる。

廃墟となったゲルニカ（1937年撮影、Bundesarchiv）

採用されなかったドゥーエ思想

第二次世界大戦において、ドイツ空軍がいうに足る戦略爆撃を遂行し得なかったことは、周知の事実である。けれども、ドイツ空軍に戦略次元での爆撃、あるいは、それに類似した発想がなかったわけではない。1933年5月、航空省次官エアハルト・ミルヒは、ルフトハンザ時代の部下[3]ロベルト・クナウス博士から、ひそかに建設中だったドイツ空軍が取るべき戦略方針に関する報告書を受領した。当時、航空戦力により、資源地帯や都市などを攻撃、戦闘員・非戦闘員を問わずに損害を与えて、物心両面の打撃を加え、それによって敵国民を士気沮喪させ、講和に追い込むべきだとするイタリアの軍人ジュリオ・ドゥーエの理論が一世を風靡していた。▼4 クナウスの報告書も、このドゥーエ理論にもとづくもので、四発爆撃機400機を中心とする強力な空軍を創設するとしていた。そのような爆撃隊を持てば、仮想敵国たるフランスとポーランドも、自国の中心部や国民に対する脅威ゆえに慎重に行動するようになるはずだから、抑止の目的が達成されるとしたのである。

ところが、初代空軍参謀総長となったヴァルター・ヴェーファー少将は、「戦略的な《シュトラテーギッシュ》」爆撃の有効性を否定しなかったものの、それが決定的な効果を得るまでには時間がかかるため、唯一至上の方法にはなり得ないとみなした。アメリカの軍事史家ウィリアムソン・マーレィによれば、ヴェーファーは「勝利のための空軍の作戦行動は、敵の航空兵力と地上部隊と艦隊を攻撃することであり、敵の資源と軍需工業を破壊することも含まれる」と考えていたのであった。▼5

かかる思想からすれば、非戦闘員をも攻撃目標とするドゥーエ的な空襲は、倫理性というよりも、むしろ軍事合理性にそむくものでしかない。事実、1935年に発行されたドイツ空軍の教範第16号「航空戦指導《ルフトクリークフュールング》」には、「民間人の恐怖を引き起こす目的で、都市に対して攻撃を行うことは、原則として回避すべきである」と明記されている。もっとも、この教範でも、敵が非戦闘員に対するテロ空襲を実行した際に、それを止められるのは味方の同種の攻撃しかないとされてはいた。が、その場合でも、慎重な配慮が要求されるのであった。「復讐攻撃には、敵国民の思考様式と道徳的姿勢に関する正確な知識と理解が必要とされる。時機選択の誤りが、敵に与えると期待される効果についてのずさんな評価と結びつけば、ある種の状況下においては、敵の抵抗意志を減殺するどころか、増加させかねないのである」。

こうした航空戦の基本構想は、ヴェーファーの事故死（1936年）以後も維持され、ドイツ空軍は、ここで陸海軍への直接支援をはじめとする作戦的な任務を重視するかたちに発展していった。▼6 けれども、ここで当然の疑問が浮かぶであろう。

本節のテーマであるゲルニカ、あるいは第二次世界大戦のワルシャワやロッテルダムにおいて、ドイツ空軍は都市と非戦闘員を目標とする「テロ爆撃」を実施したではないか？

その狙いとするところは、民間人に多大な惨禍を与え、その抗戦意志を粉砕することではなかったのか？

あいにく、ことはそう簡単ではない。

リューゲン作戦

1937年4月、鉄鉱石採掘と積み出しの中心地であるビルバオの占領とバスク地方の制圧を狙う反乱軍の攻勢はたけなわとなっていた。のちにスペインの頭領《カウディーリョ》として独裁者となるフランシスコ・フランコ将軍を支援するコンドル兵団も、存在こそ極秘とされていたものの、対地支援に大わらわであった。そのコンドル兵団の参謀長である男爵ヴォルフラム・フォン・リヒトホーフェンの手元に、偵察機の報告が入ったのは、4月26日午前7時ごろのことだった。

この、第一次世界大戦のエースの従弟であり、当時コンドル兵団を実質的に指揮していた男は、▼7 スペインに派遣されて以来、近接航空支援戦術をおおいに進歩させていた。リヒトホーフェンは当初、地上部隊に対する近接支援は空軍の任務として優先度が低いとみなしていたが、スペイン内戦においては戦略的な作戦を行う余地が乏しく、近接航空支援こそ重要な課題であると識ったのである。空地協同に必要な連絡システムなどを開発・実現させたのも彼であった。

その朝、リヒトホーフェンが把握した状況は以下のごときものだった。政府軍は、反乱軍によって圧迫され、ビルバオ方面に押し込められている。ゲルニカには政府軍の予備多数が集結中で、▼8 その東には敵23

個大隊がいるものと推測された。

ならば、ゲルニカに在る橋を破壊してしまえば、それ以東の敵はビルバオへの退路を遮断され、各個に殲滅されることになろう。リヒトホーフェンはそう考えた。今日の航空戦用語でいう「航空阻止」、橋やトンネル、鉄道の操車場など、交通の要衝を攻撃し、それによって、戦線後方の敵部隊や物資の輸送を妨害、遅滞させ、あるいは撃破することを目的とする戦術である。

リヒトホーフェンの日記を引用しよう。「ただちに出撃。A／88〔増強偵察機中隊〕およびJ／88〔戦闘飛行隊〕は、マルキナーゲルニカーゲルリカイスより間の攪乱攻撃《シュトラーセンヤークト》。K／88〔爆撃飛行隊〕（ゲルリカイスよりの帰投後）、VB／88〔実験爆撃飛行隊〕、イタリア軍[9]は、ゲルニカ東方に膚接する街道ならびに橋（市周縁部含む）に向かう。敵の人員物資に対し、最終的に大きな戦果をあげようとするならば、同地区は**遮断されなければならない**。ビゴン[10]は、麾下の部隊を前進させるから、ゲルニカ南方の道路はすべて封鎖されると約束した。これが成功すれば、われわれはマルキナ周辺の敵を包囲することになる」（強調原文）。

かくて、「リューゲン」[11]の秘匿名称を付せられた作戦が立案された。リヒトホーフェンの意図としては、住民虐殺を目的としていたわけではない。しかしながら、彼は、後世に至るまで、戦争の非人道化を一歩進めたとの非難を受けることになる。なぜなら、リヒトホーフェンは、ほぼ一カ月前のドゥランゴ空襲[12]で試験済みの戦法、犯罪的兵器である焼夷弾による敵施設の無力化を、ここでもまた使用するつもりだったからである。

灼かれたゲルニカ

いずれにせよ、ゲルニカは破壊と殺戮を運命づけられた町となった。なるほど、空襲の最優先目標は、市の南東を流れるオカ川に架かる、幅10メートル、長さ25メートルのレンテリア橋であったけれども、これだけを狙って爆撃することは不可能だったし、コンドル兵団の将兵もそんなことをするつもりは、さらさら無かったのだ。

コンドル兵団とイタリア義勇軍は、悪魔的に巧妙な戦法を用いた。爆撃隊が通常爆弾を投じて建築物を破壊、続いて戦闘機が地上を機銃掃射したのちに、別の爆撃隊が焼夷弾を投下、火災を発生させるのである。イタリアのサヴォイア＝マルケッティＳＭ79爆撃機、ドイツのハインケルＨｅ51戦闘機とメッサーシュミットＢｆ１０９戦闘機、ユンカースＪｕ52とハインケルＨｅ１１１爆撃機が、怪鳥のごとくゲルニカの空を舞い、死をまきちらしていった。

波状攻撃が行われたのは、午後4時30分から午後7時。この間に投下された航空爆弾は、22ないし40トンといわれる。爆弾の種類は、２５０キロ爆弾、50キロ集束爆弾、1キロ焼夷弾であった。この1キロ焼夷弾の数は、投下爆弾中三分の一を占めていた。コンドル兵団の狙いがどこにあったかを、はっきりと示す数字であるといえよう。

バスク地方独特の木材を使った家々が立ち並ぶゲルニカが、このような焼夷弾攻撃を受けたのだから、大火災が生じたことはいうまでもない。爆撃により、建築物の80パーセントが破壊され、そのなかには駅舎とオリーヴ油工場も含まれていた。幸い、電話回線が断たれる前に、ゲルニカの駅長がビルバオに報告し、救援を求めていた。が、待ち望まれていた消防隊が午後11時に到着しても、もはやなすすべがなかった。市内の水道管のほとんどが破壊されていたから、給水ができなかったのだ。ゲルニカの炎は、およそ16時間にわたって燃えつづけ、翌26日の午後3時にようやく消火された。

かかる惨状からすれば、まことに皮肉なことであったけれども、そもそもの空襲の目標であったレンテリア橋には、ただ一発の爆弾も命中していなかった。コンドル兵団とイタリア義勇軍は、ゲルニカのほとんどすべてを焼き尽くしていながら、ビルバオに向かう政府軍の退路を断つという作戦目的を達成できなかったのである。

軍事的合理性からの逸脱

かくのごとく、ゲルニカ空襲は、軍事的には航空阻止を企図したものであったが、民間人多数の死傷者を出しただけの結果に終わった。現代的な言葉を使えば、コラテラル・ダメージ過大な軍事作戦と評価することができるだろう。それゆえ、リューゲン作戦の犯罪性をどの程度のものとみなすかについては、歴史家においても見解が分かれている。

ゲルニカ空襲について、今日スタンダードとなっている研究書『ゲルニカ　1937年4月26日　ドイツのスペインへの介入と「ゲルニカ事件」』を著したドイツの軍事史家クラウス・A・マイアーは、この作戦こそ、ドイツ空軍による最初の戦時国際法侵害だったと断じた。一方、やはりドイツの歴史家にしてジャーナリストであるスヴェン・フェーリクス・ケラーホーフは、戦時国際法的には、ボーダーラインすれすれの案件として擁護されるとした。アメリカの空軍史家にして、COIN（対反乱作戦）の専門家であるジェイムズ・S・コーラムに至っては、1937年時点のあらゆる国際戦争法規に照らしても、ゲルニカを航空攻撃の目標とすることには何ら違法性はないと主張している。

このように議論が分かれる問題に対して、国際法の素人である著者が判断を下すことは避けたい。しかしながら、合法性の問題を措くとしても、コンドル兵団は、レンテリア橋の破壊という軍事的目的を離れ、「ある種の状況下においては、敵の抵抗意志を減殺するどころか、増加させかねない」民間人に対する焼夷弾攻撃や機銃掃射の挙に出たのである。これは、軍事的合理性から逸脱したという点からすれば、批判されてしかるべきであろう。倫理的問題性についてはいうまでもない。

結局、リューゲン作戦は、作戦・戦術次元で目的を達成できなかったばかりか、非戦闘員虐殺を引き起こし、国際的な非難を浴びるという事態を招いた。戦略次元、さらには政治の次元で失敗を犯したものと評価してよい。加えて、航空戦の遂行がコラテラル・ダメージを意に介さないようになっていく過程の重要な一階梯としても、ゲルニカは記憶されるべきだろう。[13]

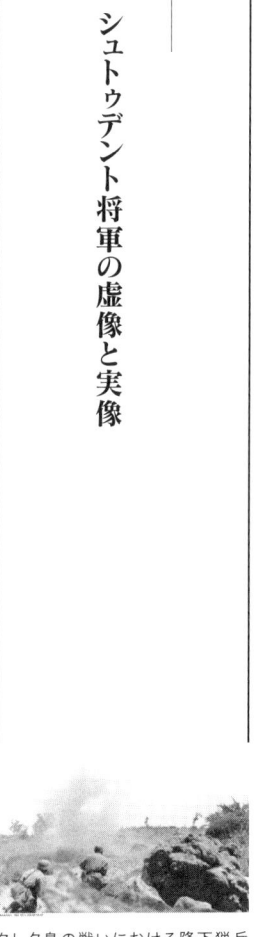

Ⅱ―2　シュトゥデント将軍の虚像と実像

クレタ島の戦いにおける降下猟兵
(1941 年 5 月、Bundesarchiv)

実は愚将だったのか?

クルト・シュトゥデント上級大将
(1941 年撮影、Bundesarchiv)

クルト・シュトゥデント上級大将といえば、ちょうどグデーリアンが装甲部隊を育て上げ、自ら指揮して大戦果をあげたのと同様のことを、降下猟兵《ファルシルムイェーガー》の分野でやってのけた名将というイメージが強いだろう。わが国だけでそうだったわけではない。アントニー・ファラー＝ホックリー[▼1]の古典的なシュトゥデント伝もそうしたトーンで書かれているし、ドイツ本国でも模範とすべき軍人だとされてきた。しかし、20世紀の末以来、シュトゥデントの評価は下がり続けている。クレタ島占領直後にパルチザンによる攻撃に対する「報復」として、麾《き》下《か》部隊に住民殺害を許可したり、捕虜の虐待や殺害を看過したといった彼の戦争犯罪がしだいに社会に知れ渡ってきたのである。[2] その結果、ドイツ連邦国防省は、シュトゥデントの顕彰《けんしょう》を取りやめた。フランツ・ヨーゼフ・シュトラウス兵営内には、「シュトゥデント通り」があったのだけれど、これも1998年に、他のナチ時代の軍人にちなんだ通りの名と同様、改称されている。

続いて、ドイツ連邦軍事史研究局長[3]であるギュンター・ロート准将[4]により、シュトゥデントを強く批判する研究書が出された。ロートによれば、シュトゥデントは充分な作戦立案能力を持たぬテクノクラート的な指揮官であった。しかも、軍司令官になってからもヒトラーの無謀な指令に盲目的に従い、軍事的合理性にそむく作戦を強行したというのだ。従来の評価に対しても、准将は、「シュトゥデント将軍は、戦略・作戦領域で大胆かつ視野の広い思考を有していた装甲部隊の創始者、ハインツ・グデーリアン上級大将とは比べものにならない」と一蹴《いっしゅう》している。

本節では、日本ではあまり知られていないシュトゥデントの経歴を概観しつつ、その指揮統率に焦点を合わせて、新しい評価を略述してみたい。

準備不足の降下作戦

クルト・アルトゥーア・ベンノ・シュトゥデントは、1890年5月12日にザクセンのビルクホルツに生まれた。早くから軍人を志し、1910年には第1猟兵大隊「ヨルク・フォン・ヴァルテンブルク伯」の士官候補生になった。任官ののち、1913年から1914年にかけて操縦訓練を受け、飛行士免許を取得した。第一次世界大戦では第9戦闘機中隊《ヤークトシュタッフェル》などの戦闘機隊に所属し、空戦で負傷したりもしている。ドイツが戦争に敗れ、ヴェルサイユ条約により保有兵力が制限されてからも、シュトゥデントは陸軍に残ることができた。しかし、わずかなあいだ隊付勤務を経験しているのを除けば、彼はもっぱら航空技術・

搭乗員養成関係の部署にまわされていた。ロートは、かかる経歴がシュトゥデントの能力不足につながったとみている。というのは、シュトゥデントは第一次大戦では地上戦闘を体験しておらず、戦術的な手腕をみがく機会を得られなかった。また、技術・訓練畑を歩んできているので、軍集団や軍を指揮するのに必要な、陸軍大学校における大部隊の運用教育を受けていない。従って、「1938年7月4日に編成中だった降下猟兵師団の指揮を継承した際、シュトゥデントは、戦略・作戦・戦術のすべてのレベルで知識と能力に欠けていた」▼5というのが、ロートの辛辣な評価である。

では、ノルウェーやオランダ、何よりもクレタ島でのドイツ降下猟兵の勝利は何だったのか。それらの成功こそ、シュトゥデントの立案した作戦や優れた指揮統率が功を奏したのではなかったのか？

これらの点について、いちいち詳述することはしないが（こうした空挺作戦については、また論じる機会もあるだろう）、シュトゥデントに対する批判をまとめてみると、こういうことになる。彼の敵情把握は不充分であった。にもかかわらず、敢えて降下猟兵を投入し――おのれが手塩にかけて育てた降下猟兵を使って、手柄を立てたいという虚栄心や功名心があったことは否定できまい――大損害を出した。つまり、シュトゥデントの作戦や指揮が優れていたのではなく、その粗雑なやりようのもとでも、現場の奮戦によって降下猟兵の勝利は得られたのだというのが定説になりつつあるのだ。

無慈悲な軍司令官

クレタ島空挺作戦の成功、あるいは大出血ののち、シュトゥデントは、降下猟兵全体の司令官に任命され、部隊の新編や補充などにも責任を負うことになる（1940年5月に航空兵大将に進級）。もっとも、降下猟兵はすでにエリート歩兵部隊として使われるようになっており、戦略的な空挺作戦を実行する力はなくなっていた。

1944年3月、シュトゥデントは第1降下猟兵軍司令官に就任し、すぐに連合軍のノルマンディ上陸に際会する。彼の指揮は凡庸なものであった。撃破された第1降下猟兵軍はオランダ方面に退却、9月4日にはアルベール運河とマーストリヒト間に防衛戦線を築けと命じられる。だが、シュトゥデントが持っていたのは、再編成中の第3および第5降下猟兵師団の残存兵力、本国からかき集めてきた補充部隊や高射砲部隊といった劣弱な戦力のみであった。また、名前は「降下猟兵部隊」であっても、その実態は空軍の地上要員から武器を扱えるものを引き抜いてきただけで、数も5万人ほどにすぎない。こんな部隊をイギリス軍の機甲部隊にぶつけるのは、軍事的には無意味な自殺行為以外の何ものでもなかろう。[6]

しかし、シュトゥデントはためらわなかった。未熟で、ろくな武器も持たぬ将兵をおよそ100キロの戦線にまき散らしたのだ。現在、彼が無慈悲な将軍と批判されるゆえんである。にもかかわらず、第1降下猟兵軍が潰滅をまぬがれたのは、対するイギリス軍が補給の限界に達し、攻勢中止を余儀なくされたからだった。この貴重な時間を使って、シュトゥデントは増援を受け取り、かろうじて防衛線を固めることができた。

以後もシュトゥデントは、同様の指揮統率を続ける。軍事的な合理性がなくなろうと、ヒトラーに命じられるまま、麾下部隊にファナティックな抵抗を命じたのだ。戦後、シュトゥデントは、「新兵器パンツァーファウストにより敵戦車群を撃滅する。さらにジェット戦闘機の圧倒的優越によって制空権を取り戻せるだろう。そうやって戦い続ければ、よりよい講和条件を得られると信じていた」と釈明している。けれども、シュトゥデントの戦争がどういうものだったかは、以下のエピソードが如実に示している。

1945年4月4日、ヒトラーは首相官邸にシュトゥデントを呼びつけた。シュトゥデントにとっては最後となった総統の謁見だ。この席で、ヒトラーは上級大将に命じた。[7] ドイツ北西部を猛進中のイギリス第21軍集団に攻撃を加え、「全降下猟兵部隊が潰滅することになろうとも」これを拒止せよ、と。この実行不可能な命令に対する答えは、「承知《ヤヴォール》しました、総統閣下《マイン・フューラー》！」だった。

こうしてシュトゥデントは、総統に唯々諾々《いいだくだく》と従った。が、第2降下猟兵軍団長、柏葉剣付騎士鉄十字章の拝受者である誇り高きオイゲン・マインドル降下猟兵大将はそうではなかった。軍団指揮所で下令されたマインドルは、命令実行を拒否したのだ。激怒したシュトゥデントは拳銃を抜き、マインドルの胸に突きつけた。一触即発、軍団参謀長のエルンスト・ブラウンマイヤー参謀大佐が「将軍閣下、暴発しますぞ」と声をかけなければ、どうなったかわからない事態であった。

クルト・シュトゥデントとは、かかる統率をなす指揮官だったのである。

Ⅱ―3　ヒトラーの戦略

演説するヒトラー（Bundesarchiv）

はじめに

権力それ自体を目的としたマキャベリスト。

いきあたりばったりの機会主義者《オポチュニスト》。

ヒトラーの戦略という主題を考えるとき、著者は、このようなフレーズを連想せざるを得ない。

これらは、いずれも戦後すぐのドイツ現代史研究において、ヒトラーを想定する際に用いられた表現である。第二次世界大戦がもたらした空前の惨禍、それ以上に「工場を運用するように《ファブリークメーシィヒ》」ユダヤ人絶滅を遂行しようとしたナチス・ドイツへの恐怖の記憶が生々しかった当時の人々にとって、ヒトラーとは、一個の邪悪なる狂人以外のなにものでもなかった。それゆえ、専門研究者の世界にあっても、独裁者ヒトラーに「戦略家」としての資質を認めることなど、言語道断だったのだ。あるいは、この時代にあって、ヒトラー、あるいはナチス・ドイツの研究に冷静さを期待することは、神ならぬ身の人間には不可能なことで

観衆の大声援に応えるヒトラー

あったのかもしれぬ。

しかし、それより半世紀余の月日が流れ、歴史学界、そして一般の認識も変わった。まがりなりにも欧州の大部分を制圧し、米英ソ以下の諸列強に対する戦争を遂行してのけた人物に、一貫した戦略がなかったというのは、あまりに不自然だと誰もが思うようになったのだ。かくてヒトラーには、世界、少なくとも欧州を制覇するための戦略があったのだということを前提とした研究が進められ、多くの成果をあげる。そして、「戦略家ヒトラー」という表現がごく自然に使われるようになり……かつてのヒトラーの評価を知る著者を微苦笑せしめるわけである。

もちろん、著者とて、ヒトラーの戦略が存在していたこと、彼が自己の戦略目的を追求し続けたことを否定するわけではない。けれども、その昔の極端な評価に対する反動か、一般向けの雑誌などにヒトラーを天才的戦略家と持ち上げる文章が氾濫しているのには、さすがに辟易《へきえき》させられる。多くの歴史的事象に対する評価がそうであるように、ヒトラーの場合においても、真実は中庸に、「無能な機会主義者」と「天才的軍事指導者」のあいだにあるものと、著者には思われるのだ。

もとより、それは容易なことではないけれども、本節では、戦後のドイツ現代史研究の成果に依拠しつつ、ヒトラーの戦略の展開とその挫折を素描していくこととしたい。おそらくは、その過程で、ヒトラーの戦略が内包していた、破局の種子が明らかとされるはずである。

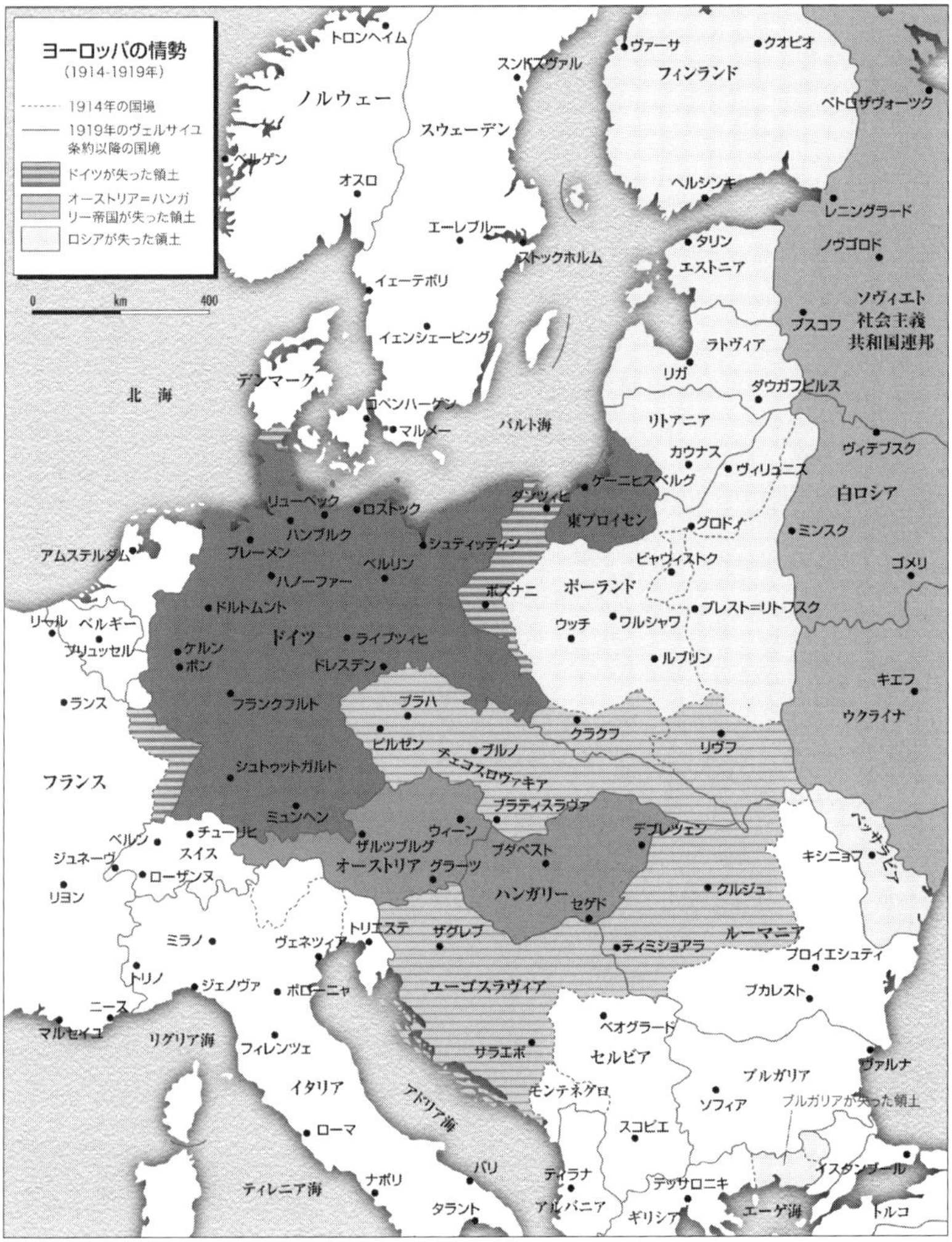

ヨーロッパの情勢
(1914-1919年)
1914年の国境
1919年のヴェルサイユ条約以降の国境
ドイツが失った領土
オーストリア＝ハンガリー帝国が失った領土
ロシアが失った領土
0
km
400
トロンヘイム
ヴァーサ
クオピオ
スンドスヴァル
フィンランド
ノルウェー
ペトロザヴォーツク
スウェーデン
ベルゲン
オスロ
ヘルシンキ
レニングラード
エーレブルー
タリン
ノヴゴロド
ストックホルム
エストニア
イェーテボリ
ソヴィエト
社会主義
共和国連邦
プスコフ
イェンシェーピング
ラトヴィア
リガ
デンマーク
北 海
ダウガフピルス
コペンハーゲン
マルメー
バルト海
リトアニア
ヴィテブスク
カウナス
ヴィリュニス
ケーニヒスベルク
白ロシア
ダンツィヒ
リューベック
ロストック
東プロイセン
ハンブルク
グロドノ
ミンスク
シュティッティン
ブレーメン
アムステルダム
ビャウィストク
ゴメリ
ベルリン
ハノーファー
ポズナニ
ポーランド
ドルトムント
ブレスト＝リトフスク
リール
ベルギー
ウッチ
ワルシャワ
ドイツ
ライプツィヒ
ブリュッセル
ケルン
ボン
ドレスデン
ルブリン
キエフ
ランス
フランクフルト
プラハ
ウクライナ
クラクフ
ピルゼン
ブルノ
リヴフ
チェコスロヴァキア
シュトゥットガルト
フランス
ミュンヘン
ブラティスラヴァ
ウィーン
ベルン
チューリヒ
デブレツェン
ザルツブルグ
ジュネーヴ
スイス
ブダペスト
キシニョフ
ベッサラビア
オーストリア
グラーツ
ローザンヌ
リヨン
ハンガリー
クルジュ
セゲド
トリエステ
ミラノ
ザグレブ
ルーマニア
ヴェネツィア
ティミショアラ
プロイエシュティ
トリノ
ジェノヴァ
ボローニャ
ユーゴスラヴィア
ブカレスト
ニース
マルセイユ
ベオグラード
リグリア海
フィレンツェ
サラエボ
セルビア
ヴァルナ
ブルガリア
イタリア
モンテネグロ
ソフィア
ブルガリアが失った領土
アドリア海
ローマ
スコピエ
バリ
イスタンブール
ティラナ
ティレニア海
ナポリ
テッサロニキ
タラント
アルバニア
エーゲ海
ギリシア
トルコ

第一の誤算——英仏の参戦

さて、それでは、ヒトラーの戦略とは、いかなるものだったのだろうか。

まず、首尾一貫して自己の目的を追求する戦略家ヒトラーという像を提示したのは、英国の歴史家トレヴァ＝ローパーであった。彼は、『わが闘争』をはじめとするヒトラーの著作や言行録を子細に検討し、ミュンヘン一揆の挫折（1923年）から第二次世界大戦の最終局面に至る22年間という長期間にわたり、ヒトラーはただ一つの最終目的を追求していたのだと結論づける。その目的とは、戦争によりソ連を打倒し、ドイツの東方にゲルマン民族の大帝国を建設することであった。

ヒトラーの主張によれば、民族の繁栄を約束するはずの「生存圏《レーベンスラウム》」を確保するためには、この東方帝国の建設が必要不可欠だったのである。こうした議論から、トレヴァ＝ローパーは、ナチズムの本質は独ソ戦であると喝破したのだ（ヒュー・R・トレヴァ＝ローパー「ヒトラーの戦争目的」、『現代史四季報』、1960年、121～133頁）。

このトレヴァ＝ローパーの主張は、その後ドイツ（正確には旧西ドイツ）の「プログラム」学派と呼ばれる歴史家たちに継承され、深化される。彼らの主張によれば、ヒトラーは、三段階から成る世界制覇の「プログラム」を持っていた。

第一段階は、ヨーロッパとソ連の征服である。このために、ドイツは海外植民地の要求を放棄するという代償を払って、イギリスを中立化、ないしは同盟国とする。これによって、イギリスの介入を受けることなく、ポーランドやフランス、ソ連を、一連の短期戦で各個に撃破できると想定されたのである。

第二段階は、こうしてヨーロッパとロシアにまたがる大国となったドイツと、残された世界強国であるアメリカとの世界支配をめぐる決戦だ。ヒトラーの「プログラム」に従えば、この戦いは生物学的なエ

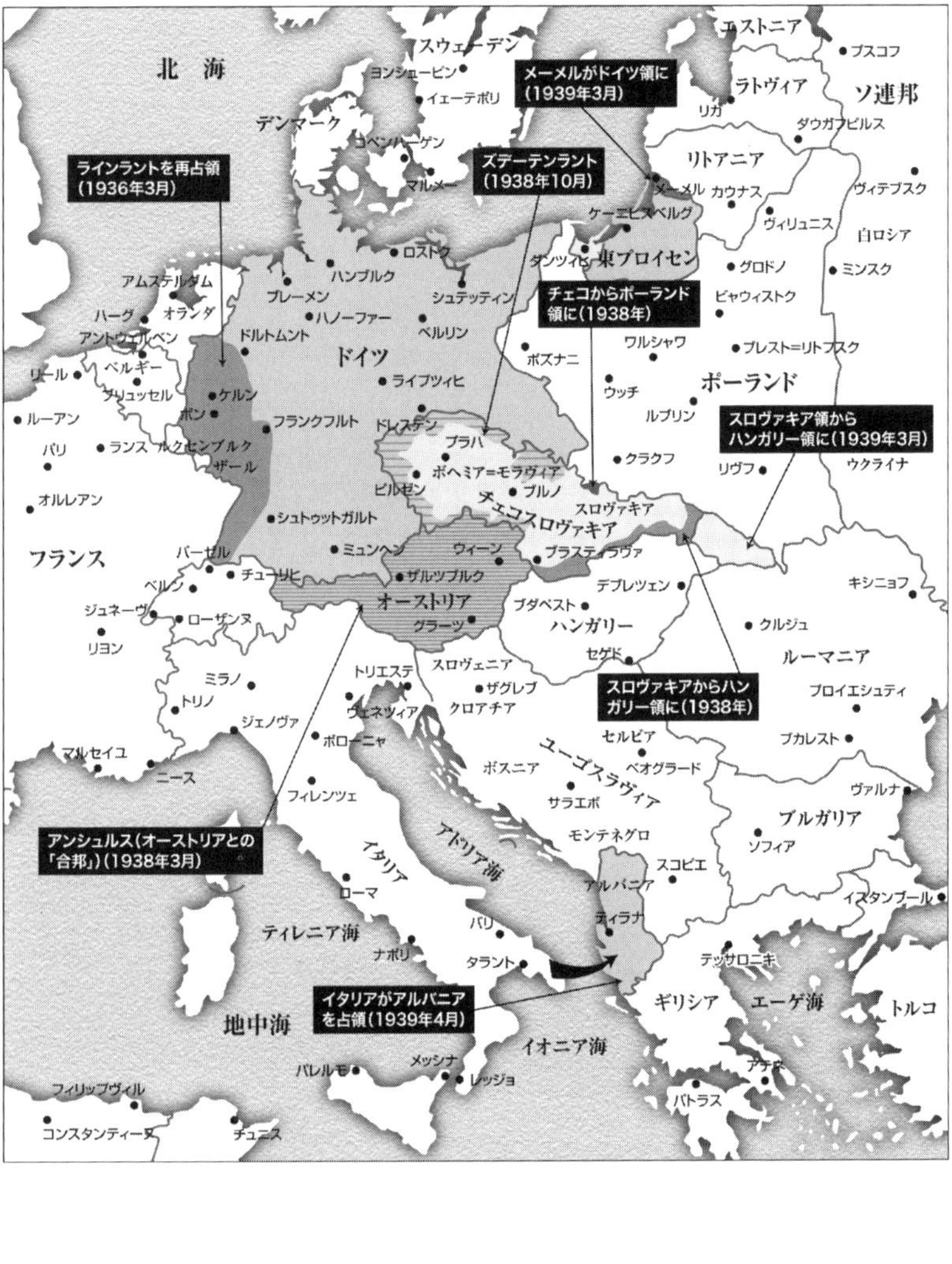

ラインラントを再占領
(1936年3月)
ズデーテンラント
(1938年10月)
メーメルがドイツ領に
(1939年3月)
チェコからポーランド
領に(1938年)
スロヴァキア領から
ハンガリー領に(1939年3月)
スロヴァキアからハン
ガリー領に(1938年)
アンシュルス(オーストリアとの
「合邦」)(1938年3月)
イタリアがアルバニア
を占領(1939年4月)
北 海
デンマーク
スウェーデン
エストニア
ラトヴィア
リトアニア
ソ連邦
白ロシア
東プロイセン
ポーランド
ドイツ
オランダ
ベルギー
フランス
チェコスロヴァキア
ボヘミア=モラヴィア
スロヴァキア
オーストリア
ハンガリー
ルーマニア
ユーゴスラヴィア
ブルガリア
アルバニア
ギリシア
トルコ
イタリア
アドリア海
ティレニア海
イオニア海
エーゲ海
地中海
ウクライナ

リート人種となったゲルマン民族の勝利に終わり、かくて、ドイツの世界支配という第三段階が訪れるとされたのだった。

仮に、この「プログラム」学派の議論に拠るとすれば、ドイツの国力の範囲内で、段階的に世界強国としての地位を獲得するという点で、ヒトラーは充分に合理的といえる戦略を用意していたということになるだろう。

しかしながら、ヒトラーの戦略は、早くも第一段階で修正を余儀なくされることとなる。周知のごとく、ヒトラーは1937年以来、オーストリア合邦《アンシュルス》、チェコスロヴァキアの解体などの侵略政策を進めてきた。英仏の軍事力整備の遅れ、そして宥和政策への期待などに助けられ、ことごとくヒトラーの目論見は当たったといってよい。けれども、ドイツに領土を割譲したあとのチェコスロヴァキア保全を約束したミュンヘン協定（1938年9月締結）を反古にされたからには、英仏が、これ以上ドイツの拡張を黙視しているはずもなかった。次なる矛先をポーランドに向けようとしたドイツに対し、英仏は武力を以てポーランドの領土を保証すると宣言したのである。

このままでは、領土拡張をあきらめるか、あるいは英仏との戦争に突入するのを覚悟でポーランドに侵攻するかの二者択一しか残されていない。ここにおいて、ヒトラーは、英仏を牽制し、ポーランドとの戦争を局地化するための離れわざを見せた。1939年8月、イデオロギー上の仇敵であるはずのソ連と不可侵条約を結び、秘密裏に東欧の分割を取り決めたのである。

この世界を驚嘆させた独ソ不可侵条約こそ、ヒトラーの切り札であった。これによって、英仏がドイツとポーランドの戦争に介入した場合、ドイツばかりかソ連をも敵にまわすことを考慮しなければならない。英仏には、それほどのリスクを冒す覚悟はないはず。

そう確信し、ポーランド一国に対してだけの戦争を行うと決断したヒトラーは、国防軍に進軍を下令した。1939年9月1日午前4時45分、ドイツ軍の先鋒は各地でポーランド国境を越える。

しかし――。

ヒトラーの予想を裏切り、英仏は9月3日に対独宣戦布告を伝えてきたのである。通訳官長であったパウル・シュミットは、このときのヒトラーの反応を、以下のように伝えている。

「私が終えたとき、完全な沈黙が支配した〔中略〕。私には永遠と思われたときののち、ヒトラーは、窓際で硬直したままとなっていたリッベントロップ〔外相〕のほうを向いた。リッベントロップがイギリス人の反応に対する誤った情報を彼に与えていたことへの怒りを表すがごとき眼差しで、ヒトラーは、その外相に『さて、どうする?』と尋ねた」(パウル・シュミット『外交舞台の脇役1923~1945年』、ボン、1954年[▼1])。

このように、一連の短期戦によって諸仮想敵国を各個撃破するというヒトラーの戦略は、すでに第二次世界大戦の開始時において、破綻を来していたのだった。

第二の誤算――海を識らず、空を識らず

このヒトラーの誤算を救ったのは、当時のドイツ軍の卓越した作戦遂行能力であった。兵器の質量において、ドイツ国防軍は必ずしも英仏軍に優っていたわけではないが、空挺部隊の運用、機甲部隊による突破、空軍の地上支援といった、近代戦の要となる部分のノウハウにおいて、群を抜いていたのである。その威力は、ポーランドやデンマーク、ノルウェー、ベネルクス三国への侵攻において遺憾なく発揮され、対仏作戦で頂点に達した。

第一次世界大戦では、四年の長きにわたってドイツの軍事力を注ぎ込んでも倒すことができなかった欧州の軍事大国フランスが、今度はわずか六週間の作戦によって屈服させられたのである。従来、この対仏電撃戦はヒトラーによって企図、遂行されてきたものだとされてきた。

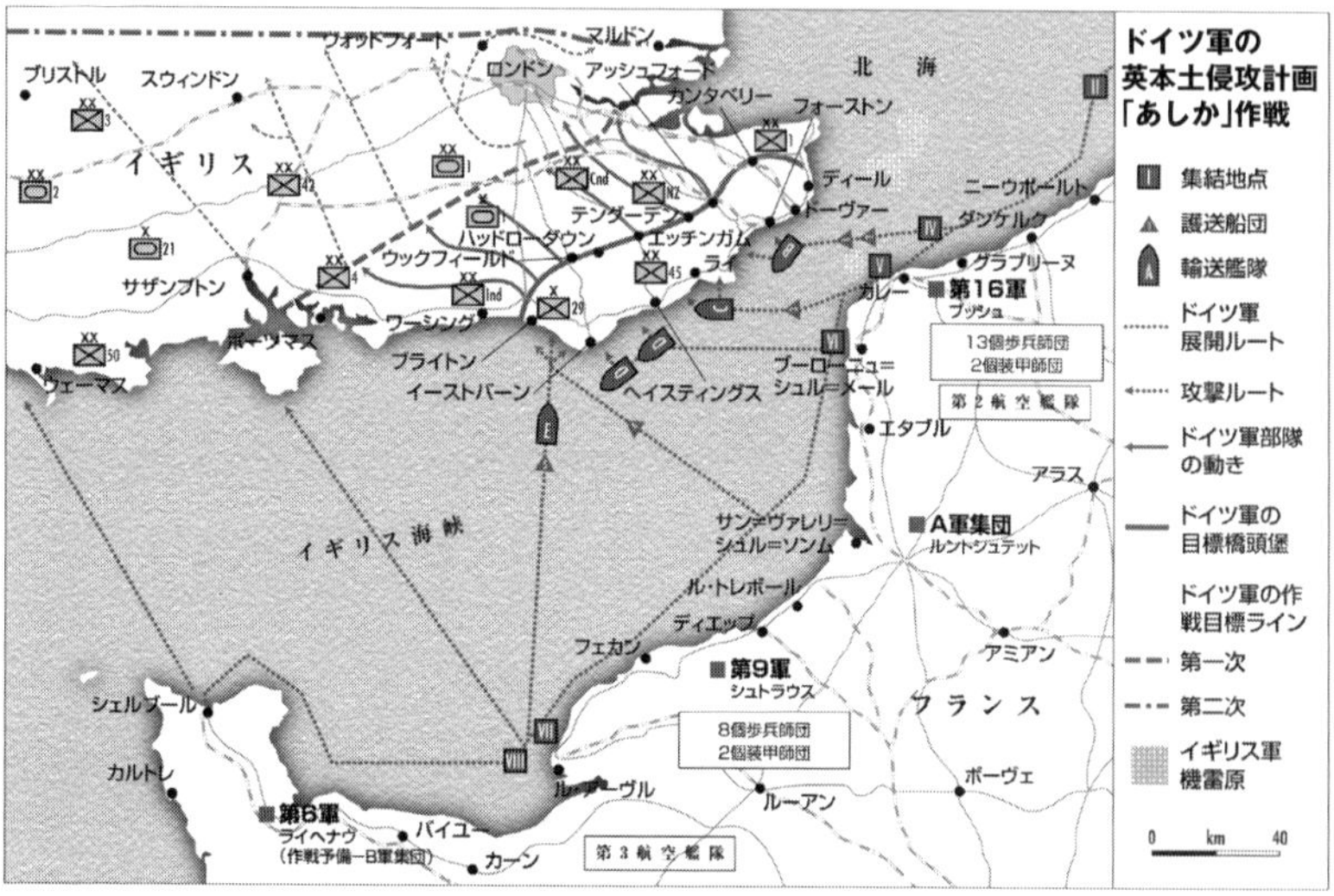

しかし、最新の研究によれば、ヒトラーも国防軍首脳部も第一次世界大戦型の長期戦を覚悟していたのに対し、ハインツ・グデーリアン将軍をはじめとする機甲部隊の司令官らが機動突破作戦を実行し、フランス戦の迅速な勝利をもたらしたのだとされている（カール＝ハインツ・フリーザー『電撃戦という幻』、第二版、ミュンヘン、1996年）[2]。この主張の当否はひとまず措くとしても、フランスでの成功の結果、ヒトラーの威信は飛躍的に高まることとなった。

対仏攻勢を渋りに渋った国防軍首脳部に対し、一貫して攻撃を命じていたのはヒトラーだったのだから、栄光あるドイツ参謀本部の権威も形無しとなったのである。「ボヘミアの伍長」は一躍、「あらゆる時代を通じての、もっとも偉大な将帥」とされ、ナチスの宣伝がこれに拍車をかけた。

これより先、もはや国防軍はヒトラーの戦略にブレーキをかけることはできず、ヒトラーはドイツ国のみならず、国防軍においても唯一無二の独裁者になりおおせたのだが……それでも、狂った「プログラム」の軌道を修正することはできなかった。ただ一国、大陸の対岸に残ったイギリスが、ドイツに対して徹底抗戦を叫んだからだ。

「無敵」を呼号したドイツ陸軍といえども、海峡を渡ることができなければ、イギリスを打倒することはできない。空を制し、海を制することができなければ、英本土上陸を実行することはできないのだ。けれども、ヒトラーの海と空に関する無理解は、このとき、すでに致命的な結果を招いていたのである。

まず、イギリスとの戦争は回避できると信じていたヒトラーが、海軍の軍戦備を優先していなかったことが、大きな不利となった。海軍の軍備は、1944年の完成を目途に進められており、この時点では、ようやく艦隊建設の端緒についたばかりだったのだ。1939年の開戦段階で、ドイツ海軍が実戦に使用することができたのは、3隻のポケット戦艦、若干の駆逐艦、57隻のUボートのみ。これでは、英海軍と決戦して制海権を奪うどころではない。

これに比べれば、空軍ははるかにましだったが、英空軍を粉砕し、上陸作戦に必要な英仏海峡の制海権を握るには、なお足りなかった。というのは、1940年夏のドイツ空軍は、長距離攻撃を遂行できる四発の戦略爆撃機も持っていなければ、その掩護を行う長距離戦闘機も保有していなかったのだ。とどのつまり、ドイツ空軍は、優れた戦術空軍であったとしても、空軍単独で敵国を屈服させることができるような戦略空軍ではなかったのである。

従って、有名な英本土航空決戦《バトル・オヴ・ブリテン》は、見かけの優勢にもかかわらず、ドイツ側が甚大な損害を出して空襲を中断するという結果に終わり、制空権奪取は成らなかった。

こうして、ヒトラーの「プログラム」は阻害されたままとなった。中立国、ないしは同盟国（！）として、ドイツの拡張を黙認してくれるはずだったイギリスは、荒波に抗する巌《いわお》のごとく、断固としてヒトラーの前に立ちはだかっていたのだ。

この状況を打開すべく、ヒトラーが目を向けたのは——東だった。

第三の誤算——対ソ短期戦の幻想

紙幅の都合もあり、ヒトラーの対ソ開戦の決定過程を詳述することは他の文献（たとえば、バリー・リーチ、岡本雷鋪訳『独軍ソ連侵攻』、原書房、1981年）に譲ることとするが、この決断の真意はどこにあったのだろうか。

ドイツの歴史家ヒルデブラントは、イギリスが屈服しないのは、それに最後の希望を抱いているゆえとヒトラーは判断し、ヨーロッパとロシアにおけるヘゲモニーを確立、同時にイギリスを妥協に追い込むために、対ソ戦を決意したと解釈している（クラウス・ヒルデブラント『ドイツ外交1933〜1945年』、第三版、シュトゥットガルト、1976年）[3]。いわば、ソ連打倒によって、「プログラム」の重要段階を達成するとともに、イギリスの希望を挫いて、講和を強制することをはかったというのだ。

いささか楽観にすぎる判断であり、常に二正面戦争の愚を説いていたヒトラーとも思えぬ決断であるけれど、その背後には独裁者の驕りがあった。ヒトラーは、極めて短期間の作戦でソ連を打倒できると確信していたのである。

ソ連軍は「頭のない粘土の巨人」だとした発言に代表されるように、1940年から1941年にかけて、ヒトラーはソ連を軽視した発言を繰り返していた。例えば、1940年12月5日の国防軍首脳との会談では、ソ連軍はひとたび打撃を受けたなら、フランス以上の崩壊に至るであろうと、揚言していたのだった。

1941年6月22日に発動された対ソ侵攻作戦「バルバロッサ」の初期の展開は、ヒトラーの楽観を裏付けているかに見えた。ドイツ軍は驚異的な速度で進撃し、ソ連領内奥深く攻め入った。こうした戦況に気をよくしたヒトラーは、早くも7月4日に「実質的には、敵はすでにこの戦争に負けている」と断言したのである（パーチー・エルンスト・シュラム編『国防軍最高司令部戦時日誌1940〜1945年』、第一巻、フランクフルト・アム・マイン、1965年）[4]。

しかし、実はこのとき、復讐の神《ネメシス》の鉄槌は、ヒトラーの頭上に下されつつあった。赤い独裁者スターリンは、この戦争は、侵略者から祖国を守るための「大祖国戦争」であると叫び、巨人ソ連の国力を動員し、ドイツ軍が予想していなかった規模の増援部隊、T－34戦車をはじめとする新型兵器を投入し、必死の防戦に努めた。

これに対して、広大な戦線への補給がしだいに滞りつつあったドイツ軍の進撃は、停滞したものとなってくる。

1944年に編成されたロシア解放軍と司令官アンドレイ・ウラソフ（右）。もともとソ連兵捕虜で構成された「東方部隊」が存在したが、ドイツ軍に投降して協力者となったウラソフにヒムラーが支援を申し出て、2個師団約50,000を有するロシア解放軍が創設された

この状況で、かねてよりあったヒトラーとドイツ軍首脳部の対立があらわになった。ロシアの心臓であるモスクワを第一目標とするのか、それとも南部ロシアの資源地帯を狙うのかという戦略の相違だ。ここで、ヒトラーは後者を優先し、機甲部隊の主力を南下させ、ソ連軍の大部隊を包囲撃滅することに成功する。まさしく大勝利には違いはなかったが、それによって生じた時計の遅れを取り戻すことはできなかった。

この間に、ソ連軍は極東その他から予備軍を招致し、首都モスクワの防衛線を固めていたのである。そのため、対ソ電撃戦の最終幕となるはずだったモスクワ攻略「台風」作戦は、冬将軍とソ連軍の抵抗に遭い、続行できなくなる。そして、ドイツ軍が作戦中止を決意した12月5日にソ連軍は反撃を開始、ドイツ軍を潰走させ、その無敵神話を完膚無きまでにうち砕いた。

かくて、ヒトラーの対ソ短期戦の幻想は潰え――ベルリン陥落へとつながる、長い長い戦いがそのあとに続くことになるのである。

第四の誤算――イデオロギーへの固執

これよりのちの、ヒトラーの戦争指導は、軍事的合理性よりも自らのイデオロギーの貫徹を目的としたものとなっていく。しばしば言われるように、スターリン体制に抵抗する被抑圧民族を戦争遂行に協力させる可能性が、ドイツ軍には残されていた（事実、戦争末期には、ロシア人義勇部隊が編成されている）。しかし、この選択肢は、ヒトラーによって峻拒された。彼にとって独ソ戦は「世界観戦争」であり、それらの「劣等民族」の助けを借りることなど、あってはならないことだったのだ。結局のところ、ヒトラーの絶滅政策に戦慄した諸民族は、逆にスターリンの旗のもとに結集していく。

これは、外交政策の面でもまた同様であった。独ソ戦のなりゆきを危惧した外務大臣リッベントロップの手のものによるスウェーデンでの独ソ和平工作（インゲボルク・フライシュハウアー『単独和平の機会 独ソ秘密交渉　1941〜1945年』、ベルリン、1986年）[5]、あるいはたび重なる日本の独ソ仲介の申し出（太平洋で米英と戦争を遂行していた日本は、ドイツがソ連と和平して、その戦争努力を米英に集中することを期待していた。拙稿「独ソ和平問題と日本」、『第二次大戦の〈分岐点〉』、作品社、2016年）も、結局のところ、ヒトラーに拒否されている。

ヒトラーにとって、対ソ戦は「同盟国があろうとなかろうと、この巨人が最終的に崩壊するまで戦」い続けられるべき戦争だったのである（1943年2月16日付ムッソリーニ宛書簡、『ドイツ外交文書集』、Eシリーズ、第五巻、ゲッティンゲン、1978年）[6]。

こうした経緯からもわかるように、ヒトラーの戦略とは、まさしくソ連打倒という目的のために結晶化された、その意味では合理的なものであった。それゆえに、戦争初期の成功が得られたものと解釈してもよかろう。しかし、この戦略は同時に人種イデオロギーと結びついた一種のドグマであり、状況に応じた柔軟な変更を許さない、硬直したものであった▼7。

敢えて言うならば、戦略家ヒトラーの成功を準備した「プログラム」には、そののちの破局があらかじめビルト・インされていたのである。

Ⅱ―4　北の稲妻――「ヴェーザー演習」作戦

ナルヴィクのドイツ山岳猟兵
(Bundesarchiv)

戦争は追いかけてくる

ノルウェー国王ホーコン七世

1905年、ノルウェーはスウェーデンとの連合を解消、デンマーク＝ドイツ系のシュレスヴィヒ＝ホルシュタイン＝ゾンダーブルク＝グリュックスブルク家よりデンマーク公カールを迎えて、国王ホーコン七世とし、完全独立を迎えた。それ以来、同国は中立を国是とし、第二次世界大戦においても、戦火をまぬがれ、安全圏にいられると信じていたのである。当然、両大戦間期の国防予算も貧弱なものであった。こうした外交・国防政策の前提となっていたのは、ノルウェーはさしたる脅威にさらされていないという認識だった。1922年に成立したソ連は、政治的にはともか

第二次大戦中のナルヴィク

1940年、ナルヴィク沖合で、英戦艦「ウォースパイト」が砲撃している様子。左は英駆逐艦

く軍事的には真面目《しんめんもく》な考慮に価しないと思われていたし、イギリスが北海の制海権を握っているあいだは、ドイツのノルウェー侵攻は不可能だ。かかる条件に鑑みて、ノルウェーは、力の真空を生じさせないような、侵略を誘発しない程度の軍事力を保持していればよい。

これが、第二次世界大戦が開始されたときのノルウェーの状況だった。しかし、戦争から逃げおおせたつもりでも、それが成功した歴史的な事例は少ない。戦争は追いかけてくる。ノルウェーも例外ではなかった。

イギリスがドイツに宣戦布告してから2日後、1939年9月5日に、ウィンストン・チャーチルは、海軍大臣に就任した。早くもその4日後、チャーチルは、「キャサリーナ」作戦と称して、戦艦等の大型艦艇から構成される艦隊をバルト海に突入させる計画を提案している。目的は、バルト海の制海権を確保し、スカンジナヴィアから鉄鉱石をはじめとする資源がドイツに輸送されるのを絶つことであった。このチャーチルの提案は、海軍省により、実行不可能として拒否された。が、しぶといチャーチルはあきらめはしない。彼の眼はやがて、ノルウェーに注がれていった。1939年9月29日付の覚書で、チャーチルは「ナルヴィクからドイツ向けの輸送が再開された場合には、抜本的な処置が取られなければならぬ」[1]と確認している。海相にしてみれば、対独封鎖を貫徹するために、敢えて中立侵犯のリスクを冒してでも[2]、ノルウェーを封鎖し、ドイツが戦略物資を得られぬようにするのが必須なのであった。

かくて、チャーチルは繰り返し、機雷によるノルウェー封鎖を提案する（「ウィルフレッド」作戦）。が、第三国の批判を恐れた首相ネヴィル・チェンバレンによって拒否された。けれども、1939年11月、ソ連がフィンランドに侵攻し、「冬戦争」が勃発したことにより、あらたな可能性が開ける。英仏連合軍首脳部は、フィンランド援助のため、兵を送るべきだとし、その補給路を確保する目的で、ナルヴィクに部隊を上陸させる計画を検討しはじめたのだ。この計画に関しては、チェンバレン首相も支持したが、関係するノルウェーとスウェーデンの了解が得られない。そうこうするうちに、1940年3月に冬戦争が終結し、フィンランドへの派兵計画も流産した。にもかかわらず、英仏連合軍は、ドイツに対する物資の供給を断ち、かつ、より大きな戦果が期待できる支戦場の候補として、いよいよノルウェーに注目し、同国への派兵計画を練っていくことになる。1908年、当時のノルウェー首相は「われわれは英国を信頼している」との声明を発し、以後、その姿勢を外交の基本としてきた。しかしながら、ドイツとの生死を懸けた闘争に突入したイギリスは、なりふり構わず「不実なアルビオン《ペルフィド・アルビオン》」の顔を見せはじめていたのだ。

エーリヒ・レーダー元帥
(Bundesarchiv)

北を向くドイツ海軍

もっとも、中立ノルウェーに食指を伸ばしているのはイギリスだけではなかった。対英戦争の矢おもてに立つドイツ海軍《クリークスマリーネ》も、ヒトラーが政権を掌握する以前、「ライヒスマリーネ」の時代から[3]、スカンジナヴィア、なかんずくノルウェーの戦略的意義に注目していたのである。そのしるしとして、よく挙げられるのはヴォルフガング・ヴェーゲナーの主張である。ヴェーゲナーは、第一次世界大戦前・大戦中に戦略思想家として頭角を現した海軍軍人であった（最終階級は中将）。彼は1925年に、第一次世界大戦のドイツ海洋戦略を分析・検討した著作『世界大戦の海洋戦略』を私家版として刊行し、評判を呼んだ。そこには早くも、ドイツはデンマークの了解を得て、同国周辺の海域を制圧、バルト海および北欧海域の制海権を得て海上攻勢に出るべきだとの議論がなされていたのだ。[4]

むろん、ドイツ海軍総司令官エーリヒ・レーダー元帥も、[5]スカンジナヴィアを押さえる重要性を看過していたわけではない。1944年までは対英戦は起こらないとヒトラー総統に保証され、そのつもりで軍備を進めていたとあってはなおさらだ。Uボートも水上艦艇も、何もかもが足りない。1939年9月3日、すなわち英仏がドイツに宣戦布告した日に、レーダーは、ドイツ海軍総司令部《オーバーコマンド・デア・クリークスマリーネ》（ＯＫＭ《オーカーエム》）軍令部《ゼークリークスライトウング》戦時日誌に、自らの苦悩をしたためている。「むろん、海軍に関する限り、1939年秋において、イギリス相手の大戦闘を行えるほど、充分な軍備を有してはいない。なるほど、1935年（英独海軍協定）以来、短期間に、よく訓練され、合理的に建造されたUボート部隊を育成してきた。さりとて、目下のところ、およそ26隻が大西洋作戦に使用可能であるにすぎず、戦争を決定するような影響力をおよぼすには過小である。一方の水上艦艇はといえば、イギリス艦隊に対して、質量ともにわずかな存在であるにすぎない。全力を投入しても、名誉ある死に方を召致しており、のちの再建の土台を築く意志があると示すことができるだけだろう」。

かかる窮地に立たされたレーダーであったが、しかし、戦争を放棄するつもりなど毛頭なかった。元帥は、対英戦遂行の条件を改善するため、あらゆる方策を探った。そのなかには、デンマークとノルウェーを掌握することが入っていたのは、いうまでもない。両国を押さえれば、スコットランドとノルウェーを結ぶイギリスの封鎖線はもはや維持できず、スコットランド－フェロー諸島の線まで下げざるを得ない。スウェーデンからの戦略物資輸送路も安泰となるのだ。早くも1939年10月3日付の軍令部戦時日誌に

「ヴェーザー演習」艦隊区分（1941年4月9日）

「ヴェーザー演習」作戦艦隊司令長官ギュンター・リュトイェンス中将
- 戦艦〈グナイゼナウ〉
- 戦艦〈シャルンホルスト〉
- 第1群（駆逐艦総司令* フリードリヒ・ボンテ准将）　駆逐艦10隻
  →ヴェーザーミュンデより出撃、ナルヴィクに向かう。
- 第2群（〈アトミラール・ヒッパー〉艦長ヘルムート・ハイエ海軍大佐）
  重巡〈アトミラール・ヒッパー〉、駆逐艦4隻
  →クックスハーフェンより出撃、トロンヘイムに向かう。

第3群（捜索艦隊司令長官フーベルト・シュムント少将）　軽巡〈ケルン〉および〈ケーニヒスベルク〉、砲術練習艦〈ブレムゼ〉、第1高速艇隊（高速艇4隻）、高速艇母艦〈カール・ペータース〉、水雷艇2隻
→これらはヴィルヘルムスハーフェン、もしくはクックスハーフェンより出撃、ベルゲンに向かう。ほかに掃海艇4隻（第6群）。クックスハーフェンより出撃、エーゲルスンに向かう。

第4群（〈カールスルーエ〉艦長フリードリヒ・リーフェ大佐）　軽巡〈カールスルーエ〉、高速艇母艦〈チンタオ〉、水雷艇3隻、第2高速艇隊（高速艇7隻）
→ヴェーザーミュンデより出撃、クリスチャンサンに向かう（ただし、水雷艇1隻のみ、アーレンダールへ）。

第5群（水雷総監オスカー・クメッツ少将）　重巡〈ブリュッヒャー〉および〈リュッツォ〉、軽巡〈エムデン〉、水雷艇3隻、第1掃海艇隊（掃海艇8隻）、武装した徴用捕鯨船2隻
→スヴィーネミュンデより出撃、オスロに向かう。

* 「ヴェーザー演習」の臨時任命ではなく、当時就いていた職。以下同様。

Hubatsch, pp. 233-234 に他の資料による修正を加えて作成

は、こう記載されている。「軍令部長〔オットー・シュニーヴィント大将〕は、北方への作戦拡大の可能性に関する軍令部の考察について、可及的速やかに総統の同意を得ることが必要であるとみなしている」。さらに、10月9日には、潜水艦隊司令長官カール・デーニッツ少将も、トロンヘイムにUボート基地、またナルヴィクに避退・補給基地を設けることに賛成した[6]。

10月10日、レーダーは、総統への特別報告において、初めてノルウェーの問題を切りだした。だが、この日、ヒトラーはすでに、陸軍総司令官ヴァルター・フォン・ブラウヒッチュ上級大将と陸軍参謀総長フランツ・ハルダー砲兵大将に、ドイツにとって好都合であるかぎりは北欧諸国の中立を尊重すると述べていたのである。消極的なヒトラーに対し、レーダーは、イギリスがノルウェーの基地を占領した場合の不利（バルト海の出入り口を支配される、北海の海軍作戦や対英爆撃にとって側面の脅威になる、スウェーデンに圧力がかかる等々）を並べたてた。が、総統を押しきることはできない。だが、レーダーはあきらめず、11月25日には、ドイツ軍がオランダならびにベルギーに侵攻したら、イギリス軍がノルウェーに反撃する可能性があると指摘した。また、12月8日には、ノルウェーがイギリスに占領されれば、どれほどの脅威がドイツに向けられるかを強調し、説得しようとしたが、総統は態度をあいまいにしたままだった。

しかしながら、ここまでみてきたように、イギリスのみならず、ドイツもまたノルウェーの戦略的重要性に鑑み、同国を押さえたいとしていたことは、はっきりしている。あくまで中立を維持しようとしたノルウェーであったが、どちらから攻められるかはいまだ明白ではないにせよ、戦争はすぐそこまで追いついてきていたのである。

点火栓――「アルトマルク」号事件

1939年12月、ヒトラーの北欧作戦へのためらいを吹き消すことになる、ノルウェーからの客がベルリンを訪れた。彼はヴィドクン・クヴィスリング。その名は、のちに売国奴の代名詞となる。クヴィスリングは、１８８７年に聖職者の家に生まれ、陸軍士官学校を卒業後、軍人となり、少佐まで進級していた。以後、政界に身を投じ、国防大臣を務めたこともあったが、今では泡沫野党であるファシズム政党「国民連合」の党首であった。ナチ党外交局と連絡を取っていたクヴィスリングは、そのつてで訪独、レーダーに面会することができた。レーダーは、この人物は北欧作戦推進に使えると判断し、ヒトラーに引き合わせたのだ。

12月12日、クヴィスリングは、総統の謁見を受けた。ノルウェーにとってはもちろんのこと、あるいは、ドイツにとっても不幸な出会いであったかもしれない。クヴィスリングは、ノルウェー政府はすぐにでもイギリス軍の受け入れと基地建設を承諾するだろうと確信していると述べた。そればかりか、ノルウェー国民は、ドイツ軍が進駐してきて、英仏に対する保護を与えてくれるなら大歓迎するだろうと気炎を上げたのだ。これよりのち、ドイツに占領されたノルウェーの国民が何をやったかを考えれば、まったくの偽りといってよい。しかし、クヴィスリングの弁舌は総統を動かした。12月13日、ヒトラーは、OKW《オーカーヴェー》、国防軍最高司令部《オーバーコマンド・デア・ヴェーアマハト》に北欧作戦の計画立案と検討を命じたのである。

ただし、陸軍参謀本部は気乗り薄で、最初はバルト海の凍結状況を顧慮してデンマーク占領はあきらめ、一個師団のみをノルウェー南部に上陸させる（オスロ・フィヨルド付近）という計画案（秘匿名称「北方研究」《シュトゥーディエ・ノルト》）を出してくる始末だった。けれども、北欧征服をもくろむ海軍にとっての追い風が吹いた。１９４0年2月16日、「ポケット戦艦」と称された装甲艦《パンツァーシッフ》▼7「アトミラール・グラーフ・シュペー」が通商破壊戦の過程で得た２９９名の捕虜を引き渡されたドイツ

1940年代、ノルウェーのイェッシングフィヨルドにて撮影された「アルトマルク」号

の補給船「アルトマルク」が、ノルウェーの領海内でイギリス駆逐艦「コサック」の攻撃を受けたのだ。接舷乗船を敢行したイギリス軍は、捕虜を解放し、ノルウェー海軍の抗議をものともせずに同国の領海を去っていった。

あきらかな中立侵犯である。やはりイギリスはノルウェー制圧の意思を持っているのだ。「アルトマルク」号事件の報に接したヒトラーは、そう確信した。この間に、ドイツ海軍は、奇襲こそノルウェー軍の抵抗とイギリス軍の介入を封じる必須要素であり、重要目標を同時に攻撃するためには、遅い輸送船ではなく、高速の軍艦に部隊を乗せるという観点から、陸軍よりも大胆な計画を練っていた。ノルウェーの首都オスロを狙うのはもちろん、ベルゲン、ナルヴィク、トロンヘイムなどの要地を、まるまる一個軍団を投じて迅速に占領するのだ。また、早くもこの段階で、ノルウェーとデンマークの国王の身柄を押さえ、両国の速やかな降伏をみちびくということも構想されていた。1940年2月21日、海軍の作戦案を了承したヒトラーは、侵攻軍（第21集団。軍団相当）の司令官として、ニコラウス・フォン・ファルケンホルスト歩兵大将を指名した。

総統の命を受けたファルケンホルストは、2月26日、ただちにベントラー街にあったOKWの一室に司令部を設け、具体的な侵攻作戦の立案にかかる。同日午後には、陸軍参謀総長、さらに続く数日のうちに、陸軍総司令官、OKW長官（ヴィルヘルム・カイテル上級大将）、ヒトラー総統と面会し、打ち合わせを重ねた。しかし、数あるドイツの将軍たちのなかから、何故ファルケンホルストが選ばれたのか？日本で一般的な説明は、第一次世界大戦中に在フィンランド・ドイツ軍司令部の作戦参謀を務めた経験があることから、寒冷地での戦闘に巧みであろうと判断されて、選ばれたことになっている。それは間違いではない。が、もう一点、ファルケンホルストが1918年春に、伯爵リューディガー・フォン・デア・ゴルツ少将の「バルト師団」司令部に所属しており、異なる軍種を統合指揮下に置いての渡海作戦を立案する経験を持っていたことも見逃せない。

ともあれ、ファルケンホルストは、もともとドイツ国防軍が想定していなかった北欧作戦を立案するという困難に悩まされつつも[8]、ヒトラーそのひとの督促を受けて[9]、計画を完成させた。2月29日、ファルケンホルストは完成した計画を総統に提示した。その案を承認したヒトラーは、3月1日、作戦計画に署名する。最終的な作戦の秘匿名称は「ヴェーザー演習《ヴェーザーユーブング》」[10]であった。

同時奇襲打撃

1940年4月9日、ドイツはヴェーザー演習を発動、デンマークとノルウェーに侵攻を開始した。奇襲を前提とした綱渡り的作戦で、もとより危険は覚悟の上である。航空機、軍艦、その他の船舶を以て、「ヴェーザー日」、「ヴェーザー時」(いずれも作戦発動日時の秘匿名称)において、七カ所に対し、ほぼ同時に陸上部隊を上着陸させなければならないのだ。海軍は、11個の艦隊と8個の輸送船隊を、スイス時計のごとく精密に動かすことになった。むろん、北・中部ノルウェーに向け、長期の航行を行う艦船ほど、攻撃を受ける可能性は高い。たとえば、ナルヴィク上陸用に指定された輸送船は、ヴェーザー日の6日前に出港していなければならなかった。事実、4月8日には、トロンヘイムをめざす艦隊がイギリス軍と交戦、英駆逐艦「グロウウォーム」の体当たりを受けた重巡洋艦「アトミラール・ヒッパー」[11]が損傷している。また、戦艦「シャルンホルスト」「グナイゼナウ」が、英巡洋戦艦「レナウン」と小競り合いを演じる一幕もあった。

しかしながら、さまざまな困難があったにもかかわらず、奇襲は成功した。とくにあざやかだったのは、デンマーク占領(「南部ヴェーザー演習《ヴェーザーユーブング・ジュート》」作戦)であろう。ドイツ軍は、陸軍部隊を海路で上陸させ、コペンハーゲンやニュボーといった要地を急襲する一方、歩兵1個師団と戦車に支援された自動車化歩兵連隊1個でドイツ・デンマーク国境を越え、一気にデンマークを占領する計画を立てていた。デンマーク軍情報部は、国境地帯にドイツ軍が集結しているとの情報を得ていたのだが、政府は戦争はないだろうと判断していたのである。4月8日になって、ようやく動員が検討されたのだが（それが実行されれば、デンマーク陸軍は4個師団を持つことになるはずだった）、もはや遅すぎた。デンマーク軍は散発的な抵抗を示しただけだった。[12] 4月9日午前4時15分に国境を越えたドイツ軍は、夜までにはデンマークを占領していたのである。[13]

一方、ノルウェー侵攻「北部ヴェーザー演習《ヴェーザーユーブング・ノルト》」作戦も順調に進捗していた。あるいは、そのようにみえた。戦艦「グナイゼナウ」と「シャルンホルスト」による間接支援を受けながら、北方に進んだ第2群（ヘルムート・ハイエ海軍大佐指揮）は、予定通りにトロンヘイムの港に侵入、第138山岳猟兵連隊《ゲビルクスイェーガー》の一部を揚陸、同市を占領した。第3群（フーベルト・シュムント海軍少将指揮）も濃霧を利用して、目的地のベルゲンに接近、ノルウェー軍砲台からの射撃により、砲術練習艦「ブレムゼ」と軽巡「ケーニヒスベルク」が命中弾を受けたものの、同市を占領している。スタヴァンゲル、エーゲルスン、クリスチャンサンでも、若干の喪失艦艇を出したところもあったが、海上からの侵攻は成功した。

しかし——より重要な目標である首都オスロ、そしてナルヴィクにおいては、ヴェーザー演習は異なる様相を呈していた。

全艦船の半分が失われるかもしれない

オスロ占領に際して、ドイツ軍が神経を使ったのは極力「平和進駐」のかたちを取り、ノルウェー側が交戦に踏み切る前に首都を制圧、国王ホーコン七世と政府首脳の身柄を拘束して、国家の機能をマヒさせることにあった。そのため、海空からの急襲が計画された。オスロ＝フォルネブ空港を空挺作戦によって奪取、空輸で後続部隊をつぎこみ、首都に向かわせるのだ。他方、海上からは、重巡「ブリュッヒャー」

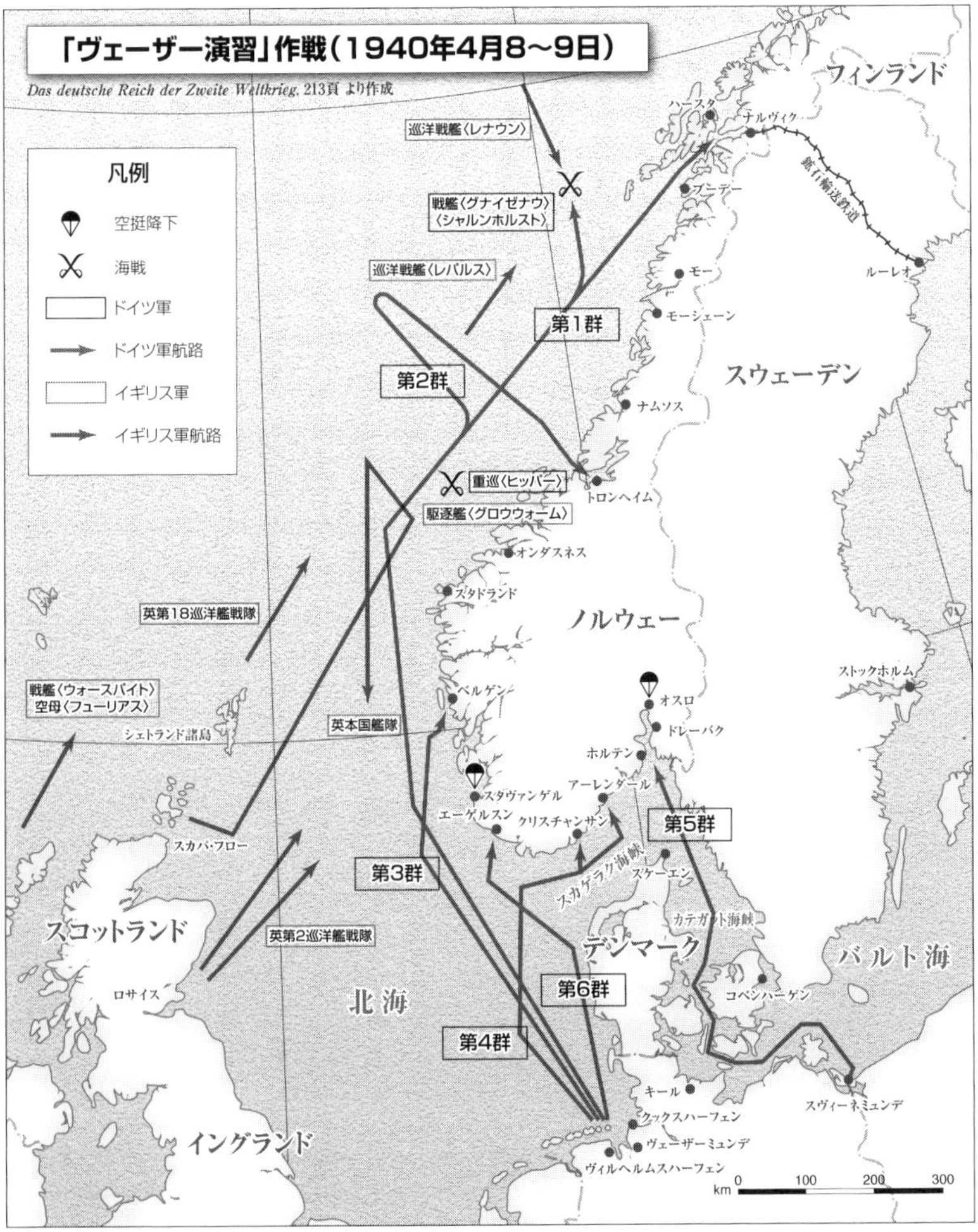
「ヴェーザー演習」作戦（1940年4月8～9日）
Das deutsche Reich der Zweite Weltkrieg, 213頁 より作成
凡例
空挺降下
海戦
ドイツ軍
ドイツ軍航路
イギリス軍
イギリス軍航路
巡洋戦艦〈レナウン〉
戦艦〈グナイゼナウ〉〈シャルンホルスト〉
巡洋戦艦〈レパルス〉
第1群
第2群
第3群
第4群
第5群
第6群
重巡〈ヒッパー〉
駆逐艦〈グロウウォーム〉
英第18巡洋艦戦隊
戦艦〈ウォースパイト〉
空母〈フューリアス〉
シェトランド諸島
英本国艦隊
スカパ・フロー
英第2巡洋艦戦隊
スコットランド
ロサイス
北海
イングランド
フィンランド
ハースタ
ナルヴィク
鉄鉱石輸送鉄道
ボーデー
ルーレオ
モー
モーシェーン
スウェーデン
ナムソス
トロンヘイム
オンダスネス
スタドランド
ノルウェー
ストックホルム
ベルゲン
オスロ
ドレーバク
ホルテン
アーレンダール
スタヴァンゲル
エーゲルスン
クリスチャンサン
スカゲラク海峡
スケーエン
カテガット海峡
デンマーク
バルト海
コペンハーゲン
キール
クックスハーフェン
ヴェーザーミュンデ
ヴィルヘルムスハーフェン
スヴィーネミュンデ
km 0 100 200 300

と「リュッツォ」を基幹戦力とする第5群がフィヨルドを抜けてオスロ港に突入、第163歩兵師団の尖兵を揚陸することとされた。

災厄に襲われたのは、その第5群（オスカー・クメッツ海軍少将指揮）であった。払暁、狭いドレーバク水道をひそかに突破しようとしていた同群は、ノルウェー側に察知され、海岸要塞の重砲[14]から猛射を受けて「ブリュッヒャー」が大損害を受け、さらに陸上に設置されていた魚雷発射台の雷撃でとどめを刺されたのだ。旗艦の沈没を受けて、指揮権を継承した「リュッツォ」艦長アウクスト・ティーレ海軍大佐は、やむなく沿岸に陸兵を揚げて攻撃を敢行、激戦の末に要塞や砲台を降伏に追い込んだ。翌4月10日、ようやくオスロに入った第5群だったが、同市はすでに空挺部隊に占領されていたのである。

砲撃と雷撃により横転転覆する「ブリュッヒャー」

最北の目標となったナルヴィクでは、事態はもっと悲惨なことになった。最初のうちは、作戦は順調であった。フリードリヒ・ボンテ准将率いる第1群（駆逐艦10隻）は、ノルウェー海軍の微弱な抵抗を排除しつつ、エドゥアルト・ディートル中将率いる第3山岳師団第139山岳猟兵連隊の2000名をナルヴィクに揚陸する。だが、ここで齟齬《そご》が生じた。第1群は、山岳猟兵の上陸が終わりしだい、すみやかに撤収することになっていたのだが、2隻来るはずの燃料補給用のタンカーが1隻しか到着しなかったのだ。そのため、給油作業に時間がかかり、予定されていた4月7日晩のナルヴィク引き揚げを実行できなかった。この遅れが致命傷となった。翌8日早朝、バーナード・ウォーバートン＝リー海軍大佐の率いるイギリス第2駆逐隊（H級駆逐艦5隻）が襲撃してきたのである

（第一次ナルヴィク海戦）。あらゆるリスクを計算した上で断行された襲撃は大きな戦果をあげた。ウォーバートン＝リー自身もドイツ軍の反撃を受けて重傷を負ったものの、司令駆逐艦Z21「ヴィルヘルム・ハイドカンプ」とZ22「アントン・シュミット」を撃沈したのである。残る8隻のうち、3隻が大破、1隻が中破、もう1隻が小破で、無傷の3隻も弾薬の半分以上を撃ちつくしていた。何よりも、ドイツ側では指揮官ボンテ准将が戦死していたのだ。

こうして身動きが取れなくなった第1群の駆逐艦は、13日、ナルヴィクに侵入してきたウィリアム・ホイットワース海軍中将指揮の強力な艦隊▼15によってとどめを刺された。ナルヴィクにディートルの山岳猟兵を送り届けた10隻の駆逐艦は全滅したのである。しかも、ドイツ艦隊を見舞った悲運は、ナルヴィクの海戦だけではなかった。4月10日には、ノルウェーの沿岸砲台の射撃を受けて損傷していた軽巡「ケーニヒスベルク」がイギリス軍の空襲により、沈没している。同日、軽巡「カールスルーエ」もクリスチャンサンからの帰投中、英潜水艦の雷撃を受けて、撃沈された。

カタストロフィといいたくなるような損害である。ヴェーザー演習を実施した指揮官たちの一人である北部方面海軍司令長官《マリーネグルッペンコマンド・ノルト》ロルフ・カールス海軍大将は、本作戦の発動前に「全艦船の半分が失われるかもしれないことは、最初から計算に入っている」と述べている。おそらく、そうした覚悟で大胆不敵な作戦を断行せよというニュアンスの発言だったのだろうが、それが現実になろうとしていた。

救いの雷鳴

しかし、なぜイギリス軍はかくも迅速に対応できたのか？　手品の種は索漠たるものであった。フィンランド支援のため兵力を派遣し、同時にノルウェーを押さえる計画が、冬戦争終結によって白紙となったのちも、チャーチルは、同方面への機雷敷設作戦を実行すべしと主張していた。１９４０年3月、フランスの新首相となったポール・レイノーもこれに賛成した結果、4月8日より機雷敷設を実施するとの決定がなされた。だが、そのころまでには、ドイツ軍のノルウェー侵攻が予想される事態となっていたのである。よって、連合軍は、ドイツがノルウェーの中立を侵犯した場合には、ナルヴィク、トロンヘイム、スタヴァンゲル、ベルゲンなどの港を占領するべく、準備を整えていたのだった。

状況を整理してみよう。ドイツ側は、高速艦艇を投入して、ノルウェーの要地を奇襲占領するとの企図を果たした。ところが、予想外に強力な連合軍の反撃を受け、それらの地点を維持することが困難となってしまったのである。4月13日、海軍の敗報を受けて、ベルリンは「統帥危機」の様相を示した。レーダーは、上陸は二日遅かったと歯噛みし、ヒトラーはナルヴィクの部隊を南に突破・撤退させよと怒号する。4月14日以後、ノルウェーへの兵力揚陸・展開計画である「ハンマー」作戦に従い、連合軍がオンダスネスとナムソスに上陸、ナルヴィク方面に圧力をかけるにつれ、総統の焦燥は高まった。ヒトラーが、ナルヴィクに孤立したディートルに、スウェーデン領内に逃れ、そこで総員抑留されてもよしとの許可を与えたのも、このころのことだ。[16]また、高速汽船「ブレーメン」と「オイローパ」を派遣して、トロンヘイムを増強するとの計画も提案されたが、レーダーによって不可能であると拒絶された。

だが——西方の雷鳴が、窮地におちいった北の稲妻を救った。1940年5月10日、ドイツの西方侵攻作戦「黄号作戦《ファル・ゲルプ》」が発動されたのである。アルデンヌの森を突破したドイツ装甲部隊は、たちまちベルギーとオランダを降《くだ》し、連合軍の主力を分断・撃滅して、フランスを崩壊のふちに追い込む。こうなっては、しょせんノルウェーは支戦場でしかない。連合軍は、北欧につぎこんだ戦力の回収にかかった。5月28日に奪回され、連合軍攻勢のシンボルとなったナルヴィクも放棄されることになった。6月9日、ディートルの山岳猟兵は、再びナルヴィクを占領する。翌10日、二カ月にわたり、抵抗を続けていたノルウェー軍も降伏文書に調印した。[17]

かくて、ヴェーザー演習は、最終的には勝利を得ることになった。乏しい海空の機動戦力をすべて投入して、電撃的に奇襲制圧するという、文字通り、薄氷を踏むような計画は、ひとまず成功をみたのだ。が、続く連合軍の反撃により、押さえた要地を維持するのが困難な状況に追い込まれた。これを救ったのは、戦略的な意味における主作戦、西方侵攻だったのである。戦略次元で必要であることを作戦次元の詭道で達成しようとすることには無理があり、やはり戦略次元で別の手を打つことによって救わなければならなかった。そうして、戦略・作戦・戦術の三次元からみなおせば、ヴェーザー演習の戦例からは、あらたな妙味を感じ取れるのではないだろうか。

Ⅱ－5　九日間の奇跡——ダンケルク撤退作戦

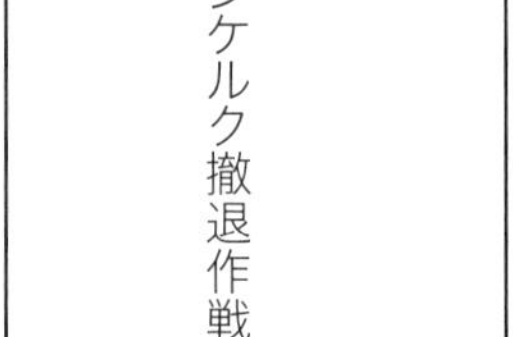
1940年6月31日、ダンケルクから撤退するイギリス軍

終着駅までの切符

88ミリ高射砲の甲高《かんだか》い射撃音が戦場に響きわたった。とたんに鈍重な甲虫を思わせるフォルムの英軍Ⅱ型歩兵支援戦車「マチルダ」が炎上する。見守るエルヴィン・ロンメル少将は満足げであった。彼が率いるドイツ軍第7装甲師団は、フランス北部の都市アラスの西側で連合軍機甲部隊の反撃を受け、危機におちいったのだが、頑強な防御により敵を撃退するに至ったのである。1940年4月21日午後遅くのことだった。

この攻撃を実行し、「幽霊師団《ゲシュペンスター・ディヴィジョーン》」こと第7装甲師団を窮地においやったのは、イギリス第5、第50師団および軍直轄第1戦車旅団を基幹とする「フランク支隊《フォース》」▼1で、58両のⅠ型軽戦車と16両のマチルダに支援されていた。このフランク支隊が諸兵科連合縦隊2個に編合され、第7装甲師団の側面を襲ったのであった。当初、第一線に配置されていた対戦車砲と軽高射砲では、Ⅰ型軽戦車こそ阻止したものの、装甲の厚いマチルダを押さえ込むことはできなかった。▼2 だが、突進するマチルダの前には、ロンメルが直率する第二邀撃線が布かれていたのである。88ミリ砲を含む大砲・高射砲の猛撃を受けて、マチルダも撃退される。蒼惶《そうこう》として後退する英戦車隊に、急降下爆撃機《シュトゥーカ》300機が襲撃をしかけ、勝利を完全なものとした。

本戦闘によって、ドイツ軍西方侵攻作戦「黄号《ファル・ゲルブ》」に刺さったとげは抜かれた。アルデンヌの森を抜けて英仏海峡へ突進、連合軍を分断するという基本構想「鎌の一撃《ジッヒェルシュニット》」の勢いは鈍らなかったのだ。1940年5月10日に発動された攻勢は、いまやドイツ軍の思惑通りに進んでいた。連合軍は中央突破され、その主力はベルギーから北西フランスの海峡地帯へと追い詰められつつある。

「黄号」作戦の立役者、第19自動車化軍団長ハインツ・グデーリアン中将は、攻勢開始に先立ち、麾下の各装甲師団に有名な命令を発している。諸子は全員「終着駅までの切符を持っているのだ」と。終着駅が、それぞれの師団の目標として割り振られた英仏海峡沿いの港湾都市であることはいうまでもない。事実、グデーリアンは、5月22日を期して、海峡諸港攻撃を実行するように下令していた。第1装甲師団はカレー、第2装甲師団はブーローニュ、そして、第10装甲師団がダンケルクを衝く！

かかる命令が実行されていたならば、イギリス軍のダンケルク撤退作戦は芽のうちに摘まれてしまったかもしれない。だが、そうはならなかった。英軍のアラス反撃が、ドイツ軍首脳部に実体以上の衝撃を与えていたからである。いわゆる「停止命令」問題だ。しかし、それを検討する前に、まず連合軍側の反応をみておこう。

ダイナモ作戦開始

ドイツ軍が西方攻勢を発動した、まさにその日、5月10日にイギリス首相となったウィンストン・チ

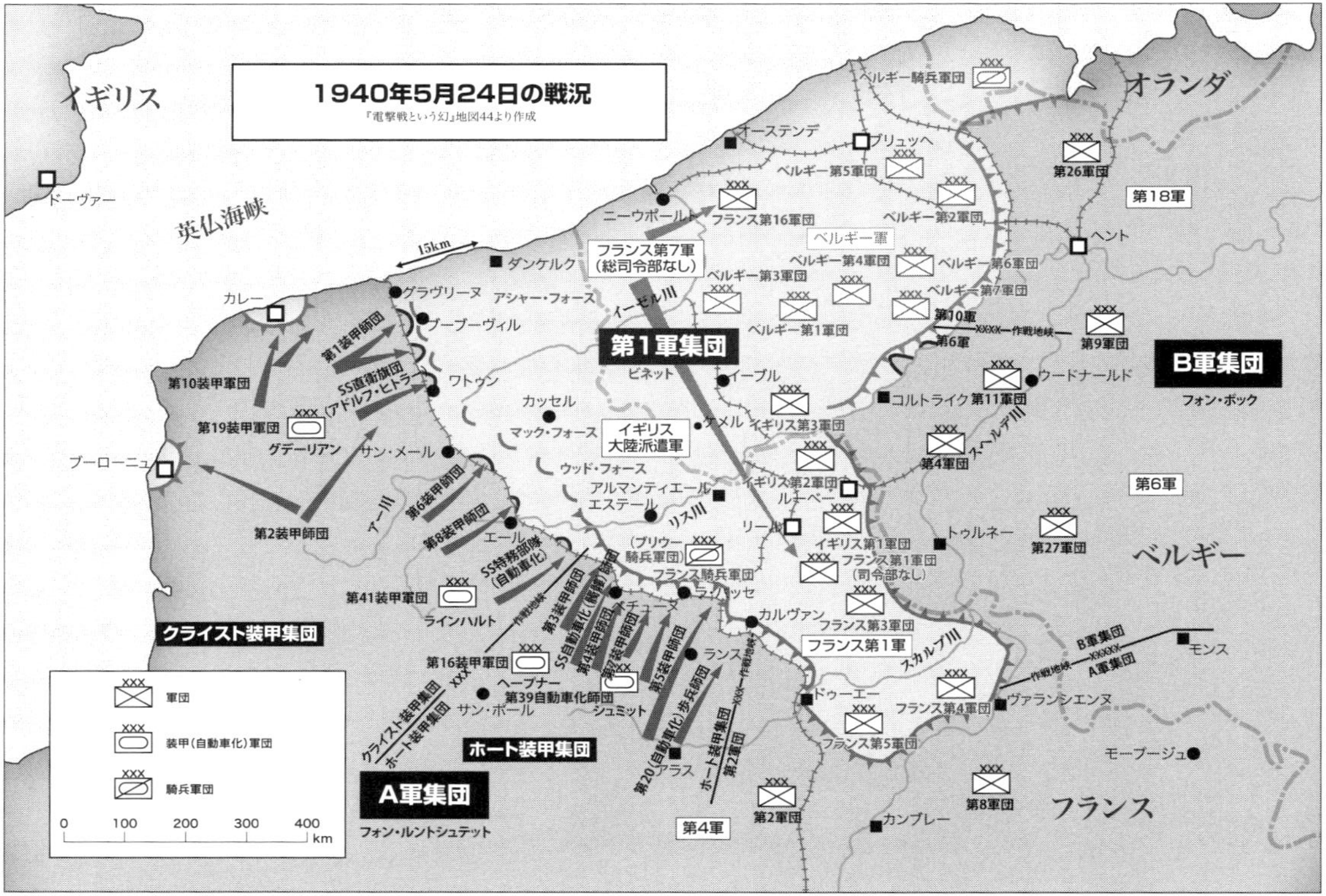
1940年5月24日の戦況
『電撃戦という幻』地図44より作成
イギリス
ドーヴァー
英仏海峡
15km
カレー
ブーローニュ
オランダ
ベルギー
フランス
オーステンデ
ブリュッヘ
ニーウポールト
ダンケルク
グラヴリーヌ
ブーブーヴィル
ワトゥン
カッセル
サン・メール
エール
ヘント
ベルギー騎兵軍団
ベルギー第5軍団
ベルギー第2軍団
フランス第16軍団
ベルギー軍
ベルギー第4軍団
ベルギー第6軍団
ベルギー第3軍団
ベルギー第7軍団
ベルギー第1軍団
フランス第7軍
(総司令部なし)
アシャー・フォース
イーゼル川
第1軍集団
ビネット
イーブル
ケメル
イギリス第3軍団
イギリス
大陸派遣軍
マック・フォース
ウッド・フォース
アルマンティエール
エステール
リス川
イギリス第2軍団
ルーベー
リール
イギリス第1軍団
フランス第1軍団
(司令部なし)
(プリウー
騎兵軍団)
フランス騎兵軍団
ラ・バッセ
ベチューヌ
カルヴァン
フランス第3軍団
フランス第1軍
スカルプ川
ドゥーエー
フランス第4軍団
フランス第5軍団
ヴァランシエンヌ
モンス
B軍集団
A軍集団
作戦地域
モーブージュ
カンブレー
トゥルネー
第10軍
第6軍
作戦地域
第9軍団
ウードナールド
コルトライク
第11軍団
スヘルデ川
第4軍団
第27軍団
第26軍団
第18軍
第6軍
B軍集団
フォン・ボック
第1装甲師団
SS直衛旗団
(アドルフ・ヒトラー)
第10装甲軍団
第19装甲軍団
グデーリアン
第2装甲師団
第6装甲師団
第8装甲師団
アー川
SS特務部隊
(自動車化)
第41装甲軍団
ラインハルト
第3装甲師団
SS自動車化(髑髏)師団
第4装甲師団
第7装甲師団
第5装甲師団
第20(自動車化)歩兵師団
第16装甲軍団
ヘープナー
第39自動車化師団
シュミット
サン・ポール
クライスト装甲集団
ホート装甲集団
ランス
アラス
ホート装甲集団
第2軍団
第2軍団
第8軍団
第4軍
A軍集団
フォン・ルントシュテット
XXX
軍団
装甲(自動車化)軍団
騎兵軍団
0
100
200
300
400
km

イギリス遠征軍戦闘序列
(1940年5月10日)

- **イギリス遠征軍**(陸軍大将ゴート卿)
  - 王立戦車軍団
    - 第1軽機甲偵察旅団
    - 第2軽機甲偵察旅団
    - 軍直轄第1戦車旅団
    - (他に4個機甲連隊)
  - 王立砲兵隊(20個砲兵連隊)
  - 第1対空旅団
  - 第2対空旅団
  - 第4対空旅団
  - 第5探照灯旅団
  - 王立工兵隊(各種中隊56個相当)
  - 総司令部直属歩兵大隊13個
  - 第1軍団
    - 第1師団
    - 第2師団
    - 第48師団
    - 軍団砲兵(砲兵・対空連隊など7個連隊)
    - 軍団工兵(5個中隊)
    - 軍団直属歩兵(3個大隊)
  - 第2軍団
    - 第3師団
    - 第4師団
    - 第5師団
    - 第50師団
    - 軍団砲兵(砲兵・対空連隊など6個連隊)
    - 軍団工兵(5個中隊)
    - 軍団直属歩兵(3個大隊)
  - 第3軍団
    - 第42師団
    - 第44師団
    - 軍団砲兵(砲兵・対空連隊など6個連隊)
    - 軍団工兵(5個中隊)
    - 軍団直属歩兵(3個大隊)

The War in France and Flanders, 358-361頁より作成

ャーチルは、連日の悲報を受けながらも強気を失わず、カレーで包囲されているイギリス軍部隊は最後まで戦うべしと主張していた。それによって、反撃作戦を準備する時間をかせぐ一方で、まだ内陸部にいるイギリス遠征軍部隊の退却を容易にできると考えたからだ。けれども、反撃など、はかない夢にすぎなかった。

5月25日の英仏海峡付近における連合軍側の状況をみよう。ベルギー軍は英仏海峡を背にして、オーステンデやニーウポールトを支えとした円形の戦線を布いている。イギリス遠征軍は、ベルギー軍の西側および南側で押されており、結果として、一種の海岸堡を形成しつつある。その西側を守っているのがフランス軍であった。危険なのは、ダンケルクとニーウポールトのあいだに生じている大きな間隙部だった。ドイツ軍にそこを衝かれれば、ベルギー軍と分断され(もっともベルギーの降伏は時間の問題だと考えら

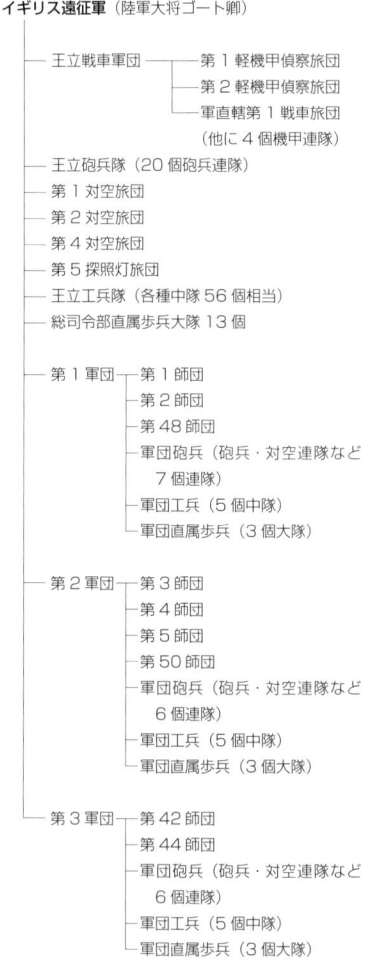

れていた）、イギリス遠征軍の唯一の補給港となったダンケルクとの連絡を遮断されてしまう。ゆえに、イギリス遠征軍司令官である陸軍大将ゴート卿[3]は、この地域に最後の総予備を投入していた。

　つまり、とても攻勢など考えられない状態である。5月25日、ゴート卿は、ロンドンにはかることもフランス軍に伝えることもせず、独断専行でイギリス遠征軍主力をダンケルクに向けて後退させ、自軍左翼とベルギー軍南翼を連結させるよう命じた。もはや勝利ではなく、救えるものを救うことをめざすべきだ。ゴート卿はそう判断したのである。翌26日、当時陸軍大臣だったアンソニー・イーデンはゴート卿の決定を追認し、「戦いつつ、西へ下がれ《ファイト・バック・トゥ・ザ・ウェスト》」と告げ、さらに大陸からの撤退を準備せよと命じた。[4]ゴート卿の答えは、「イギリス遠征軍とその装備の大部分が失われることは不可避です。それを隠しておくわけにはまいりません」というものだった。一方、チャーチルも危機的な事態を認識し、23日にイギリス派遣軍を英本土に引き揚げるとの策を英国王に上奏していた。しかし、この時点では、およそ25万のイギリス軍がドイツ軍に包囲されつつあったのだ。

　5月27日、帝国参謀総長の職から更迭され、国内軍司令官に転ずることになったエドマンド・アイアンサイド陸軍大将は、日記にこう書いている。「イギリス軍が脱出できる機会はまずない。……奇跡でも起きて有利にならないかぎり、今後数日のうちに訓練済みの将兵すべてを失ったも同然ということになってしまうだろう」。悲観的ではあるが、事実の一端を指摘する言葉ではあった。にもかかわらず――アイアンサイドは自国民の堅忍不抜さを過小評価していたといってよい。すでに、ドーヴァー海域司令官バートラム・ラムジー海軍中将が撤退計画の立案と実施にあたるよう命じられ、23日までには「ダイナモ」の秘匿名称を付せられた作戦に必要な情報をすべて収集し終えていた。そのラムジーに宛てて、5月26日の日曜日、時計が午前7時を指す寸前に、海軍本部《アドミラルティ》よりの電文が送られる。「ダイナモ作戦に着手すべし」。

　イギリスの桂冠詩人ジョン・メイスフィールド名付けるところの「九日間の奇跡《ザ・ナイン・デイズ・ワンダー》」がはじまったのである。[5]

停止せよ、装甲師団

ここで、ドイツ側に眼を転じよう。冒頭で述べた、アラスにおける英軍の反撃は、側面や背後を顧慮せずに猛進する装甲部隊の戦いぶりに危惧を抱いていたドイツ軍上層部の神経をゆさぶった。5月22日、装甲部隊のほとんどを指揮下に置くA軍集団の司令官ゲルト・フォン・ルントシュテット上級大将は、すでに英軍の反撃が撃退されていたにもかかわらず、「まずアラスの件を解決し、しかるのちにクライスト集団をして、カレー、ブーローニュ方面に進撃せしめよ」と命じている。一方、不安になったヒトラーも、同日、わざわざOKW《オーカーヴェー》（国防軍最高司令部《オーバーコマンド・デア・ヴェーアマハト》）長官ヴィルヘルム・カイテル上級大将をA軍集団に差し向け、事前に電話で伝えていたアラスの南北と西正面を「出撃可能なすべての快速部隊」で固め、東は後続の歩兵部隊で守らせよとの命令を、重ねて口頭で下達させていた。

アラスの戦いはもう終わっていたのであるから、まったく無用と思われる措置である。しかしながら、ヒトラーやルントシュテットは、大胆に過ぎる装甲部隊の突進が、敵の側背に対する攻撃によって危機に瀕することを恐れ、アラス戦はかろうじてそんな事態をまぬがれた、いわば幸運にすぎないものと信じた。イギリス軍にしてみれば想像だにできなかっただろうが、アラス反撃は、ヒトラーの小心さという思いがけぬ弱点を叩いていたのだ。

それは、重大な結果をもたらした。先に述べたように、グデーリアンは麾下装甲師団を以て、22日にダンケルクを含む三港湾都市を攻撃するつもりでいた。が、21日に、海峡沿岸部への突進を24時間停止すべしとの命令が届いたのである。しかも、海峡突撃に際して、ソンム川の南側面を掩護することになっていた歩兵師団も、幻の敵に対してアラスを守るために控置されてしまった。この時点で、カレーはいまだ防衛準備が整っておらず、ダンケルクには弱体のフランス軍守備隊しかいなかったから、急襲によって海峡諸港を奪取する好機だったのだ。が、24時間の停止によって、それもふいになった。22日正午になって、ようやく攻撃が再開されたものの、第2装甲師団がブーローニュを攻略するには3日かかり（25日陥落）、しかも激しい市街戦となった。カレーに至っては、英軍守備隊が26日まで抵抗を続けている。チャーチルは、カレーがもっと早く陥落していれば、ダンケルクから撤退できなかったかもしれないと述べている。もっともな評言ではあった。ところが、こうしてドイツ軍指導部に生じた強迫観念は、より深刻な事態を招いた。有名なダンケルクの停止命令である。

5月24日、グデーリアン軍団の先鋒は、ダンケルクまでおよそ15キロの地点まで迫っていた。装甲部隊という鉄のこぶしを以てすれば、ダンケルクの脆弱な防御陣地を粉砕するのに、さしたる困難はない。かくて、イギリス遠征軍が唯一の補給・脱出港を失い、捕虜の大群と化すのも時間の問題であると思われた。だが、同じ24日の午前中に、在シャルルヴィルのA軍集団司令部を訪れていたヒトラーは、この二度とはないチャンスに際して、ダンケルクの前面で装甲部隊を停止させるべしとの命令を下したのである。この「停止命令」については、ヒトラーが陸軍首脳部の反対を押し切って、独断で出したものだとする説がながらく流布されてきた。けれども、これは、ヒトラーに責任を負わせるためのルントシュテットの議論を、当時A軍集団の作戦参謀だったギュンター・ブルーメントリット大佐（最終階級は歩兵大将）が継承し、戦後、イギリスの軍事評論家であるバジル・リデル＝ハートとともに広めたものであると判明している。▼6

実際には、ヒトラーばかりではなく、A軍集団司令官ルントシュテットやその麾下にあった第4軍司令官ギュンター・フォン・クルーゲ上級大将も、装甲部隊を停止させ、歩兵師団が追随する時間をつくるべきだと考えており、それが総統の決定に大きな影響を与えたことが実証されているのである。

とはいえ、戦闘、作戦どころか、戦争の帰趨《きすう》を左右しかねない決断を下したのはヒトラーであったこともまた事実だ。このとき、独裁者を動かしていたのは、いかなる思考だったのであろうか？　ドイツの軍人学者カール＝ハインツ・フリーザーは、考えられる動機を以下のように列挙している。①ダンケルク周辺の地表は装甲部隊の行動に適さないと判断した（24日から雨が降りはじめ、地面が泥濘と化した）。②以後の作戦に齟齬《そご》を来さないよう、装甲部隊を温存すべきだと考えた。③連合軍の側背部への攻撃を恐れ、装甲部隊を控置しておいた。④攻勢第二段階に関心が移っており、ダンケルク攻略は副次的な作戦であるとみなしていた。⑤包囲した敵の規模を過小評価し、さほど重要ではないと思っていた。⑥大陸的な思考法に囚われていたため、海上撤退作戦などはできないと高をくくっていた。この①から⑥は、不可思議な停止命令を説明するために、さまざまな論者が打ちだしたもので、必ずしも強固な論拠を持つものではなく、反駁《はんばく》可能である。

重要なのは、⑦空軍力だけでダンケルクの敵を撃滅できるとしたドイツ空軍総司令官ヘルマン・ゲーリング元帥の大言壮語を信じたとする説と、⑧イギリスを講和にみちびくため、その面子《メンツ》をつぶすことを恐れて、遠征軍殲滅を避けたとする説であろう。フリーザーは、⑦については、ゲーリングの発言は23日のことで、ヒトラーの決定に影響力をおよぼした可能性はあるものの、当時ドイツ空軍がかなりの消耗を被っていたことを考えれば（当然、総統の耳にも入っている）決定的な要因となったとは考えにくいとした。⑧に関しても、時系列に沿って検討してみると、ヒトラーが、講和のために手加減したと取れるような発言をしたのは、ダンケルク撤退の成功があきらかになってからのことであり、いわば失態をとりつくろう意味があったとしりぞけている。かかる議論の末に、フリーザーが主張したのは、装甲部隊のダンケルク突入に熱心だったOKH《オーカーハー》、ドイツ陸軍総司令部《オーバーコマンド・デス・ヘーレス》に、誰が主人であるかを見せつけるために、ヒトラーはルントシュテットらに同調した、つまり、自己の権力を強調するために停止命令を出したとする説だ。

この⑦と⑧、そしてフリーザー説に示されている要因のどれかが決定的だったのかもしれないし、あるいは、そのすべてが複合的にヒトラーの心理に作用していた可能性もある。いずれにせよ、運命的な決断は下された。ドイツ装甲師団は、眼前でイギリス遠征軍が撤退していくのを拱手傍観《きょうしゅぼうかん》することになったのである。

海岸堡への撤退

5月26日、ゴート卿の命令に従い、イギリス遠征軍麾下の各師団は撤退戦にかかった。ドイツ軍の重圧のもと、ベルギー軍とのあいだに開いた回廊状の地域を通り、ダンケルクに向かうのだ。その際、第2師団は大損害を受け、旅団規模の戦力にまで消耗してしまったが、どうにか回廊を保持した。そこをすりぬけて、第1、第3、第4、第42のイギリス師団、さらにフランス第1軍の三分の一ほどが退却する。以後、イギリス遠征軍は、昼間は戦い、夜に動くという戦法を採用した。ドイツ軍による分断包囲をまぬがれつつ、全周陣地を縮小していく計画である。だが、退却は困難をきわめた。無数の難民が道路をふさぎ、部隊の移動を妨げる。動けなくなった車両や砲は破壊され、運びきれない物資は焼却された。

一方、ドイツ軍、とりわけOKHは、ヒトラーの停止命令を撤回させ、かたわらを走り去っていく幸運の神の前髪をつかもうと必死になっていた。24日午後、陸軍総司令官ヴァルター・フォン・ブラウヒッチュ上級大将は総統官邸に乗り込み、ヒトラーと談判したが、後者は頑として命令撤回を認めない。しかたなく、陸軍参謀総長フランツ・ハルダー砲兵大将は、総統命令の裏をかこうとした。AならびにB軍集団に宛てて、ダンケルクからオーステンデに至る線までの前進を「許可」する補足指示を出したのである。ところが、A軍集団司令官ルントシュテットは、麾下の各軍にこの指示を回送しなかった！　この老将軍は、これからの総攻撃のために、快速部隊を集結、準備させておくほうが肝要だと考えたのであった。結局、部下の司令官たちの突き上げに遭ったルントシュテットが状況が変わったと説明し、ヒトラーが停止命令を撤回したのは、26日午後1時30分になる。攻撃が再開されたのは、翌27日の午前8時であった。結局、三日にもわたって、黄金の時間が空費されてしまったのだ。

この間に、状況は、ドイツ軍にとって著しく不利になっていた。まず、イギリス遠征軍は、内陸部からダンケルク海岸堡に主力を後退させることができた。ダンケルクそのものの防御も強化されている。また、ドイツ装甲部隊が停止しているうちに、イギリス軍は撤退用の船舶をかき集めていたのである。さらに不運だったのは、すでに述べたように24日から雨が降り、地面をぬかるませて、ドイツ軍の前進を困難にしたことであった。

だが、ドイツ空軍《ルフトヴァッフェ》はどうか。ゲーリングは空軍独力でイギリス軍を撃滅すると豪語したのではなかったか？　それどころではなかった。王立空軍《ロイヤル・エア・フォース》（ＲＡＦ）戦闘機兵団《ファイター・コマンド》は、敢えてフランス戦に投入せず、英本土防空のために温存していたスピットファイアをはじめとする戦闘機多数を、撤退掩護のために出撃させたのである。[7]ところが、ドイツ空軍のほうは、ダンケルク空域に戦力を集中するための基地網をいまだ整えておらず、充分な打撃を加えることができなかったのだ。[8]また、24日からの天候の悪化も裏目に出た。雲が低く垂れ込め、ドイツ空軍の航空機は、しばしば出撃不能となった。「九日間の奇跡」のうち、出撃できたのは前半の七日間、そのうち、全力攻撃可能だったのは二日間のみであった。

つまり、イギリス遠征軍、いや、イギリスは驚くばかりの幸運に恵まれていたのだ。彼らは、最初の切所を抜けたのである。

軍艦から漁船まで

5月27日、今夜12時を期してベルギー軍は降伏するとの凶報が入った。また、英軍捕虜虐殺事件が生起するなど、[9]残忍なる戦神が荒れ狂うなか、イギリス遠征軍とフランス第1軍の残存部隊は海岸堡に後退していった。以後、30日まで、海岸堡をめぐる激戦が続き、一時は突破されそうになる局面もあったものの、おおむね保持された。

一方、王立海軍《ロイヤル・ネーヴィ》は、海峡に追いつめられた陸軍を助けだすために、大わらわになっている。そのために

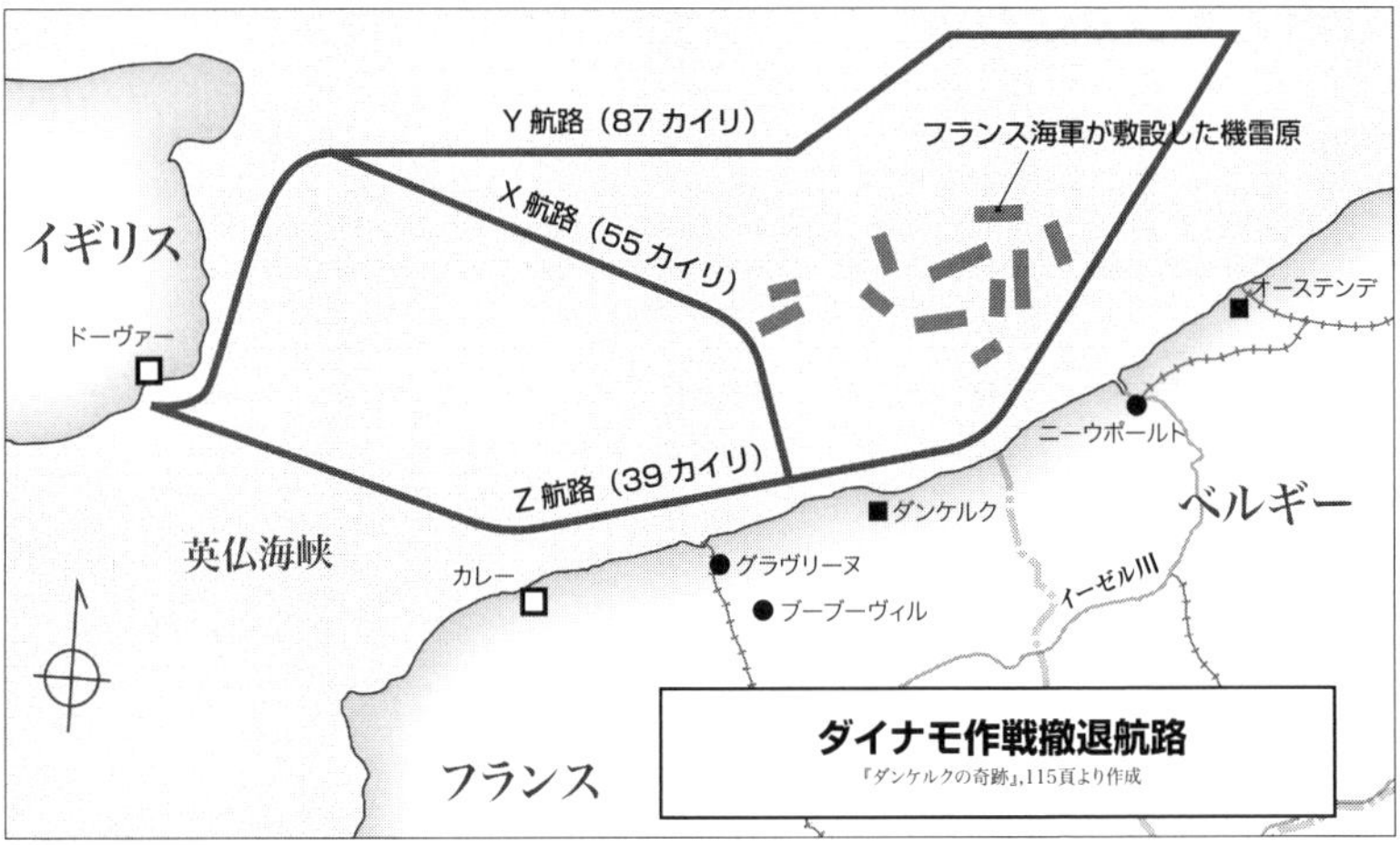

ダイナモ作戦撤退航路
『ダンケルクの奇跡』,115頁より作成

は、とにかく船が必要だ。おんぼろであろうと小さかろうと、とにかく数を確保しなければならない。海上輸送の責任者ラムジー提督に最初与えられた大型フェリー36隻では、とても足りるものではなかった。早くも5月14日、海軍本部は撤退に備え、国民に対して、意味深長な呼びかけをしている。長さ30ないし100フィートのエンジン付き娯楽用舟艇の所有者全員に対し、それが軍に提供されるか、徴発されていない場合には、その性能諸元を海軍省に報告せよというのだ。こんなモーターボートのような船舶までも必要とする事態が来るやもしれぬと海軍が危惧していたことを示す証左であった。

ラムジーがとくに欲しいと思っていたのは、イギリスの船乗りが「スクーツ」と呼び、オランダで多く使われている沿岸用船舶だった。この種の船は木製ではあるが丈夫で、船幅が広く、しかも吃水が浅いので、桟橋以外の海浜から兵員を乗せるのはもってこいだと思われたのである。幸い、ドイツ軍の侵攻を受けたオランダより、スクーツ50隻が英本土に脱出してきていたから、そのうち40隻を徴発することになった。むろん、これは手はじめにすぎない。大は巡洋艦や駆逐艦、小は漁船や個人所有のヨットやモーターボートまでも、この撤退作戦に参加したのである。

だが、ダイナモ作戦を指揮するラムジーの司令部は、まったく小規模なものであった。要員わずかに16名。それが、ナポレオン戦争の際に、ドーヴァー海峡を見下ろす白い崖に掘られたトンネルに置かれた司令所から[10]、商船216隻、スクーツ40隻、海軍艦艇139隻を指揮したのである。これに、230隻以上の漁船や小舟艇が加わっているから、英本土にあった船のほとんどすべてを集めたといってよい。ジョンブル魂とは、まさに危機に直面したときにこそ発揮されるのであった。

不屈ということ

これら、大小さまざまの船舶は、機雷原を避けるように設定された3本の航路を使って、27日より、ドーヴァー～ダンケルク間のピストン輸送を開始した。「血の月曜日」として知られることになったのは、この撤退作戦第一日目だった。好天に恵まれたドイツ第2・第3航空軍は、ダンケルクに対し、通常爆弾2000トン以上、焼夷弾およそ3万発を投下したのである。日暮れまでに港湾施設が破壊され、市街はがれきの山となった。しかしながら、ゲルマンの鷲といえども、英国の魚どもの戦意をくじくことはできない。大型の船舶はもとより、29日よりは小舟艇までも海上輸送に加わった。ヨット、モーターボート、流し網漁船、トロール漁船……。国難に直面し、さまざまな職業の民間人が命懸けの救援作業に従事したのである。

もとより困難は大きい。実際にダイナモ作戦に従事した人々の回想を、いくつか引用してみよう。

「［ダンケルクの桟橋から撤退する部隊を乗船させるためには］船を桟橋に横づけにし、船首と船尾を固定して、船が満杯になるほど乗せたならば後進しつつ桟橋を離れ、船の向きを変えて、イギリス本土へ向かうことになるはずであった。このような操船には時間がかかるであろうし、明け方から夕刻まで上空で行動しつつあった急降下爆撃機、ユンカースJu87型機の群れにとって、波止場に囲まれた水面は理想的な

ダンケルク撤退作戦に参加した艦艇数とその損害

種別	数	輸送人員	敵の攻撃などによる沈没	他の原因による沈没	損傷
防空巡洋艦	1	1,865	-	-	1
駆逐艦	56	102,843	9	-	19
スループ館	6	1,436	-	-	1
巡視船	7	2,504	-	-	-
艦載艇	2	3,512	1	-	-
コルヴェット艦	11	1,303	-	-	-
掃海艇	38	48,472	5	1	7
トロール漁船など	230	28,709	23	6	2
海軍輸送船	3	4,408	-	-	-
武装商船	3	4,848	1	-	2
魚雷艇	15	99	-	-	-
スクーツ	40	22,698	1	3	-
ヨット	27	4,895	1	2	-
フェリーボート	45	87,810	9	-	8
病院船	8	3,006	1	-	5
貨物船	13	5,790	3	-	-
タグボート	40	3,164	6	1	-
上陸用舟艇	13	118	1	7	-
艀	48	4,726	4	8	-
小型ボート					
モーター付き	12	96			
海軍のランチ	8	579			
個人用モーターボート	203	5,031	7	135	不明
海軍の救命ボート	19	323			
総計	848	338,235	72	163	45

この他、小舟艇が多数参加しているが、その数不詳
『ダンケルクの奇跡』、299 ～ 300 頁に別資料のデータを加えて作成

照準点となっていた。そして救出を目前にしながら戦死した将兵がたくさんいた。海軍の将兵も、もちろん同様であった」（駆逐艦「ヴェガ」乗り組みの信号兵だったS・ペインの日記）。

「その作業（沈没しつつある輸送船「クィーン・オヴ・ザ・チャンネル」からの乗組員ならびに陸軍の将兵の救助）は35分間にわたって実施された。ドイツ空軍機が散開攻撃を加えてきたが、一人の勇敢な射手が、これに曳光弾による射撃を加えて撃退した」（貨物船「ドリアン・ローズ」号船長ウィリアム・トンプソンの証言）。

ちなみに、ドリアン・ローズ号は六昼夜にわたって活動を続け、約1600名の将兵を英本土に撤退させている。これは一例にすぎない。ダンケルクとカレーのあいだの海域で、不屈であるとはどういうことなのかを示す実例が多数展開されたのである。

自由の塩

しかし、この段階になると、ドイツ軍もさすがに千載一遇の戦機が去りつつあることを悟っていた。5月31日、第18軍司令官ゲオルク・フォン・キュヒラー砲兵大将が、ダンケルク攻撃の総指揮を執るように命じられる。キュヒラーはそくざに決断した。明日6月1日午前11時より全正面にわたって攻撃を実施するのだ。

ようやくドイツ軍にもつきが戻ってきたかとみえた。というのは、総攻撃当日の6月1日は、ひさしぶりの晴天、「ゲーリング日和」となったからである。かくて、ドイツ空軍が持てる戦力をすべて投入するための条件が整った。メッサーシュミットに守られたシュトゥーカやハインケル、ユンカースの爆撃機群が、眼にもの見せてくれるとダンケルクをめざす。だが、対するRAFは全力を注ぐというわけにはいかなかった。必ず来ると予想されるドイツ空軍の空襲に対し、英本土を守るための戦闘機を温存しておく必

ダンケルクから撤退した連合軍将兵の数

日付	海岸より	港より	撤退兵員合計	総計
5月27日	-	7,669	7,669	7,669
28日	5,930	11,804	17,734	25,403
29日	13,752	33,558	47,310	72,713
30日	29,512	24,311	53,823	126,536
31日	22,942	45,072	68,014	194,550
6月1日	7,348	47,081	54,429	248,979
2日	6,695	19,561	26,256	275,235
3日	1,870	24,876	26,746	301,981
4日	622	25,553	26,175	328,156
総計	88,671	239,485	328,156	

『ダンケルクの奇跡』、301頁に別資料のデータを加えて作成

要があったのだ。ゆえに、イギリス遠征軍やロイヤル・ネーヴィの将兵が「空軍は何をやっているのか?」と、うらめしげにダンケルクの空を見上げたのも無理はない。ただし、RAFが出し得るかぎりの戦闘機、スピットファイアやハリケーンはもちろん、ボールトン・ポール・デファイアントまでも撤退掩護に投入したことは、その名誉のために付け加えておこう。また海軍航空部隊のグラディエーター戦闘機も、ダンケルク上空に出撃していた。

もっとも──6月1日に発動されたドイツ軍の総攻撃も、イギリス遠征軍に致命的な打撃を与えるには、もはや手遅れだった。遠征軍の主力はすでにダンケルクから去っていたのである。6月2日には、最後のイギリス軍部隊が乗船し、ドーヴァーに向かった。なお残っているフランス軍ほかの連合軍部隊を救出する作業が3日の夜まで続く。だが、殿軍《しんがり》となったフランス軍▼[11]を助け出すことはできなかった。6月4日朝、ドイツ軍はダンケルクを制圧した。市内に突入したドイツ軍が確認したものは、おびただしい量の放棄された装備や物資であった。車両6万3000両、オートバイ2万台、戦車および装甲車両475両、砲2400門、その他無数の小火器や弾薬、資材が捨て去られていたのである。

そう、イギリス遠征軍は剣や槍を放り出し、鎧兜《よろいかぶと》を脱ぎ捨てて、間一髪のところで英本土に逃げかえったのだ。恐るべき大敗ではあった。しかしながら、それは同時に、眼には見えないかたちでの勝

利であった。なるほど、イギリス遠征軍は装備を失い、こと陸軍に関しては、英本土もほとんど無防備の状態になったといってよい。けれども、イギリス軍は、33万8682人もの将兵[12]、すなわち陸軍再建の基幹要員を救い出したのである。彼らがダンケルクで捕虜になっていたなら、つぎは英本土にハーケンクロイツが翻るような事態すら想定しなければならなかったかもしれない。つまり、戦略的にみるならば、イギリスはあやういところで致命傷をまぬがれたのであった。

だが、それ以上に大きな意義があったのは、イギリス国民が一丸となって、われわれは、いかなる苦境に立とうともあきらめはしないのだと、世界に示したことにある。ダイナモ作戦によって、チャーチルのいう、ナチスに支配された「あらたな中世」など受け入れる気などないことを、イギリスは高らかに宣言したのだ。先に触れた詩人、メイスフィールドがダンケルク撤退を描いた詩の一節のごとく、イギリスに帰る将兵の「唇には自由の塩」が輝いていたのである。

When, lo, out of the Darkness, there was light,
There in the Sea were England and her ships,
They sailed with the free salt upon their lips
To Sunlight from the tomb

見よ、闇より光現れたり
海原《うなばら》に在るはイングランドとそのふねぞ
唇に自由の塩を貼りつかせ漕ぎ出でたり
化野《あだしの》より陽光をばめざして

コラム② 虎の育て方　ティーガー戦車の誕生と運用

Ⅵ号戦車ティーガー。いうまでもなく、ドイツが第二次世界大戦で使用した兵器であり、無敵の伝説に包まれた重戦車だ。技術面や戦歴の検討から、この戦車の実相に迫った文献は多数存在する。日本でも、シュピールベルガーの古典的な著作が翻訳されているのをはじめ、ミリタリー雑誌の特集記事なども含めれば、ティーガーの資料は枚挙にいとまがないほど出版されている。しかしながら、用兵思想の面、つまり、どのような運用をするつもりでティーガーは開発されたのか、また実際には、どんなかたちで使われたのかということに関しては、意外に言及したものが少ないように思われる。そこで、本節では主としてティーガーをめぐる戦術思想にスポットを当て、ティーガー乗りたちの手記を引用しつつ、虎はいかにして育てられたかを論述していくこととしたい。

「突破戦車」

ドイツ戦車の権威であるトーマス・ジェンツとヒラリー・ドイルが2000年に刊行し、今日でもティーガーに関する基本文献となっている『ドイツのティーガー戦車』によると、最初に重戦車構想（といっても、当初は30トン級のものでしかなかったが）の萌芽がみられるのは、[1]1935年10月30日付で陸軍兵器局《ヘーレスヴァッフェンアムト》長クルト・リーゼ少将[2]が提出した「戦車による攻勢防御」という報告書である。そこでは、新型戦車開発の必要が述べられている。

「2C、3C、D型戦車〔いずれもフランス軍の戦車。2Cは重戦車、3Cは試作重戦車、Dは中戦車〕に対して効果を得るためには、7・5センチ砲の初速は秒速およそ650メートルに増加されなければならない。この種の増速を行うには、まったく新しいタイプの戦車設計を必要とする。概算しただけでも、

20ミリ厚の装甲防護をほどこせば（それでも、2センチ砲に対しては、完全に防護されない）、重量は少なくとも30トンに達するであろう。陸軍総司令官〔ヴェルナー・フォン・フリッチュ上級大将〕自身も最近、そうした〔中戦車を強化した〕型の戦車〔開発〕には反対である旨、表明した」。

まず注目すべきは、対戦車戦闘を重視した戦車が必要であるとの認識が示されていることであろう。加えて、その目的を果たすためには、開発中の戦車（のちにⅢ号戦車・Ⅳ号戦車として制式採用される）でも不充分で、根本的に新しい戦車を調達しなければならないとの提言がなされていたのである。だが、より大型の重戦車を動かすには、当然のことながら、より大きな馬力のエンジンが求められる。1935年10月6日、陸軍兵器局兵器検査第6課（自動車両・自動車化担当）の幹部は、マイバッハ・エンジン製造株式会社の社長カール・マイバッハ博士と会議を持ち、600ないし700馬力のエンジン開発について検討を行った。その結果、定格出力650馬力[3]の700馬力エンジン実用化を追求することに決まった。すでに存在していた、高トルク、低回毎分（rpm）の商業用航空機エンジンの転用も検討されたが、見送られた[4]。

それから一年後の1937年1月末、兵器検査第6課は、ヘンシェル社に30トン戦車の車台開発を求め、要求される性能を示した。なお、新型戦車を開発する場合、車台と砲塔の設計は別々の会社に委託するのが慣習であったから、これ以前、1936年11月に7・5センチ砲を搭載する砲塔の設計がクルップ社に委託されている。

かくて、重戦車の試作が軌道に乗ったわけだが、ここで、対戦車戦闘とは別の運用構想が流入してきたことは見逃せない。それは、試作重戦車の秘匿名称に、端的に表されている。この試作戦車は、当初「B.W.（増強）」と称されていた。B.W.は「護衛戦車《ベグライトヴァーゲン》」の略称である。すなわち、より軽量小型の戦車を支援する役割を期待していることを表す名称だ[5]。ところが、1937年3月12日に、「B.W.」は公式に「I.W.」、「歩兵戦車《インファンテリーヴァーゲン》」の略称に変更される。さらに、4月28日には、より明確な名称「D.W.」とされた。「突破戦車《ドゥルヒブルフスヴァーゲン》」の意味である。こうした変化は、単に名前の問題にとどまらぬ、当時の戦車運用思想の一潮流の影響を示していた。

異なるカテゴリー

ドイツに限ったことではないけれども、1930年代にあっては、装甲、武装、速度の三要素において、すべて平均以上の性能を有する戦車を実現することは困難だと思われていた。それゆえ、用途に応じて、いくつかのタイプの戦車を用意するのが有効だというのが定説であった。装甲部隊の運用について、一頭地を抜く先進性を誇っていたハインツ・グデーリアンでさえも例外ではない。有名な『戦車に注目せよ！』（1937年刊行）から、関連部分を引用してみよう。なお、便宜的に通し番号を振っておく。①「先行して、敵防御陣や砲兵に対して投入される梯隊《ていたい》を形成するのでなく、ただ歩兵と協同する目的にのみ使われる戦車は、高速走行可能でなくてもよい。必要なのは分厚い装甲だ。それらは、ゆっくりと攻撃にかかるあいだ、敵砲兵および対戦車砲の射撃に長時間さらされるし、至近距離で砲撃される可能性もある。武装は、敵戦車、あるいは遠距離から砲撃してくる防盾付きの砲に対して無防備にならない程度でかまわないから、機関銃、ときには小口径の大砲で充分である」。②「野戦において、敵司令部や予備のあるところまで突破、もしくは侵入し、あるいは敵砲兵の殲滅をはかるための戦車は、部分的であるにせよ、敵の対戦車兵器多数に対して安全な装甲をほどこされ、歩兵随伴戦車よりも高速で航続距離が長く、機関銃から7・5センチ砲までの火砲により武装しておく必要がある」。③「最後に、要塞や要塞化された永久陣地を強襲するような戦車は、重装甲・重武装（15センチ砲までの火砲）のほかに、大なる超壕・渡渉・蹂躙能力を有していなければならぬ。この種の戦車を生産すれば、総重量はすぐに70ないし100トンになろう」。実は、この③の戦車こそ「突破戦車」と称せられていたのである。

かかるグデーリアンの分類に従うなら、列強陸軍は主として①と②の戦車を以て、大戦に突入することになる。典型的だったのはイギリス陸軍で、重装甲低速の歩兵戦車と軽装甲快速の巡航戦車を併用していたことは、よく知られている。しかしながら、今日のＭＢＴ（main battle tank. 主力戦闘戦車）の始祖であり、①と②の役割をともにこなすソ連のＴ－34の出現により、このような分類、あるいは運用は意味をなさなくなった。ドイツも、本来は「護衛戦車」として開発されたⅣ号戦車の改良、さらにはⅤ号パンター戦車の開発により、重武装・重装甲・快速の三位一体を備えた戦車を追求していくことになる。

だが、ティーガーに関していえば、そうした発展以前に、敵戦車を撃破する役割と「突破戦車」の運用構想をもとにした用兵側の要求に従って、大枠が定まっていた。それらの発想は、やがて生まれてくるティーガーの長所と欠点をすでに規定していたのである。

虎の誕生

ともあれ、重戦車の開発に着手したヘンシェル社は、Ｄ．Ｗ．１を完成させた。それによって得られたデータと経験をもとに、１９３７年なかばには試作２号車であるＤ．Ｗ．２がつくられる。１９３８年９月９日、陸軍兵器局は30トン戦車開発計画の継続を決定、ヘンシェル社に試作型の製作を命じた。ただし、この時点では、搭載する砲は24口径長７・５センチ砲を予定しているだけにすぎない。秘匿名称は「ＶＫ30・01」（ＶＫは Vollketten-Kraftfahrzeug. 全装軌車両の略）であった。以後、重戦車開発計画は紆余曲折を経ながらも進められ、１９４１年には、ヘンシェル、ダイムラー・ベンツ、ポルシェ、ＭＡＮの各社によるコンペティションが行われる。

しかし、１９４１年５月26日、重戦車開発計画への要求が大幅に変更された。この日、バイエルンにあるベルクホーフ山荘に、国防軍の兵器開発関係者と軍需産業の代表者を集めたアドルフ・ヒトラーは、各装甲師団ごとに20両ほど、敵戦車に武装で優り、装甲を強化された、最高速度は時速40キロ程度の戦車を配備すると宣言したのである。具体的には、貫徹力に優れた７・５センチ砲を搭載するのが望ましいが、タングステン確保の問題に鑑み、[6] 8・8センチ砲（いわゆる「アハト・アハト」、有名な88ミリ高射砲）の採用も検討する、正面装甲で100ミリは必要であると考えられるものの、側面装甲は60ミリで充分であるとされた。かようなヒトラーの指示で留意しておくべきは、まず、のちのティーガーとなる重戦車は、現在われわれがいうMBTではなく、重武装・重装甲の破城槌の役目を負わされていたことであろう。対戦車戦闘を目的とするという初期の発想が、第二次世界大戦初期の経験を経たヒトラーにおいて強まり、「突破戦車」の運用思想をもとに、ティーガーに結びついたのだ。また、武装と装甲の強化が、独ソ開戦以前、すなわちT－34に遭遇する前に決定されていたことも注目すべきである。ティーガーの設計が、T－34に対抗する必要からではなく（むろん、同戦車に対する戦闘から得た教訓から改良が加えられたとはいえ）、ドイツ軍のオリジナルな運用構想から生まれたことの証左といえる。

いずれにせよ、この指令を受けて、試作競争に残っていたヘンシェル社とポルシェ社は、試作車両の設計を大幅に変更することを余儀なくされた。結果として、両社はそれぞれVK45・01（H）とVK45・01（P）を製作したのであった。[7] いわゆるヘンシェル・ティーガーとポルシェ・ティーガーである。両試作車両とも、もはや重量30トンで収まるはずもなく、ヘンシェル・ティーガーで全備重量56・9トンにふくれあがっていた。二種類のティーガーが総統に披露されたのは、彼の誕生日、1942年4月20日のことであった。総統大本営「狼の巣《ヴォルフスシャンツェ》」があった東プロイセンのラステンブルクに運び込まれ、実演に供されたのだ。ヒトラーは、ポルシェ社の経営者であり、自ら設計にあたっていたフェルディナント・ポルシェ博士と親しかったことから、同社の試作型に好意を示したものの、いずれを採用するかの判断は、軍需大臣アルベルト・シュペーアにゆだねた。が、ポルシェ博士がなお三カ月を改良に費やしたため、最終審査はさらに遅れる。しかし、10月にシュペーアが設立した審査委員会は、ヘンシェル・ティーガーを制式採用すると決めた。ポルシェ・ティーガーの電気駆動方式は技術的に高度なものではあるけれど、戦場、とりわけロシア戦線で使用するには複雑すぎるとの判断を下したのだ。[8]

ヘンシェル社のティーガー生産工場（Bundesarchiv）

Ⅵ号Ⅰ Ａｕｓｆ《アウスフュールング》．Ｅ（Ｓｄｋｆｚ《ゾンダークラフトファールツォイク》．181）[9]、ティーガーが誕生したのである。

重戦車大隊の編成

かくて、対戦車戦闘を主目的とする戦車という構想と「突破戦車」のルーツが結合し、強力な武装と厚い装甲という点では、第二次世界大戦でも一、二を争う猛虎が戦場に現れることになった。が、ヒトラーが望んだように、各装甲師団にティーガーを配備することはできなかった[10]。一つには、ティーガーの生産性が悪く、充分な数を供給することが困難だったからだ。１９４２年8月、カッセル市ミッテルフェルトにあったヘンシェル社の第三工場は、拡張されたのちにティーガーの生産を開始した。８０００人の工員が12時間交代で、昼夜を分かたず作業にあたったのである[11]。それでも、1両を組み立てるのに二週間はかかったという。この数字が示すように、

ティーガーの高性能を約束していた複雑な構造は、生産現場においては大きなネックとなっていたのだ。

かかる制約、そして、ティーガーが、対戦車戦闘、さらには突破攻撃の支援といった目的に特化した兵器であったことに鑑み、ドイツ軍は独立重戦車大隊の編制を採用、戦線の重点に投入するかたちで運用することに決めた。この方針に従い、最終的には陸軍で11個、武装親衛隊で3個の重戦車大隊が編成された。これらが各戦線において、めざましい働きを示したことについては贅言《ぜいげん》を弄《ろう》するまでもなかろう。ソ連のT－34やアメリカのシャーマン戦車に対して、武装と装甲で優越するティーガーを集中投入したことにより（重戦車大隊は建制で45両のティーガーを装備する）、一方的な勝利が得られることもしばしばだったの

である。

しかしながら、こうした運用は、ティーガーが、のちのＭＢＴのごときものではなく、おおむね防御に有効性を発揮する特殊な戦車であることを明示していたといえよう。アルフレート・ルベル予備少尉は、主として東部戦線に従軍した戦車乗りだが、第５０３重戦車大隊に配属され、ティーガーを初めて実見したときの感想を、このように記している。「それからすぐに、私も、この驚くべきしろもの〔ティーガー〕を見た。感銘を受けはしたのだが、いささかの失望を覚えたものだ。私は、Ｔ－34のようなエレガントな形態の戦車を期待していたのである。だが、そこにあったのは、われわれの知っている戦車とは似ても似つかぬかたちとバランスを有する車両だった。未来の夢の兵器というよりも、一頭の恐竜のようだったのだ」。

ベテラン戦車兵の直感は正しかった。なるほど、ティーガーは、条件さえ整えば、無敵と形容されるがごとき威力を示したが、汎用性においては、Ｔ－34におよびもつかなかった。しかも、現場の将兵は、その条件を満たすために、多大なる困難を克服しなければならなかったのである。

足弱な虎

何よりも、その重さと足回りの脆弱さから、ティーガーを装備する重戦車大隊は、長距離にわたる自走機動を避けざるを得なかった。重戦車大隊は通常鉄道を使って輸送され、戦場の焦点となっている地域で荷下ろしされなければならなかったのだ。自走した場合の行軍速度は、平均的な歩兵部隊のそれの一・五倍弱にすぎなかったし、他の自動車化部隊の機動には、到底ついていけなかった。というのは、ティーガーは自走行軍を開始してから、最初の５キロの地点、その後は15キロごとに停止して、技術的な点検を行わなければならなかったからである。また、湿地帯などの困難な地形にはまりこんでしまえば身動きが取れなくなるから、ティーガーを投入する地点は事前に充分偵察しておかねばならなかった。航続距離も短く、容量530リットルの燃料タンクをいっぱいにしても、およそ80キロの不整地を走行できるにすぎない。

さらに、その戦力維持も難しかった。ティーガー部隊の将兵に向けて発行された、取扱・運用説明書『ティーガー・フィーベル』には、このように記されている。「ティーガー部隊は、他の戦車部隊の整備部または修理係に、その整備を依頼すべからず。〔原文改行〕その理由：他の戦車部隊は、ティーガー用の予備部品および専門整備員を欠いているからである」。「長期間の作戦行動を終えしティーガー大隊には、その戦力回復に二、三週間を与えるべし。〔原文改行〕その理由：さもなくば、引き続いての作戦行動で、機械故障による落伍比率は急上昇するであろう」。

Sdkfz 9に牽引されて移動する虎

整備を行う乗員の負担も少なくない。有名なティーガーのエース、オットー・カリウスの回想録から引用してみよう。「バッテリーの保守は重要だった。とくに冬期には。ほとんど走行しないときでもエンジンを回転させてバッテリーを一定に充電しておく必要があった。これを怠るとエンジンはスターターでは掛からなくなった。万一こうなったら、乗員2名が外へ出て、まるで古風な飛行機のエンジン始動のようにクランクハンドルを回さなければならない。敵軍の眼前、それも戦場のど真ん中でのこの行為はあまりにも空想的で現実離れしていた。ところが、これが時々起きたのだ。バッテリーがひどく脆弱だったからだ」。

「複合サスペンションは両側とも8軸。1軸はそれぞれ3個の大転輪を備え、揃って履帯を支えた。〔中略〕皆さん、ちょっと想像してみて下さい。『ティーガー』戦車の一番内側の転輪を交換しなければならない場合、果たして、何個の大転輪を取り外さなければならないのか！」

「それはティーガーだ」

かくのごとく、虎は強力な爪と牙、厚い毛皮を備えてはいたものの、足腰はひよわだった。もし、ドイツ軍が1940年の西方侵攻作戦や1941年のバルバロッサ作戦のような一大機動戦を展開するような状況にあったなら、ティーガーはとても進撃のテンポを維持することができず、役立たずの巨獣という烙印を押されてしまったかもしれない。さりながら、ティーガーが初陣を飾った1942年には、すでに戦争の潮目が変わっていた。ドイツをめぐる戦略的環境は、攻勢から防御に移りつつあったのだ。そうなれば、従来以上に内線作戦に頼らざるを得なくなり、危機に瀕した地点に投入できる戦力が必要となる。ティーガー重戦車大隊は、その任にうってつけだったのである。機動はおおむね鉄道輸送によるという危うさはあったにせよ、定点防御、あるいは重点における反撃においては、足弱な虎も、その爪と牙を存分に振るうことができたのだ。

1943年6月に東部戦線で撮影された第502重戦車大隊のティーガー

しかしながら、そうしたティーガーの機能は、戦略的退勢に立たされたドイツという特殊な状況ゆえに威力を発揮したのであった。生物の進化にたとえれば、かの剣歯虎のごとく、一定の環境に過剰適応したものであり、眷属《けんぞく》たるケーニヒスティーガーやヤークトティーガー同様に滅びていく運命にあったといえる。事実、第二次世界大戦後にMBTの思想が広まった結果、ティーガーに相当するような重武装・重装甲、ただし機動力の低い戦車を採用した軍隊はみあたらない。また、仮にドイツがティーガーを多数生産する能力を有していたとしても、それを主力戦車の座に据えることは、すでに述べたようなさまざまな理由からためらわれたであろう。

では、ティーガーは駄作だったのか？　むろん、そうではない。一定の条件を満たせば（それには多大な努力が必要ではあったが）、虎は無類の強さを示したのだ。また、乗員たちも、ティーガーの8・8センチ砲と分厚い装甲に厚い信頼を寄せ、大胆不敵な戦いぶりをみせた。[12] 著者は、かつてドイツの小スタジオが制作したティーガーのドキュメンタリー映画を観たことがある。そのなかでインタビューに応じた、かつてのティーガー乗りたちは、虎の扱いにくさ、整備がいかに負担となったかを綿々と訴えた。が、また戦車乗りになるとしたら、どの戦車を使いたいかという問いかけには、誰もが異口同音に答えたのである。「それはティーガーだ。他の戦車は考えられない」と。

第Ⅲ章　拡散する嵐　ソ連侵攻

「永遠に有効なのは」「成功、力」だ

——ヒトラー

「原則として最低限で。持っているものは、攻撃に投入すべきである」

——１９４０年６月18日付、陸軍参謀総長フランツ・ハルダー砲兵大将の日記

「わが正面の敵はいまだ強大な兵力を有している」

——１９４１年10月５日付、中央軍集団司令官フェドーア・フォン・ボック元帥の日記

「１８１２年におけるナポレオンの犠牲の多い勝利が今ひとたび再現されるかにみえた」

——第４装甲集団参謀長ド・ボーリュー大佐

「この地に冬が来たら、われわれはどこに居場所を見つけるのだろう」

——ルントシュテットが妻ビーラに送った手紙

Ⅲ－1 高慢と誤算——バルバロッサ作戦の成立

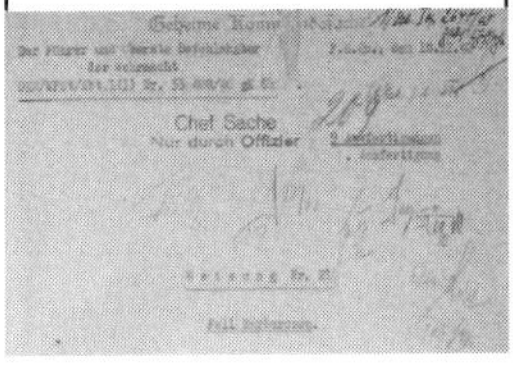

総統指令第21号（1940年12月18日）

総統アドルフ・ヒトラーが対ソ戦を決意した時期については、さまざまな説がある。「独ソ戦はナチズムの本質である」とする、いわゆる「プログラム」学派にとっては、それはきわめて早い時期、1923年のミュンヘン一揆に失敗し、投獄されたランツベルク監獄で『わが闘争』の執筆作業[1]にかかっていたころからということになる。彼らは、ヒトラーには、イギリスとロシアを同時に敵に回して、二正面戦争に突入した第一次世界大戦の轍を踏まぬよう、イギリスを同盟国とする、ないしは中立状態に置いてフランスほかの諸国を征服したのちに対ソ戦に着手、ソ連を覆滅して、その地に東方植民地帝国を築くという「計画《プログラム》」があったと主張する。『わが闘争』執筆時から、1945年にベルリンで自殺するまで、ヒトラーは一貫して、このプログラムを追求したというのが、西ドイツ、また、統一後のドイツにおいて、歴史学界の主流派が唱えていた解釈だ。つまり、プログラム学派の理解によれば、ヒトラーは『わが闘争』に明示された方針通りに、権力奪取から対ソ戦へと突き進んでいったことになるのである。だが、仮にこの前提から出発するにしても、具体的な意志決定過程ということになると、より詳細な検討が必要となってくる。それによって、ヒトラーのソ連侵攻決定の具体的な時期に関する議論は分かれた。

ヒトラーと陸軍総司令官ヴァルター・フォン・ブラウヒッチュ。左端は陸軍元帥ヴィルヘルム・カイテル、右端は陸軍参謀総長フランツ・ハルダー（1940年1月撮影）

まず、陸軍参謀総長フランツ・ハルダー上級大将の日記を根拠に、1940年7月31日のベルヒテスガーデン、ベルクホーフ山荘における総統とドイツ国防軍首脳部との会報によって明示されたとする説がある。それによると、フランスの降伏後も、イギリスが膝を屈しようとしないのをみたヒトラーは、ソ連の参戦に期待をかけているのだと考えた。ゆえに、ソ連侵攻とその勝利により、イギリスの継戦意志をくじき、戦争を成功裡に終結させようというのが、彼の思惑だったとされる。

一方、1940年11月のソ連外務人民委員（他国の外務大臣にあたる）ヴャチェスラフ・M・モロトフのベルリン訪問が決定的な契機となったと唱える論者もいた。対ソ戦を考慮するようになっていたものの、なお迷っていたヒトラーだったが、ソ連の非妥協的姿勢に接し、戦争やむなしと決断したというのである。[2]

さらに、イギリスの歴史家バリー・リーチは、かかる諸説を組み合わせ、国防軍首脳部に対ソ戦の考えを打ち明けた7月31日、9月27日、11月のモロトフ訪独直後と、三段階にわたって、ヒトラーのソ連侵攻意志はしだいに固まっていき、最終決定に至ったとした。9月27日というのは、1941年春までに野戦師団180個と若干の占領向け師団の装備を調えるべしとの総統指令が発せられた日である。リーチは、これら厖大な数の師団群は対ソ戦に向けて用意されたものと解釈したのだ。[3]

このように、ヒトラーがいつ、どのような動機で対ソ戦を決意したかに関する解釈はさまざまであるけれども、1940年12月18日に発せられた総統指令第21号、すなわち「バルバロッサ」作戦に至るまでの経緯は可能なかぎり解明されており、その事実関係は日本でもよく知られているといえよう。しかしながら、バルバロッサを実施する側、とりわけ作戦立案と遂行に責任を負うOKH《オーカーハー》、陸軍総司令部《オーバーコマンド・デス・ヘーレス》（陸軍参謀本部）がいかにして作戦計画を策定していったか、そこにどんな問題があったかについて、1980年代以降の欧米において相当に研究が進んだにもかかわらず、それらの成果は日本では必ずしも紹介されているわけではない。よって、本節では国防軍の作戦計画立案に焦点を絞り、バルバロッサ作戦が何故にあのようなかたちを取り、失敗に至ったかを理解する一助としたい。

高まる不安

1938年から1939年のナチス・ドイツの領土拡張過程において、攻撃的な外交がソ連との戦争を引き起こした場合に備え、国防軍が対ソ作戦計画を立案していたというのは、ドイツの歴史家ロルフ＝ディーター・ミュラーが、2011年に上梓《じょうし》した著書『敵は東方にあり』《デア・ファイント・シュティート・イム・オステン》で、あきらかにしたところだ。[4] 結局、1939年8月の独ソ不可侵条約によって、ソ連は仮想敵国から好意的な中立国に変わり、そうした作戦計画もペーパー・プランに終わった。

だが、同年9月のポーランド分割により、国境を接するようになった東の隣国に対する警戒心は、いわゆる独ソの蜜月時代においても失われてはいなかった。1939年9月27日の陸軍総司令官ヴァルター・フォン・ブラウヒッチュ元帥ならびにハルダーとの会談で、ヒトラーは、国益は条約よりも上にあるものだとし、「永遠に有効なのは」「成功、力」なのだと述べている。かかる世界観を持つヒトラーであるから、同年10月9日付の国防軍最高司令部《オーバーコマンド・デア・ヴェーアマハト》（OKW《オーカーヴェー》）長官ならびに陸海空三軍総司令官宛覚書で、[5] ソ連が引き続き中立を守ることは、いかなる条約や協定によっても保証され得ないと警告を発したのも当然であった。むろん、国防軍の首脳たちも、総統の危惧を共有している。

１９３９年10月20日、ブラウヒッチュは、ドイツ国防軍の主力が西方に集中しているあいだ、東部国境を守る任にあった「東方総軍《オーバーベフェールスハーバー・オスト》」に対し、あり得る敵の攻撃に対し、当座の使用可能な兵力による防御戦を可能たらしめ、かつ増援部隊の迅速な展開を安全にするような防衛陣地線の建築・整備を命じた。ついで、11月28日には、ハルダーが、東方総軍参謀長カール・アドルフ・ホリト少将に、西方戦役遂行中に、ロシアに対して東部国境を保全する作戦計画の立案を指示している。

こうしたソ連の動きに対する懸念は、１９３９末から１９４０年春にかけての展開によって、ますます強まった。ドイツが西方攻勢に着手できずにいるあいだに、ソ連はフィンランドに戦争をしかけてカレリア地方を割譲させたのである。彼らが国境を西に動かそうと努めていることは明白であった。ＯＫＨの判断によれば、スターリンの大粛清によって弱体化したソ連軍がドイツ本土に侵攻してくる見込みは薄いが、西方作戦中にその誘惑にかられる可能性はゼロではないし、何よりも彼らはドイツの戦争遂行にとって不可欠の油田があるルーマニア方面に脅威を与える能力を充分に有しているのだった。[6] １９４０年５月に発動されたベネルクス三国とフランスへの侵攻が成功したのちも、イギリスが依然として抗戦し、ドイツ軍の戦力の相当な部分を拘束していたから、このような背後の不安はなお消えない。

ハルダー参謀総長は、もしソ連軍がドイツに侵攻してきた場合には、少数の兵力しか振り向けられないことから（ヒトラーは、イギリスとの戦争が続く場合に備えて、陸軍を削減、海空軍を強化すると決定していた）、攻勢防御に頼ることにした。ハルダー日記の１９４０年６月18日の条には、「原則として最低限で。持っているものは、攻撃に投入すべきである」とした上で、河川沿いの対戦車障害物設置、地雷の広範な使用といった防御施策のほかに、快速部隊を組織し、それらの召致のために道路・鉄道網を整備するとの記述がある。事実、西部戦線から東プロイセンならびにポーランド占領地に向かう予定であった第18軍司令部にも、この線に沿った指示がなされている。また、参謀本部作戦部の「東方班」の計画立案の方針も、ハルダーの判断に従っていたのだ。

総統決定以前に戦争を覚悟していた

第18軍司令部に、東部に移動し、同地で15個歩兵師団を麾下《きか》に置く軍を編成せよとの命令が下ったのは、1940年6月26日のことであった。ついで29日には、第18軍の任務は、ソ連およびリトアニアに対する東部国境防衛であるとする訓令が出される。後者は、サン川とヴァイクセル（ヴィスワ）川[7]を結ぶ線と東プロイセンの国境で敵を拒止、増援の到着を待って反撃に出るという具体的な指示も含んでいた。その場合、打撃戦力として「グデーリアン集団」を用いるとされている[8]。

しかし、このころのハルダーは、攻勢防御から一歩進んで、ソ連を討つべきではないかと考えはじめていた。7月3日、ハルダーは、OKH作戦部長ハンス・フォン・グライフェンベルク大佐に対ソ戦の検討を指示した。両者とも、ソ連を打倒すれば、イギリスは継戦意志を失うのではないかと考えていたのである。7月4日、第18軍司令官ゲオルク・フォン・キュヒラー砲兵大将と彼の参謀長エーリヒ・マルクス少将を迎えた陸軍参謀総長は、リヴォフ東方と南部のリトアニアとの国境付近にソ連軍の大兵力が集結していると告げ、攻勢計画を起案するよう命じた[9]。草案は、7月9日にハルダーのもとに届き、その承認を得て、7月22日付で出された「第18軍開進訓令」に組み込まれる。この訓令は、ソ連との紛争が生じた場合には、第18軍は増援到着まで国境を固守、しかるのちサン川上流部と東プロイセンに兵力を集中して、攻撃によりソ連軍の攻勢準備をくじくとしていた。

ヴァルター・フォン・ブラウヒッチュ陸軍総司令官とハルダー参謀総長（1939年9月撮影）

問題は、「ソ連との紛争」は、単にドイツに対する侵攻によって引き起こされた場合のみならず、バルカン方面、とくにルーマニアに脅威がおよんだ場合にも生じる、としていたことだ。つまり、ドイツから戦争をしかけるということである。ハルダーは、攻勢防御から一歩進んで、ドイツにとって死活的な石油の輸入元であるルーマニアを守るためには対ソ戦もやむなしという見解に傾いていたのだ。

事実、7月21日に開かれた総統との会議で、陸軍総司令官ブラウヒッチュは、対ソ戦の可能性と作戦案について報告している。その際、元帥は、ソ連軍が使える優良師団は50個ないし75個師団程度と予想されるから、作戦に必要なのはドイツ軍80個から100個師団ほどだろうと述べた。独ソ戦の実際の経過を知る、後世のわれわれにとっては信じ難い見積もりではあるけれども、これが当時のドイツ陸軍の認識だった。徹頭徹尾、ソ連軍くみしやすしと信じていたのである。

また、7月25日付の第18軍戦時日誌は、ソ連が独英戦に乗じてルーマニアを占領した場合、独ソ戦が生起し得るとの前提で、それを阻止する三つの方策を記載している。第一は、ドイツ軍を展開させ、その圧力でソ連を引き下がらせる。第二は、目標と手段を限定した戦争により、ソ連に譲歩を強いる。が、第三の方策として、全面戦争、「モスクワへの進軍」も挙げられていたのであった。

かかる経緯をみれば、ハルダーをはじめとするドイツ陸軍の参謀たちが、ソ連の脅威に対応する策を練っているうちに、しだいしだいに対ソ戦を辞さずとのコンセンサスを固めていったことがわかる。彼らは、戦後の証言とは逆に、ヒトラーが命令を下す以前からソ連侵攻の準備を進めていたのである。▼10

いずれにせよ、7月21日の会議ののち、総統も対ソ戦を考慮しているとブラウヒッチュから教えられたハルダーは、ただちに基本計画の確定にかかった。作戦部、東方外国軍課《フレムデ・ヘーレ・オスト》、軍事地理部の部課長に作業を指示し、26日と27日に東方外国軍課と作戦部より、それぞれ報告を受けた。注目すべきは、かかる初期段階から、北と南のいずれに重点を置くかという問題について、意見の分裂が現れていたことであろう。すなわち、グライフェンベルク作戦部長が南方に強力な部隊を配するべきだと主張したのに対し、ハルダー参謀総長は北方部隊がモスクワを攻略してから南方に旋回、ウクライナの有力なソ連軍を背後から衝く案を考えていたのだ。だが、ハルダー案通りに機動すれば、実施部隊の進撃距離はおよそ1600キロにもなる。大戦初期の輝かしい勝利がもたらした、過剰な自信と非現実的な想定という悪弊が、早くも作戦計画に忍びこんでいたのである。

一方、その間にヒトラーも決意を固め、29日にOKW統帥幕僚部長[11]アルフレート・ヨードル砲兵大将に、来年5月にソ連を攻撃する、その準備を進めよと内示する。そして、7月31日のベルクホーフ山荘で、総統は国防軍の首脳たちに、ソ連が粉砕されればイギリスの最後の希望が潰え、ドイツは「ヨーロッパとバルカンの主人」になると宣告したのだった。

マルクス・プラン

この会報で、ヒトラーは、一定の領土を奪うだけでは不充分、ソ連を一撃で屈服させるのだとした上で、作戦の指針を示した。キエフからドニエプル川沿いに突進する一方、バルト三国経由でモスクワめざして進む。この両部隊が南北から包囲網を完成させるのだ。その後、バクー油田地帯を狙う局地的な作戦を行う。

エーリヒ・マルクス

壮大である。しかし、兵站や兵要地誌の面から検討すれば、実行不可能な作戦であった。にもかかわらず、ハルダーはそうは思っていない。ベルクホーフ会報に先立つ7月29日、マルクス第18軍参謀長を召致したハルダーは、彼に独自の作戦案を練るよう命じた。マルクス自身は当初、グライフェンベルク同様に南方の軍を強力にするほうがよいとみなしていたものの、モスクワ奪取こそがこの戦争のカギとなる

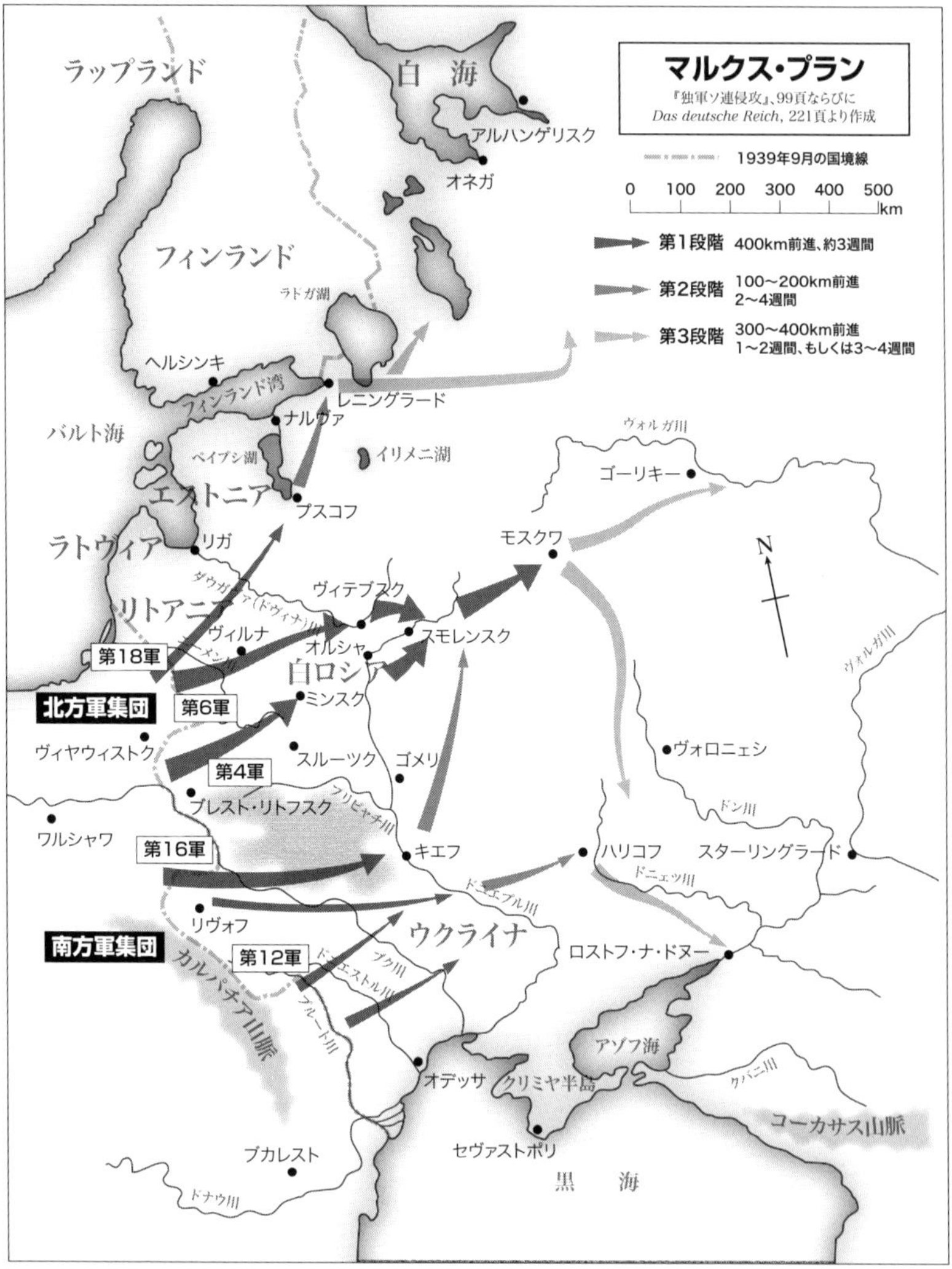
マルクス・プラン
『独軍ソ連侵攻』、99頁ならびに
Das deutsche Reich, 221頁より作成
1939年9月の国境線
0 100 200 300 400 500 km
第1段階 400km前進、約3週間
第2段階 100〜200km前進 2〜4週間
第3段階 300〜400km前進 1〜2週間、もしくは3〜4週間
ラップランド
白 海
アルハンゲリスク
オネガ
フィンランド
ラドガ湖
ヘルシンキ
フィンランド湾
レニングラード
ナルヴァ
バルト海
ペイプシ湖
イリメニ湖
エストニア
プスコフ
ラトヴィア
リガ
リトアニア
ヴィテブスク
ヴィルナ
オルシャ
スモレンスク
白ロシア
ミンスク
第18軍
第6軍
北方軍集団
ヴィヤウィストク
スルーツク
ゴメリ
第4軍
ブレスト・リトフスク
プリピャチ川
ワルシャワ
第16軍
キエフ
ハリコフ
スターリングラード
ドニェツ川
ドニエプル川
リヴォフ
ウクライナ
南方軍集団
第12軍
ブグ川
ドニエストル川
プルート川
カルパチア山脈
ロストフ・ナ・ドヌー
アゾフ海
クバニ川
オデッサ
クリミヤ半島
セヴァストポリ
コーカサス山脈
ブカレスト
ドナウ川
黒 海
モスクワ
ゴーリキー
ヴォルガ川
ヴォロニェシ
ドン川
N

のであるから、最短の道を取って同市に向かうべきだとするハルダーの議論、また、続けて伝えられた7月31日のヒトラーの指示を受けて、作戦計画を作成した。8月5日と6日の二度にわたり、ハルダーに報告と説明を行ったのち、マルクスは対ソ作戦案を提出した。「東部作戦構想」、通称マルクス・プランである。

この作戦案では、ドヴィナ川北部、ヴォルガ川中流域、ドン川下流域を結ぶ線を到達目標とし、食糧・原料供給地であるウクライナとドニェツ地域、軍需生産の中心地モスクワとレニングラードを占領することになっていた。マルクスは、ハルダーの主張を受けて、ソ連の政治的・精神的・経済的な中枢であるモスクワの奪取とそれにともなう赤軍の総崩れは、すなわちソ連の解体に至るとしたのである。かかる目的を達成するため、主攻正面はプリピャチ湿地の北に置かれるとされた。当該地域には良好な道路網があるから、それを活用して戦闘を進めるのが好都合と判断したのだ。この主力がヴォルガ川上流域から出てくる北部のソ連軍を殲滅しつつ、モスクワを占領したあとで南に旋回する。また、主力の北翼を掩護し、レニングラードを占領するために、別の一軍が編成されるともある。

プリピャチ湿地の南は、森林が少なく戦闘には有利であるものの、道路が貧弱である上に、大河ドニエプルが機動作戦を著しく阻害すると思われるから、助攻軍のみを置く。これは、やがて南下してくる主力と協同し、ウクライナを占領するのである。こうした一大機動戦で敵を殲滅したあとは、ロストフ・ナ・ドヌー（ドン河畔のロストフの意。モスクワ北東に同名のロストフ市があることから、このように呼称して区別する）、ゴーリキー（現ニジニ・ノヴゴロド）、アルハンゲリスクを結ぶ線まで総進撃するのだ。

ソ連軍の反応については、大ロシア（ヨーロッパ・ロシア北東部の歴史的呼称）と東部ウクライナの陣地に拠って防御に専念し、空軍と海軍が攻撃してくるのみだろうと、マルクスは予想していた。具体的には、ドヴィナ川、ベレジナ川、プリピャチ湿地深奥部、プルート川もしくはドニエストル川の線を死守すると考えたのである。場合によっては、ドニエプル川まで下がることもあり得る。ただし、ヨーロッパ・

ロシアの心臓部を明け渡すのは不可能だから、その線よりも後ろに退却することはできず、おのずから決戦が生じるというのが、マルクスの意見だった

しかし、これほどの大作戦を、いったいどの程度の時間で達成するつもりだったのか？

マルクス・プランを読むと、あまりの楽観に驚かされる。まず、攻勢発起線から約400キロの地点に進出し、ソ連軍主力を撃滅する第一段階としておよそ三週間、ついで、陣地帯後方の森林や河川に拠る敵を掃討し、さらに100ないし200キロ前進する第二段階で二週間から三週間かかる。第三段階で、300、または400キロ進撃して、モスクワやレニングラードを奪取するのには、鉄道の修復、部隊の補給や休息なども考慮しなければならないから、三ないし六週間を必要とする。ロストフ・ナ・ドヌー、ゴーリキー、アルハンゲリスクを結ぶ線の西側の地域すべてを占領するのは不可能であり、かつ必要でもない。この最後の段階では、快速部隊か、歩兵師団を鉄道輸送して、要地だけを確保させればよい。これに、三週間から四週間の時間を費やす。こうした計算をもとに、マルクスは、ソ連侵攻作戦は、全部で九ないし十七週間で完遂されるとみていたのだった。

おのれの能力の過大評価とソ連という巨人に対する過小評価、すなわち傲慢がなさしめたといってもさしつかえないほどに、傲慢な作戦計画であった。[12] だが、ハルダーは、マルクスの計画案に満足し、基本的には、その構想を受け入れたのである。

ロスベルク・プラン

こうしてOKHの作戦立案が進むのと並行して、実はOKWでも対ソ作戦の研究がなされていた。ヒトラーから対ソ開戦意志を示されたヨードル統帥幕僚部長が、OKHとは別の視点からソ連侵攻の問題点をあぶりだすように、部下のベルンハルト・フォン・ロスベルク中佐に命じていたのだ。1940年9月15

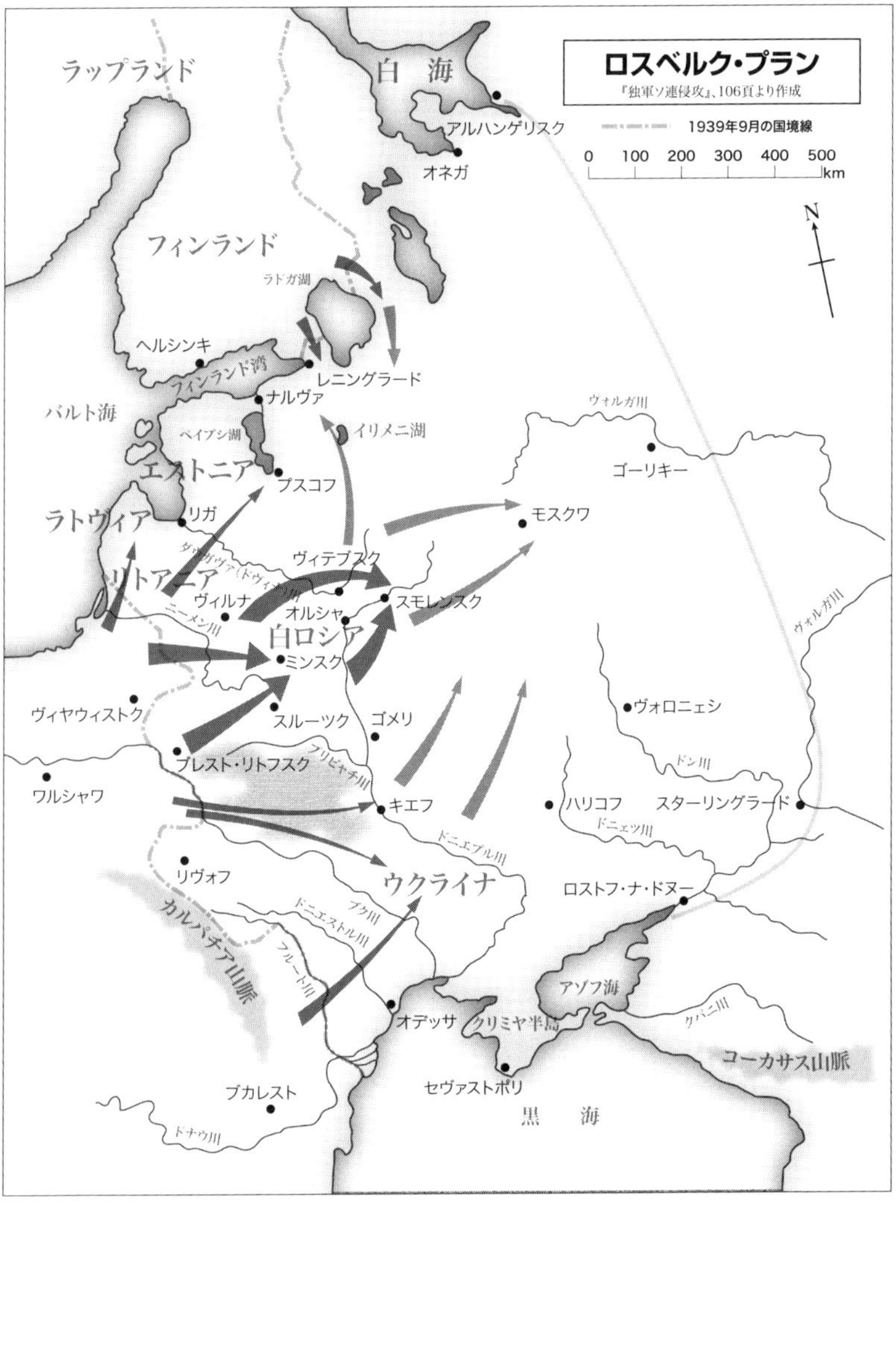
ロスベルク・プラン
『独軍ソ連侵攻』、106頁より作成
1939年9月の国境線
0 100 200 300 400 500 km
N
ラップランド
白　海
アルハンゲリスク
オネガ
フィンランド
ラドガ湖
ヘルシンキ
フィンランド湾
レニングラード
ナルヴァ
バルト海
ペイプシ湖
イリメニ湖
ヴォルガ川
エストニア
プスコフ
ゴーリキー
ラトヴィア
リガ
モスクワ
ヴィテブスク
リトアニア
ヴィルナ
スモレンスク
オルシャ
ニーメン川
白ロシア
ミンスク
ヴォルガ川
ヴィヤウィストク
スルーツク
ゴメリ
ヴォロニェシ
ブレスト・リトフスク
プリピャチ川
ドン川
ワルシャワ
キエフ
ハリコフ
スターリングラード
ドニェツ川
ドニエプル川
リヴォフ
ウクライナ
ロストフ・ナ・ドヌー
カルパチア山脈
ブグ川
ドニエストル川
プルート川
アゾフ海
クバニ川
オデッサ
クリミヤ半島
コーカサス山脈
セヴァストポリ
ブカレスト
黒　海
ドナウ川

日、ロスベルクは「東部作戦研究」と題した報告書を完成させた。そのなかで、ロスベルクは、ソ連軍が取り得る作戦の可能性は三つあるとしている。ドイツ軍開進時に攻勢をしかけるか、南北両翼をバルト海と黒海で支えつつ、国境付近の陣地を固守するか、あるいは国土の奥深く退却し、ドイツ軍が長大な連絡線の保持および補給の困難に苦しみだしたころに反撃を加えるか、である。

第一の選択肢は、ソ連軍指導部と実施部隊の能力を考えれば、まずあり得ないとロスベルクはみていた。ソ連軍には、東プロイセンとポーランド北部に大規模な攻勢を行う力はないはずなのだ。もっとも蓋然《がいぜん》性《せい》が高いのは、第二の選択肢であろう。重要な資源・工業地帯を戦わずして敵手にゆだねることはできないから、早期に主力を投入してくる。結果として、国境会戦が決戦となり、ドイツ軍は有利な条件で戦えるとロスベルクは判断していた。この点は、マルクスと同様である。ロスベルクにとっての悪夢は、ソ連軍が第三の選択肢を採用した場合だった。一部の兵力でドイツ軍の攻撃を支えつつ、主力はドヴィナ川とドニエプル川という大河に頼って、強力な防御陣地を構築する。そんな事態は、何としても避けなければならないというのが、ロスベルクの提言だった。

そのための兵力配分計画において、彼が主攻正面をプリピャチ湿地北方に置いたのは、マルクス・プランと一致している。異なるのは、北に2個軍集団を配し、南側の軍集団に快速部隊を集中してモスクワに突進させる一方、北側の軍集団は東プロイセンから進撃して、ソ連軍北翼を寸断、孤立させるという企図であった。プリピャチ湿地の南方には、総兵力のおよそ三分の一を投入、ポーランド南部から東および東南に前進する。北の2個軍集団と南の1個軍集団は、それぞれの前面にいるソ連軍を捕捉・撃滅しつつ、プリピャチ湿地の東で手をつなぎ、全戦線にわたって攻撃を遂行するのだ。最終目標とされたのは、アルハンゲリスク、ゴーリキー、ヴォルガ川、ドン川を結ぶ線であった。

このロスベルク・プランには、バルバロッサ作戦で現実のものとなったプリピャチ湿地の北に北方軍集団と中央軍集団、南に南方軍集団を配置しての攻勢という計画の萌芽があるのがみて取れる。なお、ロスベルクが、バルト海沿岸の地形困難な正面に敢えて1個軍集団を投入すべしとしたのは、作戦後半には兵站を鉄道に頼らなければならないがゲージを変える必要があって難しい、ならば、バルト海沿岸の諸港を占領して、海上補給路を確保する必要があるとの配慮からであった。

総統指令第21号

1940年9月3日、ハルダーは、マルクス・プランほかの作戦案を調整し、まとめあげるように、新任参謀次長フリードリヒ・パウルス中将に命じた。パウルスは、モスクワこそが最重要の目標だとする参謀総長の指示を念頭に置きつつ、作戦案と兵力配分の精査にとりかかり、マルクスが総予備に編入していた師団群の多くを、各軍集団に配分した。このパウルスの計画草案は、10月29日にハルダーに提出される。ついで、パウルスは計画の実効性を試験するため、12月2日、3日、7日と、三回の図上演習を実施した。2日と3日の図上演習では、ミンスクとキエフを結ぶ線に到達するまでの作戦が検討され、その結果は、ただちに計画草案に組み込まれた。南方軍集団は地形の困難等に鑑み、ルーマニアではなくポーランド南部に主力を置く。中央軍集団には、ミンスク付近の包囲戦とその後の装甲部隊の突進を支えるため、歩兵師団を多数配置する。北方軍集団は、中央軍集団の左翼を掩護しながら、バルト三国を占領するのである。▼13

さらに7日の図上演習を経て、ロガチェフ、オルシャ、ヴィテブスク、ヴェルキェ・ルーキ、プスコフ、ペルノフを結ぶ線まで到達したのち、部隊の休養・補充と補給線整備のために、およそ三週間の停止期間を置く。しかるのちにモスクワ攻略作戦を開始するのだ。それは開戦から四〇日目のことになろうと想定されている。かかる内容から読み取れるように、対ソ作戦計画は、実行された通りのかたちに近づいていた。

だが、パウルスの図上演習が終了する直前、12月5日にOKHの作戦企図が報告された際、総統は、のちのちまで問題とされる判断を示した。モスクワの早期占領はハルダーが主張するほど重要ではないとし、中央軍集団を強化して、大包囲殲滅戦を実行させたあと、北と南にそれぞれ旋回させて、バルト三国とウクライナでも敵を包囲撃滅する。かくて、ソ連軍主力が消滅したのちには、モスクワはおろか、ヴォルガ川やゴーリキー、アルハンゲリスクまでも跳躍できるであろうと、ヒトラーは論じたのであった。[14]

これもハルダーが戦後主張したこととは逆に、ＯＫＨは唯々諾々《いいだくだく》として、ヒトラーの指示を受け入れ、作戦草案を修正した。ブラウヒッチュやハルダーに好意的な見方をすれば、作戦が実行されれば、モスクワを最優先の目標とするよう、総統を説得できると高をくくっていたのかもしれない。けれども、このとき、二重三重の目的を同時に追うという、しばしば批判されるバルバロッサ作戦の欠陥が計画に組み込まれたのはたしかであった。

ともあれ、こうしてＯＫＨの作戦草案は修正され、12月18日に「ドイツ国防軍は対英戦終了以前の段階であっても、ソヴィエト・ロシアを速やかに打倒するための準備を整えなければならない（バルバロッサの場合）」との有名な文言ではじまる総統指令第21号、そして１９４１年1月31日に下令された「バルバロッサ作戦開進訓令」となる。これらは、モスクワか、それ以外の目標かという優先順位のあいまいさ、実施部隊が強いられる過剰な負担、兵站の困難[15]など、さまざまな欠陥を抱えたものであった。にもかかわらず、ヒトラーやハルダー、ＯＫＨの参謀たちは、ソ連軍など鎧袖一触《がいしゅういっしょく》で撃滅できるのだから、そのような問題が表面化することはないと確信していた。彼らは、ミッドウェイ海戦直前の日本軍と同じく、「勝利病」にかかっていたのである。

Ⅲ－2 泥の海の攻防――モスクワ前面モジャイスクの戦い

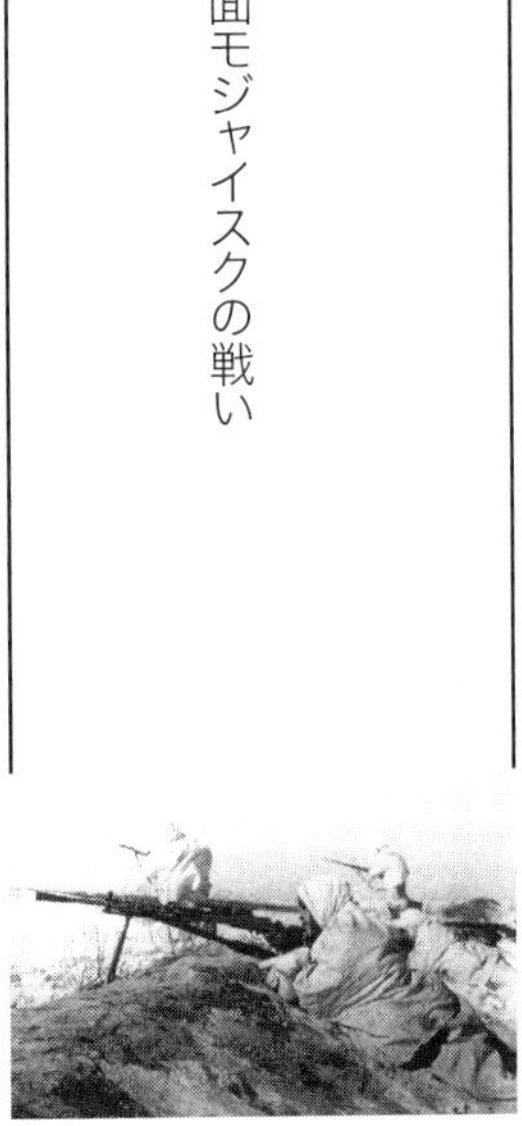

1941年11月、トゥーラ近郊のソ連軍。歩兵を支援している機関銃手

１９４１年10月１日、モスクワ攻略をめざす「台風《タイフーン》」作戦発動前夜に、総統アドルフ・ヒトラーは布告を発し、ドイツ東部軍《オストヘーア》の各級指揮官は将兵の前でこれを読み上げるべしと命じた。重要な部分を引用しよう。「過去数週間のうちに、主要工業地帯三カ所が完全にわれらの手中に落ちた。ついに、最後の一大打撃を加える前提条件が整ったのである。それは、冬に入る前に敵の殲滅を実現するに違いない。人間にできるかぎりの、あらゆる準備が完了した。今度は、致命的な一撃を加えられる状況に敵を追い込むため、組織的な準備が順を追って進められたのだ。今日こそ、本年最後の大決戦がはじまる」。

周知のごとく、ヒトラーと将軍たちのあいだには、最優先の戦略目標は、南部ロシアの資源・工業地帯か、それとも首都モスクワかという問題をめぐる対立があった。が、キエフ包囲戦の勝利を受けて、南方の資源地帯確保と南翼側の確保は成ったと判断した総統は、ついにモスクワ攻略を命じたのである。

10月2日、午前5時30分、短期間の強力な準備砲撃と爆撃に続いて、モスクワ前面の攻撃が開始された。この攻勢を担当する中央軍集団司令官フェドーア・フォン・ボック元帥は、「軍集団は、計画通りに攻撃に移った。あらゆる地点で容易に前進できたものだから、敵はすでに退却してしまったのではないかとの疑いも出ている」と日記に書き込んだ。翌3日、ヒトラーも、1941年度戦時冬季救済事業の開始にあたっての演説で[1]、「本日、すべてが計画のままに進んでいると述べることができる」と断じている。しかし、これらの観測は、すべて過度な楽観といえるものだった。結果を先取りするならば、ドイツの台風は、ロシアの泥のなかにはまりこみ、その勢いを失ってしまうのである。

ヴャジマ＝ブリャンスク二重包囲戦

当初、タイフーンの矢おもてに立たされたのは、イヴァン・S・コーニェフ大将指揮の西正面軍（第16、第19、第20、第22、第29、第30の6個軍を擁する）で、北はセリゲル湖から南はヤールツェヴォまでおよそ340キロにおよぶ戦線を布いていた。だが、コーニェフ麾下の諸団隊の多くは、スモレンスク戦生き残りの消耗した部隊か、未熟な新編部隊であり、訓練された将校や近代的航空機、有効な対戦車・対空兵器の不足は深刻な状態になっていたのだ[2]。さらに、西正面軍の南でジェスナ川沿いに展開している予備正面軍の司令官が赤軍の長老でソ連邦元帥のセミョーン・M・ブジョンヌィであったことも、無用なあつれきをもたらしていたのである[3]。

前進する第4装甲集団（1941年10月1日撮影、Bundesarchiv）

そこに、「レッド・バロン」の従弟、男爵ヴォルフラム・フォン・リヒトホーフェン大将率いる第8航空軍団をはじめとするドイツ空軍が猛烈な空襲をしかけた[4]。たまらず混乱する西正面軍に、ドイツ装甲部隊が突進する。エーリヒ・ヘープナー上級大将の第4装甲集団は、西正面軍と予備正面軍の指揮境界地域を衝き、第43軍の南翼を包囲した。一方、ヘルマン・ホート上級大将の第3装甲集団はヴャジマ北東で突破する。10月8日、両装甲集団はヴャジマで手をつないだ。それによって、第19、第20、第24、第32軍の多くと反撃をしかけたボルディン支隊[5]の多くが包囲されてしまう。

また中央軍集団南翼でも、ハインツ・グデーリアン上級大将の第2装甲集団[6]がブリャンスク正面軍麾下第13軍の戦線を突破、オリョールに急進した。その北に隣接する独第2軍も、ソ連第13および第50軍を圧迫、これを分断し、二つの包囲陣に押し込めた。いわゆるヴャジマとブリャンスクの二重包囲戦である。

しかし、この突破包囲の成功は、中央軍集団にあらたな選択を強いた。装甲部隊をも投入して、包囲されたソ連軍を迅速に撃滅するか、それとも、装甲部隊はモスクワめざして、さらに前進を続けるべきかということである。当然のことながら、グデーリアンは包囲陣を固めるよりも、もっと進撃すべきだと主張し、敵撃滅を優先したいと考えていた総統も折れた。10月7日、陸軍総司令官ヴァルター・フォン・ブラウヒッチュ元帥が中央軍集団司令部を訪れ、ボック元帥に追撃を実行するよう求める。ボックも同意し、中央軍集団麾下の装甲部隊はヴャジマ＝ブリャンスク包囲陣の確保にあたるのではなく、進撃を続行することになった。だが、実際には、補給困難や包囲を継続する兵力の不足のため、装甲部隊の突進は衝力を失っていくことになる――。

累積する負のファクター

一見、すべてが順調に進んでいるかのようであった。が、実はタイフーン発動時から、中央軍集団、ひいてはドイツ東部軍全体が抱えていた問題が露呈しはじめていた。まず補給、なかんずく燃料の問題である。皮肉なことに、ドイツ装甲部隊は機動の好機を得て急進したものの、それがために深刻な燃料不足におちいっていたのだ。タイフーン作戦三日目の10月5日、グデーリアンは早くも、500立方メートルの燃料をオリョール付近の飛行場に緊急空輸するよう要請している。だが、航空作戦を担当する第2航空軍としては、翌6日に70ないし100立方メートル分を運び込むのが精一杯だと答えるほかなかった。第3および第4装甲集団も同様の苦境にあった。ホートの第3装甲集団は、10月4日のソ連軍反撃への対応で燃料を使い果たし、5日には前進不能となった。ヘープナーの第4装甲集団においても、敵の抵抗ではなく、燃料不足と悪路によって、ヴャジマへの進撃が停滞するという事態が生じている。

戦車の消耗も深刻であった。1941年6月22日のソ連侵攻作戦「バルバロッサ」開始時に、中央軍集団麾下の8個装甲師団は、1530両の戦車を有していたとされる。タイフーン発動時に、中央軍集団が持つ戦車は、わずかながら、この数字よりも多かった。[7]だが、それは、北方軍集団から割かれた第4装甲集団およびOKH《オーカーハー》（陸軍総司令部《オーバーコマンド・デス・ヘーレス》）予備の2個装甲師団を増強されて、ようやく得られた戦力なのであった。

個々の装甲集団をみてみよう。第2装甲集団は、対ソ戦突入時に904両の戦車が使用可能であったが（火焔放射戦車を含む）、9月27日には稼働数256両に減少していた。同様に、第3装甲集団は当初707両の戦車を持っていたのが約280両に、第4装甲集団では626両がおよそ250両になっていたと推定されている。こうした東部軍装甲部隊の消耗に鑑み、ヒトラーも、本来北アフリカ向けとされていたチェコ製38t戦車60両、Ⅲ号戦車150両、Ⅳ号戦車96両を東部戦線に投入するとの決定を余儀なくされた（9月15日）。かかる状況について、第4装甲集団参謀長ヴァルター・シャール・ド・ボーリュー大佐は、9月末に「『師団』と呼ばれているのは、実際には師団の半分ほどの兵力でしかない」と記している。

加えて、天候がドイツ軍のブレーキになりはじめていた。10月6日から7日にかけての夜、中央軍集団戦区に最初の雪が降ったのである。これはすぐに解けはしたが、あの「泥の季節《ラスプーチツァ》」（rasputitsa）をもたらすことになる。ロシア語をそのまま直訳すれば、「道のない季節」だ。その言葉通り、ドイツ軍車両の運用はきわめて困難になった。装軌車両さえもしばしば軟泥にはまりこみ、動けなくなる。燃料消費量も、事前計画のおよそ三倍にはねあがった。

つまり、タイフーンは緒戦で華々しい進捗をみせはしたが、ひそかに失速の兆候を示していたのだ。しかも、ソ連軍は戦意を喪失して退却するどころか、増援をつぎこみ、断固として首都を守らんとしている。また、連繋の取れたものではなかったけれど、ソ連軍が繰り出した一連の反撃は、ファシストの進撃を遅らせ、多少なりとも戦線を安定させる効果を持っていた。ドイツ軍首脳部の楽観が誤りであったことが、しだいに証明されつつあった。10月5日の日記で、ボックは明言している。「わが正面の敵はいまだ強大な兵力を有している」と。

ジューコフ来たる

追いつめられた独裁者ヨシフ・スターリンがモスクワ前面に投じたのは、増援部隊ばかりではなかった。ノモンハンの勝者であり、独ソ戦開戦以降、さまざまな危機を克服してくれた赤軍の切り札、45歳のゲオルギー・K・ジューコフ上級大将をモスクワ救援のために呼び寄せたのだ。当時、ジューコフは、やはりドイツ軍の脅威にさらされていた革命の聖都レニングラード防衛を立て直すため、レニングラード正面軍司令官に任ぜられていたが、10月5日にスターリンからの電報でモスクワに召致された。7日、首都に到着したジューコフは、ただちに戦線視察に赴く。彼が見たものは混乱だった。西正面軍司令部のコーニェフと話し合い、予備正面軍司令官ブジョンヌィとも議論すべきだと勧められはした。ところが、その司令部がどこにあるかさえも、判然としないありさまだったのである。幸運に助けられ、ジューコフはようやくマロヤロスラヴェツにいたブジョンヌィを訪ねることができた。「貴官はどこから来たのか」と、ブジョンヌィが問いかける。「コーニェフのところからであります」と答えたジューコフに対し、内戦の英雄たる将軍が洩らした言葉は衝撃的であった。「あちらの戦況はどうかね？　この二日というもの、西正面

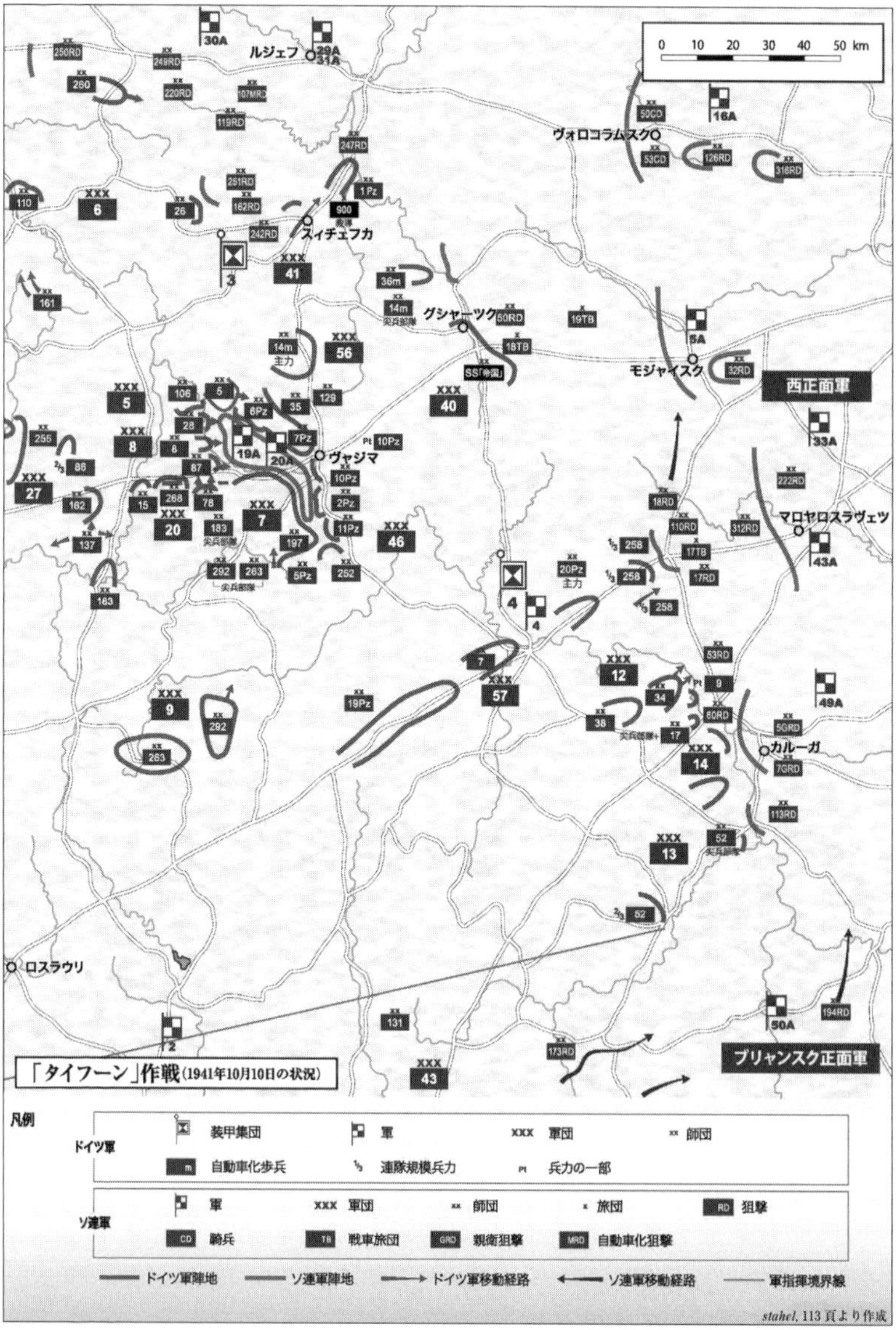
「タイフーン」作戦（1941年10月10日の状況）
ルジェフ
ヴォロコラムスク
スィチェフカ
グシャーツク
モジャイスク
ヴャジマ
マロヤロスラヴェツ
カルーガ
ロスラウリ
西正面軍
ブリャンスク正面軍
主力
尖兵部隊
SS「帝国」
凡例
ドイツ軍
装甲集団
軍
XXX 軍団
XX 師団
自動車化歩兵
連隊規模兵力
兵力の一部
ソ連軍
軍
XXX 軍団
XX 師団
X 旅団
狙撃
騎兵
戦車旅団
親衛狙撃
自動車化狙撃
ドイツ軍陣地
ソ連軍陣地
ドイツ軍移動経路
ソ連軍移動経路
軍指揮境界線
0 10 20 30 40 50 km
stahel, 113 頁より作成

軍とはまったく連絡が取れない。昨日、第43軍を訪ねてみたら、司令部が移動してしまい、どこに行ったかもわからんのだよ」。

10月8日、ジューコフは、予備正面軍の指揮を継承した。ついで、10日には西正面軍も指揮下に収める。が、両正面軍を統合した新しい西正面軍の司令官になったジューコフは、指揮に混乱を来さぬよう、また士気に及ぼす影響を配慮して、前司令官コーニェフを副司令官の地位に留めた。両者ともに、祖国の命運が懸かった戦闘を勝ちぬくことに必死であり、自分たちがおよそ三年半のちにベルリン一番乗りをめざす競走を演じる運命にあろうとは知るよしもない。今の二人は、ヴャジマとブリャンスクで撃滅されつつある部隊から救えるものを救い、西正面軍を再建することに集中していたのである。

この時点で、モスクワは、両翼側と正面の三面をおびやかされていた。北のカリーニン方面については、当初西正面軍の担当範囲であったが、同市の重要性に鑑み、10月17日に赤軍大本営《スタフカ》直属のカリーニン正面軍が新編され、コーニェフが司令官に任命された。まずは適切な人事といえよう。南のトゥーラ方面は、ブリャンスク正面軍の担当だ。残るモスクワの西面防御にあたり、ジューコフが重視したのは、ヴォロコラムスク、モジャイスク、マロヤロスラヴェツ、カルーガの四拠点だった。これらの都市には進捗度合いはまちまちであるとはいえ、

第4装甲集団戦闘序列
(1941年10月2日)

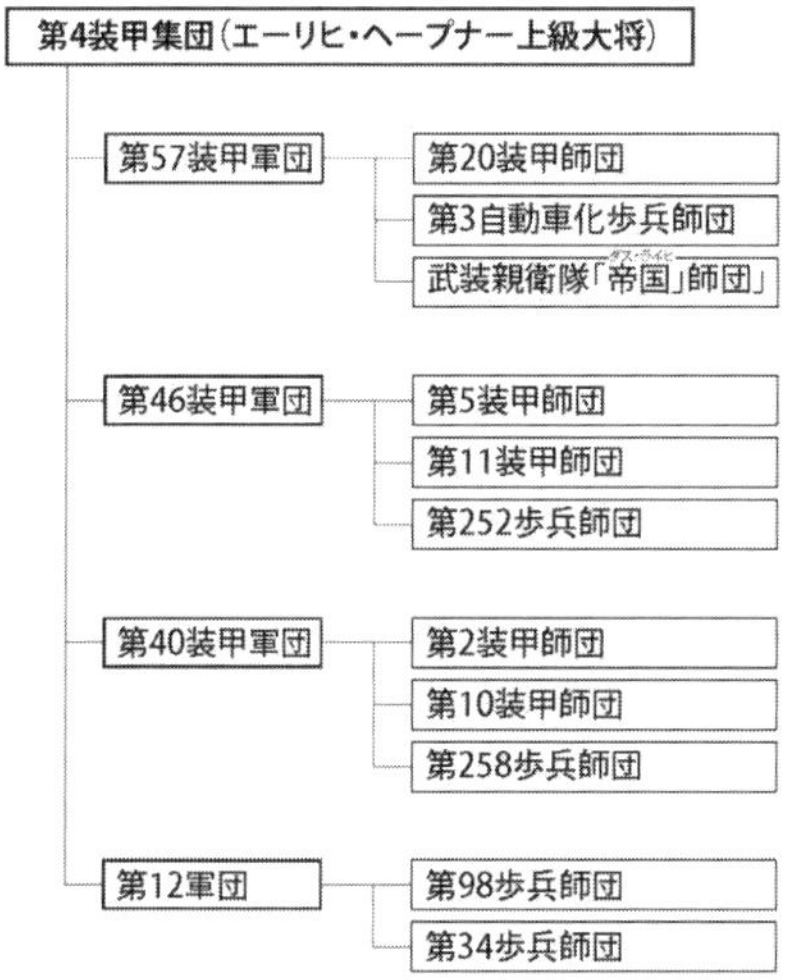

Stahel, 47頁より作成

野戦築城がほどこされつつあったのだ。

なかでも、モジャイスクはモスクワへ向かう街道の途上にあり、ドイツ軍がここを奪取すれば、最短距離で首都に突入できるから、陣地構築にも力が入っていた。さかのぼること約三カ月前の7月18日、当時赤軍参謀総長だったジューコフは、万一をおもんぱかり、モスクワ軍管区司令官パーヴェル・A・アルテメフ中将に、予備軍3個を投じてモジャイスク防衛陣を構築すべしと命じていたのである。[8]

かくて、ジューコフは、モスクワの西およそ110キロ、モジャイスクの線でドイツ軍を阻止しようとした。だが、ヴャジマとブリャンスクの包囲陣に主力を拘束された西正面軍の兵力はわずかで、10月13日の時点で約9万だったという。この窮境を救うため、赤軍大本営はモスクワ予備正面軍の部隊を送り込み、それらを中核として4個軍が編成された。それら新編軍のうち、第16軍がヴォロコラムスク、第5軍[9]がモジャイスク、第43軍がマロヤロスラヴェツ、第49軍がカルーガに配置される。この防御線の中核となるモジャイスク防衛には、とくにアルテメフ中将が責任を負うことになった。さらには、モスクワの民兵、警察や内務人民委員部の要員で編成された部隊、士官候補生部隊までもが、こうした陣地に投入されたのだ。人的資源の最後の一滴までも使って、モスクワを防衛するという赤軍の決意が読み取れよう。

前進する「帝国」師団

独ソ戦研究で知られたアメリカの戦史家デイヴィッド・M・グランツとジョナサン・M・ハウスは、名著『巨人が激突するとき』で、「10月末までに、ドイツ国防軍《ヴェーアマハト》と赤軍は、グロッキーになった二人のボクサーに似たありさまとなっていた。ふらふらで立ってはいるものの、相手を決定的に打ち倒すような力を互いに急速に失いつつあったのである」と喝破している。だが、足もとが危ういながらも、パンチを繰り出していたのはなおドイツ軍であった。

10月5日、ヴャジマ包囲陣東方を押さえていた第4装甲集団は、麾下の第57装甲軍団（アドルフ＝フリードリヒ・クンツェン装甲兵大将）をカルーガに、武装親衛隊「帝国《ダス・ライヒ》」師団（パウル・ハウサーSS大将）をグシャーツクに差し向けた。第4装甲集団司令官ヘープナーは、包囲陣の確保などという消極的な仕事ではなく、モスクワへ向けた装甲部隊の総進撃を行うべきだという考えだったのだが、直属上官の第4軍司令官ギュンター・フォン・クルーゲ元帥に厳しく掣肘《せいちゅう》され、[10]全面的な突進をできずにいたのである。[11]

10月7日朝、自走砲の支援を受け、隷下「ドイツ《ドイッチュラント》」連隊に先導された「帝国」師団はグシャーツクめざす攻撃を開始した。軽高射砲と対戦車砲に支援されつつ突撃した「ドイツ」連隊の攻撃は順調に進み、同連隊第3大隊は、スモレンスク・モスクワ街道を遮断する位置を占めた。さらに、10月9日には、街道の両側からグシャーツクを攻撃、ソ連軍の戦闘爆撃機や狙撃兵に悩まされながらも同市を占領した。重ね稲妻のしるしを帯びた将兵は「万歳《フラー》」の叫びを上げる。

だが、対する赤軍も「万歳《ウラー》」を唱える機会を虎視眈々《こしたんたん》と狙っていた。一部は、工場から出てきたばかりのT－34を装備する第18戦車旅団が到着していたとなれば、なおさらである。ただし、第18戦車旅団がグシャーツク周辺の残存部隊と協同して、10日にしかけた攻撃は小競り合いにしかならず、若干の成功を収めただけにすぎなかった。本格的な戦闘が開始されるのは、そのあとのこととなった。

10月11日、第10装甲師団の戦車による支援を受けた「帝国」師団は、東方への攻撃を再開した。その北側面に、ソ連軍第18戦車旅団が突っ込む。「帝国」師団は断固たる抵抗を示し、激戦が展開される。が、結局は、ハウサー「帝国」師団長の作戦・戦術眼がものを言った。[12]前進軸上にソ連軍が集結しているのを察知したハウサーは師団の幹部たちと協議、隷下「総統《デア・フューラー》」連隊を敵の移動妨害のために前進させておいたのである。この「総統」連隊が南から迂回し、モスクワ・ミンスク高速道路を遮断、第18戦車旅団の後方に回り込んだ。ために、同旅団も退却を余儀なくされる。

重傷を負った師団長

この11日の晩に、第5軍司令官に任命されたドミトリー・D・レリュシェンコ少将がモジャイスクに到着、現地で機甲部隊の指揮にあたっていたセミョーン・I・ボグダノフ大佐[13]と協議した。当時、レリュシェンコの防衛陣の主力となっていたのは、極東から送り込まれてきたシベリア師団の一つ、第32狙撃師団であった。同師団は1922年に新設されたのち、極東に駐屯、1938年の張鼓峰事件では日本軍相手に実践を経験している。加えて、1941年10月時点でも建制を保っており、およそ1万5000の兵力を誇っていた。この師団は10月10日から13日にかけてモジャイスクに到着、ナポレオン戦争の古戦場ボロディノ付近に主陣地を構築した。

さらに、第5軍には、4個戦車旅団が増援されつつあった。これらの旅団が保有する戦車は244両、ほぼ半分がT－34である。このうち先着した2個旅団、すでに触れた第18戦車旅団と第19戦車旅団が、10日から12日にかけて反撃、ドイツ軍を遅滞させようとしていたのだ。

レリュシェンコは、こうした戦力を以て、モジャイスク周辺を固めた。側面にはオートバイ連隊1個と民兵部隊を配置、4個対戦車連隊（うち3個は第32狙撃師団直属。残り1個はモジャイスク防衛部隊に配属された）を与えて、ドイツ軍装甲部隊に備えさせる。ほかに、戦車61両を擁する第20戦車旅団と対戦車連隊1個が予備となった。

一方、ドイツ軍も手をこまねいているわけではなかった。クレムリンでクリスマスを祝いたければ、モジャイスクの線を突破し、モスクワへの道を啓くほかないのだ。10月13日、「帝国」師団「ドイツ」連隊の将兵は、第10装甲師団第7戦車連隊の戦車に跨乗《こじょう》し、モジャイスク防御線に突撃をかけた。航空・地上偵察によりソ連軍陣地の位置が把握されていたことが幸いし、翌14日にかけて、攻撃は順調に進捗した。

しかしながら、迅速な戦果拡張をはかることはできなかった。同日午後4時に、他の任務のために戦車を引きぬくとの第10装甲師団命令が届き、支援の戦車大隊は西に転進することとなったのだ。戦車がなければ、「ドイツ」連隊も大胆な突進を実行するわけにはいかない。

この日、14日は、「帝国」師団の厄日であった。ソ連軍は、虎の子の戦車と多連装ロケット砲を投じて、同師団を叩きにかかっていたのである。「スターリンのオルガン」とも「カチューシャ」とも呼ばれるロケット砲の攻撃を受けた、ある「帝国」師団の兵士が生々しい回想を遺している。「待避壕を掘っていなかったので、木の陰に飛び込み、ロケット弾が炸裂する、恐ろしいほど美しいありさまを見つめていた。ロケット弾が爆発し、チューリップの花のかたちに膨れるときの高性能爆薬の香り、そして、黒、赤、紫の色彩の記憶は、今でも頭に残っている」。

モジャイスク戦参加部隊戦闘序列
(1941年10月14日)

- 西正面軍(ゲオルギー・K・ジューコフ上級大将)
  - 第16軍
    - 第18狙撃師団
    - 第316狙撃師団
    - 第50騎兵師団
    - 第53騎兵師団
    - 第690狙撃連隊(第126狙撃師団所属)
  - 第5軍
    - 第32狙撃師団
    - 第330予備狙撃連隊
    - 第18戦車旅団
    - 第19戦車旅団
    - 第20戦車旅団
    - 第22戦車旅団
    - 第151自動車化狙撃旅団
    - 第36オートバイ連隊
  - 第43軍
    - 第53狙撃師団
    - 第110狙撃師団
    - 第113狙撃師団
    - 第312狙撃師団
    - 第9戦車旅団
    - 第17戦車旅団
    - 第145戦車旅団
  - 第49軍
    - 第5親衛狙撃師団
    - 第144狙撃師団
    - 第194狙撃師団
    - 第31騎兵師団

Zettering/Frankson, 273頁より作成

ダメージを受けたのは、下士官兵ばかりではなかった。前線陣地から、攻撃の進捗を見守っていた「帝国」師団長ハウサーSS大将も、ソ連軍戦車の集中砲撃を受けた際に重傷を負ったのである。ハウサー被弾のさまをそばで目撃していたエーリヒ・ヒンディシュSS大尉は、「突如、彼は、てのひらで右眼を押さえた。われわれは震え上がりながらも、彼を救おうとそのもとに殺到した」と、記録している。「帝国」師団長は応急手当を受け、フィーゼラー・シュトルヒ連絡機で後送された。以後、師団長代理となって、指揮を執ったのは、「ドイツ」連隊長を務めていた、「ヴィリー」こと、ヴィルヘルム・ビットリヒSS准将であった。[14]

ボロディノ戦の再現

このモジャイスク戦が生起するころまでには、タイフーン作戦が開始当初の勢いを失っていることはあきらかになっていた。ヴャジマ＝ブリャンスクの両包囲陣を固めるのと同時に、モスクワに向かって進撃するには、兵力も燃料も足らなかったのである。さらに、ロシアの「泥将軍」が猛威を振るっていた。10月14日、クルーゲの第4軍は、「自動車両の路外移動は不可能である」との報告を中央軍集団に上げている。同日、「帝国」師団も、車両を前進させることができぬため、徒歩で攻撃を続行するしかないと上申した。

もっとも、ソ連軍も余裕綽々で対処しているというには程遠かった。モジャイスク西南の要衝、道路の結節点アルチョムキーを守っていたのは、レーニン政治・軍事学校の士官候補生たちであったといえば、その窮状がうかがわれよう。10月15日からの数日間、士官候補生部隊は「帝国」師団と死闘を繰り広げ、アルチョムキーの争奪は七回繰り返されたという。戦闘に参加した士官候補生600名のうち、生き残ったのは113名であった。

かくのごとく、モジャイスク正面でも、独ソ両軍は決定打とならないパンチを互いに繰り出し、満身創痍になっていたといえる。だが、10月14日にヴャジマ戦が終了し、包囲環を固めていた部隊が自由になるとともに、ドイツ軍の帆は多少の風を受けることになった。これまで、第10装甲師団は、麾下の一部の部隊に戦隊《カンプフグルッペ》を組ませて、臨時派遣するだけだったが、ついに、その主力を以て「帝国」師団を支援できるようになったのである。

ハウサー「帝国」師団長が負傷した14日、第10装甲師団の一部はすでにソ連軍陣地の北方から圧力をかけはじめていた。1812年にナポレオンの大陸軍《ラ・グランダルメー》がロシア軍と対した古戦場ボロディノから数キロをへだてぬ地点に、今度はドイツ装甲師団が攻撃をかけたのである。第4装甲集団参謀長ド・ボーリュー大佐の言葉を借りれば、「1812年におけるナポレオンの犠牲の多い勝利が今ひとたび再現されるかにみえた」。事実、ヴォルフガング・フィッシャー少将率いる第10装甲師団は、ナポレオンが129年前にそうしたように、ボロディノのシェヴァルディノ堡塁に突撃をしかけたのであった。

10月16日から17日の戦闘にかけて、第10装甲師団は280名の負傷者を出したが（死者数不明）、思いがけない成果もあげていた。16日、フィッシャーの戦車群は、ソ連第5軍司令部を捕捉、その要員を白兵戦に追い込むことに成功したのである。第5軍にとっては幸いなことに、予備の戦車旅団が救援に駆けつけたため、ドイツ軍撃退には成功した。が、軍司令官のレリュシェンコ少将は負傷し、人事不省におちいってしまう。18日の晩に後送され、モスクワ東方400キロのゴーリキーにある病院に収容されたレリュシェンコは、意識を取り戻すや、モジャイスク防御陣はなお保持されていると聞かされ、「その瞬間ぐらいに嬉しかったことは、これまでなかった」と述べている。ただし、これは1987年に刊行された回想録の記述だが。

モジャイスク陥落

いずれにせよ、ソ連第5軍は、レリュシェンコが重傷を負って後送されたあとも、後任司令官、44歳のリャニート・A・ゴヴォロフ中将のもと、頑強な抵抗を続けていた。第4装甲集団司令官へープナーも、敵の奮戦を認め、このような判断を下していた。「ロシア軍にはもはや言うに足る軍はなく、成功裡に防御戦を遂行する能力を持っていないはずだ。しかし、われらと対峙している敵、シベリア第32狙撃旅団《ママ》は著しい戦闘能力を有していることを証明した」。

とはいえ、ソ連第5軍の頑強な抵抗も終焉に近づきつつあった。「帝国」師団と第10装甲師団の協同攻撃により、モジャイスク防御線には、いくつもの間隙が生じていたのである。同時に、ドイツ軍にとっては心強いバックアップである歩兵師団群がモジャイスク防衛線攻撃に参加しはじめていた。ハンス＝グスタフ・フェルバー歩兵大将の第13軍団（第2軍所属）とヴァルター・シュロート歩兵大将の第12軍団（第4軍所属）が南から巻き上げ、10月10日にはカルーガに到達、ソ連軍左翼に脅威を与えていたのだ（カルーガは12日に陥落）。ソ連第5軍に加えられた圧迫は、こうした間接的なものだけではない。17日までには、ドイツ軍第7歩兵師団がモジャイスク南東に到達、第5軍の連絡線を断ち切る勢いを示していた。

このまま、モジャイスクを固守していては、第5軍は包囲殲滅されてしまう。ゴヴォロフは苦渋の決断を下した。第5軍は撤退を開始し、モジャイスクは18日に陥落する。

ドイツ軍は勝った。が、それを戦果拡張につなげることはできなかった。前線部隊は消耗しきっていた[15]し、何よりも、膝までめりこんでしまうような泥の海にあっては（18日から19日にかけて、激しい雨が降り、道路の状態を悪化させていた）、追撃など不可能だったのだ。結局のところ、モジャイスク防衛線の突破は戦術次元での成功に留まり、戦略次元どころか、作戦次元につなげることも夢のまた夢であった。高価で、しかも活用できない勝利だったのである。

Ⅲ−3 モスクワの守護神——T−34とムツェンスクの戦い

「スターリンのオルガン」こと「カチューシャ」BM-8自走式多装連ロケット砲

作曲家ドミートリィ・D・ショスタコーヴィッチは、交響曲や協奏曲はもとより、バレエ音楽や映画音楽に至るまで、さまざまな作品をものした20世紀の巨匠だ。だが、彼は同時に、スターリン体制下の抑圧を受けながら、いかに自らの芸術的理想を達成するかに苦しんだ、いわば政治と芸術の相克を体現する人物でもあった。オペラ『ムツェンスク郡のマクベス夫人』もその例外ではない。この、赤裸々な性描写によって賛否両論を巻き起こした作品は、1936年にそれを観劇したスターリンの不興を買い[1]、第二次大戦後の「雪解け」の時代まで上演されないままとなったのである。

1941年9月末、ムツェンスク郡に脅威が迫っているとの報せを受けたとき、はたしてスターリンはショスタコーヴィッチの作品のことを思い起こしただろうか——。あるいは、オペラの悲劇的な結末が脳裏をよぎり、身を震わせたかもしれない。まさに、このとき、ドイツ・ファシストの軍勢は赤色首都モスクワの門前に迫り、破局をもたらさんとしていたからだ。

工場にて出撃前のT-34（1942年撮影、RIA Novosti）

猛進するグデーリアン

1941年9月30日、モスクワ攻略を目的とする「タイフーン」（台風）作戦の一環として、ドイツ東部《オストヘーア》軍中央軍集団麾下、ハインツ・グデーリアン上級大将率いる第2装甲集団は攻撃を開始した。最初の目標は、交通の要衝オリョールである。キエフ包囲作戦のために、いったん南下し、激戦をくりひろげたのちに戻ってきた第2装甲集団は疲弊しきっていたものの、彼らの威力はなお衰えてはいなかった。その主力は、たちまちブリャンスク正面軍の戦線を突破する。攻撃の先鋒となったエーベルバッハ戦隊《カンプフグルッペ》▼2は、燃料不足に悩みつつも急進し、▼3 10月2日には、オリョールから40キロ弱の地点まで到達していた。ソ連空軍が頻繁に攻撃をかけてきたけれども（エーベルバッハ戦隊は、三十七回もの空襲を受けている）、さほど進撃が遅れることもなかった。

翌10月3日午後、エーベルバッハ戦隊はオリョールを占領した。ソ連軍にとっては、完全な不意打ちであった。ドイツ軍の先陣を切った戦車が市内に入ったとき、市電がまだ動いていたという。オリョール軍管区司令官アレクサンドル・A・チューリン中将も執務中のところを、飛び込んできた従卒にドイツ軍が来たと知らされ、幕僚たちとともに大急ぎでオリョールを去ることになったのである。

オリョール奪取の意味は大きかった。交通の結節点であるというばかりではない。同市は、電話ネットワークの中心でもあったのだ。ここが奪われたために、ブリャンスク正面軍司令部は通信に困難を来し、司令官アンドレイ・I・イェレメンコ大将は、幕僚たちをベレフに移動させざるを得なくなった。エーベルバッハ戦隊は、戦死者34名、負傷者121名の犠牲と戦車6両の損失だけで（9月30日から10月3日のあいだの損耗）、この戦果を達成したのだった。

もっとも、スターリンも手をこまぬいていたわけではない。9月30日、戦車・自動車化部隊新編・人員配置局長兼機甲主務委員会副議長のドミトリー・D・レリュシェンコ少将は、午前零時を過ぎるころに赤軍大本営《スタフカ》に出頭せよとの命令を受けた。彼を迎えたスターリンのせりふは、「同志ドミトリー、貴官は前線で指揮を執ることを願っていたな？」であった。ソ連邦の独裁者は、レリュシェンコに第1親衛狙撃

エーベルバッハ戦隊の構成
（1941年9月30日）

9月30日に、オリョール～ムツェンスク作戦を開始したときのエーベルバッハ戦隊は、以下のごとく編合されていた。これを南北両支隊に分け、攻撃を実行したのである。

北支隊
- 第35戦車連隊第1および第2大隊（1個中隊欠）
- 第11高射砲連隊第2大隊（兵力半個大隊）
- 第34オートバイ狙撃兵大隊
- 第3オートバイ狙撃兵大隊（1個中隊欠）
- 第79装甲工兵大隊（一部）
- 第49戦車猟兵大隊第3中隊（2個小隊欠）
- 第35戦車連隊本部
- 第5戦車旅団司令部
- 第103砲兵連隊第2大隊
- 第69砲兵連隊第2大隊よりの1個中隊
- 第53ネーベルヴェルファー連隊第1大隊

南支隊
- 第6戦車連隊第2戦車大隊
- 第11高射砲連隊第2大隊（兵力半個大隊）
- 第3オートバイ狙撃兵大隊よりの1個中隊
- 第39装甲工兵大隊第3中隊

Zettering/Frankson, p. 266より作成

軍団を与え、グデーリアンをくいとめることを命じたのである。

レリュシェンコ奔走す

続いて、レリュシェンコ少将は、赤軍参謀総長ボリス・M・シャポシニコフ（ソ連邦元帥）から説明を受けた。四ないし五日のうちに、狙撃師団2個、戦車旅団2個と支援部隊から成る1個軍団（第1親衛狙撃軍団）を組織し、オリョール〜ムツェンスク地域の守りを固めるというのが、少将の任務であった。航空連隊4個を麾下に置く第6予備航空集団もその指揮下に入ることになる。

しかしながら、グデーリアンの快進撃により、レリュシェンコの手持ち時間はより少なくなった。10月1日、再び赤軍大本営に呼び出された少将は、スターリン、シャポシニコフ参謀総長、クリメント・E・ヴォロシーロフ元帥、食料供給・輸送の責任者であるアナスタス・I・ミコヤンといったお歴々から、5日の余裕はなくなった、ただちにオリョールに飛び、二日以内に抵抗を組織するべしと直々に命じられたのである。レリュシェンコは、兵を集めつつ陸路で向かいたいと意見具申した。まずは、モスクワにあった第36オートバイ連隊とともにトゥーラに向かい、同市の砲兵学校の武器を受領、それからオリョールに進むのだ。スターリンは了承し、シャポシニコフ参謀総長は、その場で第36オートバイ連隊長に電話をかけ、2時間以内に出発準備を整えよと命じる。

翌2日、レリュシェンコがトゥーラに到着したときには、152ミリ榴弾砲、76・2ミリ野砲、45ミリ対戦車砲を含む砲兵学校の手持ち兵器が演習場に集められていた。ところが、牽引車両がない。しかたなくレリュシェンコは市のバスを徴発し、砲を牽引させたのである。かくのごとく、少将は、ムツェンスク防衛（先に触れたように、当初、守備すべき地点として指示されていたオリョールが10月3日に陥落したため、焦点はムツェンスクに移っていた）にあたる自分の軍団を強化するのに必死だった。4日にはオリヨールに赴く命令を受けていた第34NKVD（内務人民委員部）連隊を強引に指揮下に置き[4]、オリョール＝ムツェンスク間の道路に配置している。

もっとも、レリュシェンコが得たのは、このような寄せ集めの部隊のみではない。ソ連軍の精鋭、空挺部隊も確保していたのである。10月3日、第5空挺軍団長ステパン・S・グリエフ大佐は、麾下の第10および第201空挺旅団をコロムナとトゥーラよりオリョールの飛行場に空輸、同市の防衛にあたるよう、命じられた。ところが、第201空挺旅団の先陣が着陸したときには、オリョールはドイツ軍に占領されており、同旅団の将兵を運んだ輸送機は敵の砲火によって迎えられたのだ。結局、第5空挺軍団主力は目的地を変更し、オリョールの北東、ムツェンスクに通じる街道沿いにあるオプトゥハ飛行場に着陸した。それによって、およそ5000名の空挺部隊がレリュシェンコの指揮下に入ることになった。

第1親衛狙撃軍団戦闘序列
(1941年10月5日)

第1親衛狙撃軍団(ドミトリー・D・レリュシェンコ少将)
- 第6親衛狙撃師団
- 第5空挺軍団
  - 第10空挺旅団
  - 第201空挺旅団
- 第4戦車旅団
- 第11戦車旅団
- トゥーラ砲兵学校
- 第34NKVD連隊
- 第36オートバイ連隊
- 砲兵連隊2個
- ロケット砲連隊2個
- 第6予備航空集団

主として *Zettering/Frankson* の記述をもとに、他の資料による修正を加えて作成

だが、レリュシェンコにとっての切り札は、10月4日にムツェンスクに到着した第4戦車旅団であったろう。その旅団を指揮する大佐は、ミハイル・イェフィモヴィッチ・カトゥコフといったからである。

赤い戦車指揮官《パンツァー・リーダー》

カトゥコフは1900年生まれ、ムツェンスク戦のときにはいまだ41歳であった。小作農の家に生まれ、1917年にはペトログラードで十月革命に参加して

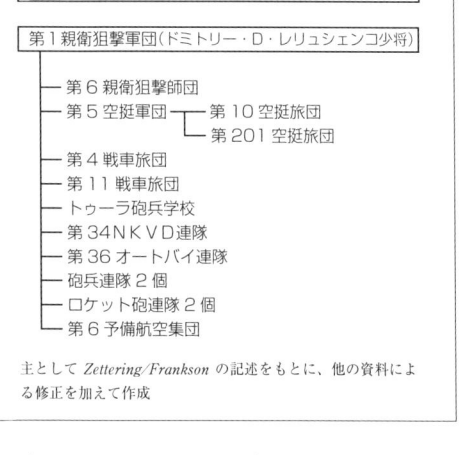

ムツェンスクをめぐる作戦要図

（*The Battle of Moscow*, 26頁より作成）

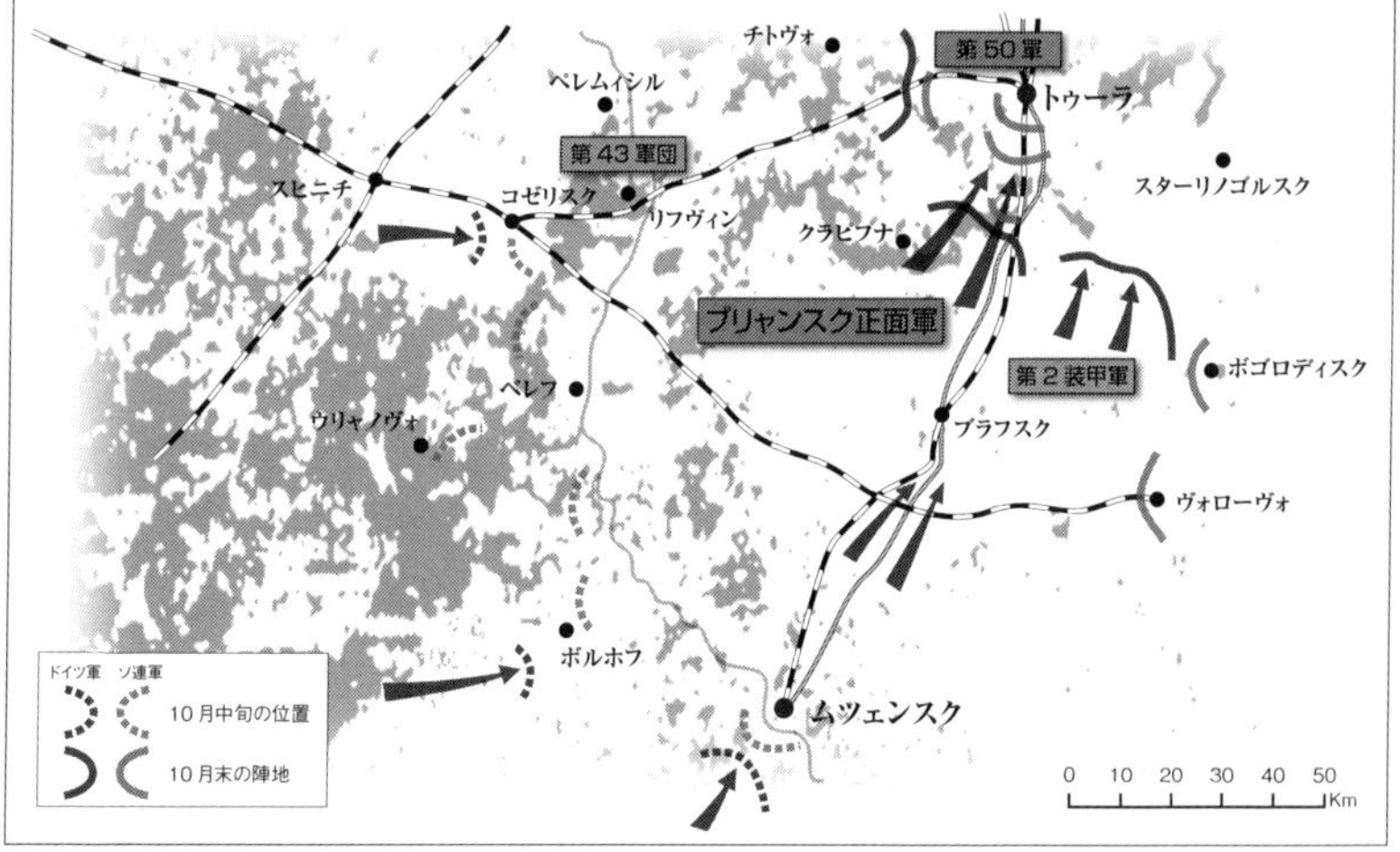

いる。1919年には赤軍第484狙撃連隊に入隊、内戦では白軍のドン・コサック相手の戦闘を経験、ソ連・ポーランド戦争にも従軍している。こうした実戦で優れた指揮能力をみせたカトゥコフは、両大戦間期にも順調な出世コースを歩んだ。1932年には、歩兵科から当時注目されはじめていた機甲科に転科し、1935年には軍大学校機甲科指揮官課程を卒業している。1938年には大佐に進級、第20戦車師団長を拝命していた。けれども、独ソ戦の緒戦において、誤った運用をされた第20戦車師団は、ドゥブノの戦いで大損害を受け、壊滅状態におちいってしまう。

しかしながら、カトゥコフと生き残りの部下たちは、敗戦の責を負わせて葬ってしまうには、あまりにも惜しい人材であった。折から、T－34やKV－1を装備する戦車旅団22個の新編を提唱したレリュシェンコの機甲部隊再編計画がスターリンに是認されたこともあって[5]、カトゥコフは第4戦車旅団長に任ぜられることになったのである。1941年8月、機甲主務委員会に勤務していたヤーコフ・N・フェドレンコ中将に召致された際のことを、カトゥコフは、このように回想している▼[6]。

「簡単にいうとだな、カトゥコフ」。フェドレンコは短い挨拶のあとで述べた。「君は、第4戦車旅団の指揮を執る」。「旅団ですって？」「そうとも、1個旅団だ。工場が東に疎開するあいだ、戦車の生産量が減少するから、機械化軍団と戦車師団は解体される。大規模な部隊を維持するだけの充分な戦車がないから、旅団を編成することになったのだ」。

このやり取りからして、カトゥコフは、戦車師団長だった自分が戦車旅団の指揮を執らされることを格下げと受け取ったらしい。が、結果からいえば、機械化軍団や戦車師団の将兵に新型戦車を与え、当時のソ連軍の力量からすれば運用しやすい旅団規模にまとめた編制は大成功であった。以後、カトゥコフが多くの戦功をあげ、累進していったことは▼[7]、その一つの証左であろう。加えて、カトゥコフもそうした戦闘のなかで機甲戦の腕を磨き、ドイツ軍のそれに劣らぬ、赤い戦車指揮官《パンツァー・リーダー》に成長していくことになる。

壁に書かれた文字

10月4日、スターリングラード育ち▼[8]の第4戦車旅団を率いて、ムツェンスクにやってきたカトゥコフは、その日の午後にレリュシェンコと協議、ドイツ・ファシストの戦車がどこにいるのか、捜索を行う必要があるという点で一致した。第4戦車旅団の主力自体は、4日から5日にかけて、オプトゥハ川沿いに防御陣を布く。また、5日には、第6親衛狙撃師団と第11戦車旅団がムツェンスクの停車場に到着、第1親衛狙撃軍団はようやく陣容を整えたといえる。

だが、この間、ドイツ軍は何をしていたのだろう。オリョール占領の余勢を駆って、よりいっそうソ連軍の戦線奥深くまで進出すべきではなかったか？

それどころではなかった。すでに述べたごとく、タイフーン作戦参加部隊、とりわけ装甲部隊の補給線は延びきり、燃料不足は深刻になっていた。10月5日、第24装甲軍団（第4装甲師団の上部団隊）長の男爵レオ・ガイア・フォン・シュヴェッペンブルク装甲兵大将は、おのが司令所を訪れた第2装甲軍司令官グデーリアンに対し、不吉な警告を発した。[9]燃料補給状態の不良が、以後の作戦に決定的な影響を与えるだろう、と。シュヴェッペンブルクの言葉は正鵠を射ていた。この時期の第2装甲軍は、自動車による燃料輸送を維持しかね、空軍に頼み込んでの空輸によって、どうにか前線部隊に燃料を送り込んでいる状態だったのである。ゆえに、オリョールより先に大規模な作戦を進めることは、当面難しかったのだ。

それでも、第2装甲軍の前衛たる第4装甲師団は攻撃にかかった。他の方面にも兵力を投入していたため、小規模ではあったが、同師団隷下部隊を編合したエーベルバッハ戦隊が前進する。10月5日の晩、同戦隊は、レゴシャ川の北2ないし3キロの地点に全周防御陣を布いた。午前零時、夜明けとともにムツェンスクに進撃せよとの命令が下達される。

翌6日、午前9時にエーベルバッハ戦隊は、攻撃を開始した。兵力は、オートバイ大隊1個、戦車大隊1個、増援された戦車中隊1個、支援の砲兵と対戦車砲である。前方の渓谷に架かった橋は爆破されていたが、ドイツ軍はそこを渡り、前進する。さらに先のリシツァ川の橋は無傷で奪取することができた。問題は、眼前に広がる斜面である。そこは、制高地点であり、攻めるドイツ軍は部隊の位置を暴露したまま、ソ連軍の射撃を受けながら躍進せざるを得ないのだ。にもかかわらず、エーベルバッハ戦隊は巧みな諸兵科協同をみせ、有利な地形に陣取るソ連軍を圧倒していった。

だが、そのとき——斜面の向こう側から、近代的なフォルムの戦車が出現し、攻撃するドイツ軍の側面を衝くかたちで、猛射撃を浴びせてきたのである。まず、ドイツ軍の戦車が1両撃破され、乗員が脱出用ハッチから飛び出す。カトゥコフのT－34であった。彼は、味方の第一線が制圧されることを予想し、斜面の反対側に第4戦車旅団を伏せておいたのだ。射撃距離は1500メートル。この距離ならば、T－34の76ミリ戦車砲は、ドイツ軍のⅢ号戦車やⅣ号戦車の装甲を撃ち抜ける。が、逆に、ドイツ軍戦車の砲では、T－34の装甲を貫徹できないのだった。巧妙な戦法だったといえる。

しかし、エーベルバッハ戦隊は、T－34に対抗し得る兵器を持っていた。10センチ・カノン砲1門と88ミリ高射砲である。これらの砲は、遠距離砲戦においても、T－34を撃破することが可能だった。さりながら、急遽駆けつけてきたのであるから、野戦築城をほどこされた陣地に入ったわけでもなく、装甲に守られてもいないから、せっかくの砲も脆弱な状態での戦闘を強いられる。結局、カトゥコフのT－34群を撃退したものの、88ミリ砲は2門とも、榴弾によって破壊されてしまった。

ムツェンスク戦で大破したKV-1

本戦闘後、エーベルバッハ戦隊は後退したが、ソ連軍もまた退却した。6日夜から天候が雪嵐となり、彼我の動きを隠す。翌朝、雪が晴れたあとには、ソ連軍の陣地はもぬけの殻になっていたのである。

かくのごとく、ムツェンスク前面の第4装甲師団とカトゥコフ戦車旅団の戦いは小規模なものにすぎなかったけれど、危機にある赤軍大本営にしてみれば、絶好のプロパガンダの材料だった。ために、カトゥコフの大勝利が喧伝され、いくつかの「神話」が流布され、西側にも伝えられた。なかには、第4装甲師団の保有する戦車のほとんどが撃破されたというものさえある。だが、かかる「伝説」は、いずれも誇張にすぎない。この日、エーベルバッハ戦隊が失った戦車は9両であり、そのうち、全損、修理不能となったのは、6両だけだったのだ。

では、カトゥコフの戦功は虚構であり、ムツェンスクの勝利は空しい虚栄でしかなかったのだろうか。むろん、そんなことはない。問題は、ドイツ軍の戦車よりも高性能のT－34が集中的に戦場に投入され、しかも、誇り高きドイツ装甲師団のそれに優るとも劣らぬ巧妙さによって運用されたことにあるのだった。事実、第2装甲軍が受けた衝撃は大きく、特別調査が行われたほどであった。グデーリアンは、その回想録に記している。「第4装甲師団は、ムツェンスク南方でソ連軍戦車の攻撃を受け、非常に苦戦していた。この戦いで、ソ連のT－34型戦車の優秀性を初めていやというほど味わわされた」。

また、ソ連軍が採用しはじめていた新戦術も看過できない。再びグデーリアン回想録から引用する。「まず狙撃兵を正面から攻撃させ、その間に戦車をわれわれの側面に向かわせる。ソ連軍は、この方法を集団的に用いるようになってきたのである」。カトゥコフは、こうした戦法を、模範的なやり方で実行してみせたのだ。第4戦車旅団のT－34は、まさしく旧約聖書にいう不吉な前兆、「壁に書いた文字」を、ドイツ・ファシストに突きつけたのである。

吼えるT－34

エーベルバッハ戦隊のムツェンスク攻撃失敗以後、戦況は小康状態を迎えた。6日夜から7日に降った雪が道路をぬかるませ、移動をきわめて困難にさせたからだった。この日、10月7日に、グデーリアンはトゥーラを攻略せよと命じられたが、とてもすぐに実行できるものではなかった。泥濘のおかげで、オリョールへの補給の推進も、ムツェンスク南西部における部隊の再配置も、遅々として進まなかったのである。

ムツェンスク前面の第4装甲師団も厳しい状態にあった。8日、オリョールに飛んで、シュヴェッペンブルクやエーベルバッハと会ったグデーリアンは、彼らがT－34の脅威に打ちのめされていることを識った。[▼10] ドイツ軍の戦車や対戦車砲では、T－34に対抗できない。10センチ・カノン砲と88ミリ高射砲だけが有効であるけれども、これらの砲の数は少なく、弾薬も不足している。よって、グデーリアンらは、充分な砲と弾薬が供給された場合にのみ、攻撃を再開し得るとの結論に達した。しかし、そうした前提がただちに満たされるというような見込みは、まったくない。

攻撃の主役となったエーベルバッハも、のちに回想している。「疲労し、攻撃に失敗した部隊は、濡れた軍服を着て、凍えきっていた」。また、手榴弾と機関銃の弾薬は、ほとんど底をついていたとも記している。にもかかわらず、第4装甲師団は、補給の到着と道路の凍結を待っているわけにはいかなかった。トゥーラに通じる街道を押さえるためには、その門であるムツェンスクを奪取しなければならないのだ。

左からBT-7、A-20、T-34（1940年式）、T-34（1941年式）

10月9日、第4装甲師団は攻撃を再開した。戦車を有するエーベルバッハ戦隊を中央に置き、両翼側をそれぞれ歩兵の戦隊で固めた陣形である。ドイツ軍は、両翼からソ連軍を圧迫し、包囲を恐れた敵が退こうとしたなら、エーベルバッハの装甲戦隊で、一気に道路を突進、ムツェンスクを占領するつもりだった。

しかし、貧弱な戦力しか持たぬドイツ軍に対し、ソ連軍は激烈な抵抗を示した。エーベルバッハの回想によれば、敵は数に優り、堅固な陣地にこもっていたのである。カトゥコフのT－34は、今度は歩兵の支援にあたり、突進するドイツ軍戦車を狙い撃ちにする。その活躍については、グデーリアンも注目せざるを得なかった。「また、多くのソ連軍T－34型戦車がこの戦闘に姿を現し、味方の戦車に多くの損害を与えた。いまや、これまでわが方にあった機材の優秀性は敵側に移り、わが軍が迅速に攻撃を成功させる見込みは消え去ってしまった」。結局、第4装甲師団の攻撃は、その前衛をムツェンスク市から10キロの地点に進めたにとどまり、それ以上の進撃はソ連軍に拒止されてしまったのである。

ムツェンスク陥落

けれども、同じ10月9日に、第4装甲師団の状況は、ようやく好転しつつあった。ついに、第4装甲師団の尖兵部隊に燃料が届けられた上に、西からムツェンスクに前進せよと命じられていた第3装甲師団が到着したのだ。第3装甲師団の捜索部隊は雪を衝いて、東に突進、ソ連軍の側面に進出した。疲れ果てていたとはいえ、かかる装甲部隊にとっての好機を看過するエーベルバッハではない。発見された空隙に麾下部隊をつぎこみ、ソ連軍左翼を迂回させる。守るカトゥコフも、これに対応する予備がなかったため、退却命令を出すことを余儀なくされた。

10月10日、第4装甲師団はムツェンスクに突入した。急襲によって、無傷で確保した橋を渡ったのである。だが、この時点では、第4装甲師団はなお市内にわずかな足場を築いたにすぎず、ソ連軍は猛烈な逆襲をしかけてきた。ムツェンスク北縁部で激戦が展開される。第4装甲師団にとっては不運なことに、地表はまだ凍結しておらず、降った雪が解けるとともに、道路は泥沼と化して通行不可能になっていた。そのため、充分に戦術的な機動を行うことができなかったのだけれども、第4装甲師団は奮戦し、12日までにムツェンスクを確保したのであった。

かくて、カトゥコフの部隊は、混乱のなかを後退していくことになった。彼は、その回想録において、この数日間は正確な戦闘経過を把握することも困難だったと述べている。第1親衛狙撃軍団の参謀たちは、しばしば退却に際しての部署を適切に行うことに失敗したから、隣接しているのがどこの部隊かもわからないというありさまになったのだ。10月10日、スーシャ川を渡ったカトゥコフは、その先に別のソ連軍部隊が動いていることに気づき、驚愕した。そんな部隊がいるとは知らされていなかったのである。彼らは、はるか南方で包囲をまぬがれて下がってきた第13軍の将兵であった。ソ連軍の退却が、必ずしも整然と行われなかったことを示唆するエピソードであろう。

ともあれ、ムツェンスクの戦いは終わった。同市を守り抜くことこそできなかったものの、作戦を指揮したレリュシェンコと現場のカトゥコフは、ドイツ軍に痛打を与え、その衝力を削ぐことに成功したのである。スターリン、シャポシニコフ、そして外務人民委員（他国の外務大臣にあたる）ヴャチェスラフ・M・モロトフも、彼らの功績をよく認識していた。10月10日、レリュシェンコはモスクワに召喚され▼11、スターリン、シャポシニコフ、モロトフに迎えられた。このとき、モロトフは「貴官は何故オリョールから敵を追い出さなかったのか」となじり、レリュシェンコも辛辣な言葉を返した。が、そこにスターリンが割って入り、手を一振りして、モロトフを退出させたのである。しかるのちに、スターリンは、ムツェンスクにおける貴官の働きに感謝すると述べ、レリュシェンコに新しい任務を与えた。モジャイスクを守る新編第5軍の司令官である。モスクワ攻防戦のムツェンスク段階は終わり、つぎの激戦がはじまろうとしているのだった。

損傷しムツェンスクに放置されたKV-1

このように、ムツェンスクの戦いは、表面的にはソ連軍の敗北であった。しかしながら、ここまで述べてきたごとく、ソ連軍はT-34を用いた効果的な戦法を編みだしており、それは、ドイツ軍が享受してきた作戦・戦術上の優位を大幅に減殺するものだったのである。以後、ソ連軍は、量のみならず、質によっても、しだいにドイツ軍をおびやかすようになっていく。比喩を用いるならば、なるほど、ムツェンスクの戦いは小規模でもあり、そこで示されたソ連軍の成功は火花のごとき事象にすぎなかったかもしれない。だが、その小さな火は、やがて燃えさかる劫火となって、ドイツ東部軍を焼き尽くしていくことになるのだった。

Ⅲ－4　運命の逆転——東部戦線のフォン・ルントシュテット

ゲルト・フォン・ルントシュテット元帥（1940年撮影、Bundesarchiv）

1941年9月26日、国防軍発表は、キエフ戦が終了したと公式に宣言した。この日までに、南方軍集団総司令官ゲルト・フォン・ルントシュテット元帥は、彼の戦歴の頂点ともいうべき勝利を手中に収めている。ウクライナの大都キエフを陥落させたばかりか、中央軍集団より派遣されてきたハインツ・グデーリアン上級大将率いる第2装甲集団と協力、巨大な包囲陣を形成して、およそ66万5000人の捕虜を得ようとしていたのである。9月12日、夫人のビーラへの手紙で[1]、今度の作戦は「まさしく大仕事になるだろう」と、ルントシュテットが記した通りになったわけだ。加えて、老元帥は個人的にも戦果を得た。新鮮な食糧を大量に確保することができ、「あいにくワインのストックは乏しくなってきたが」（9月22日付の夫人宛書簡）、しばらくは豊かな食生活を愉しめることになったのだ。

ゲルト・フォン・ルントシュテット
1942年撮影（Bundesarchiv）

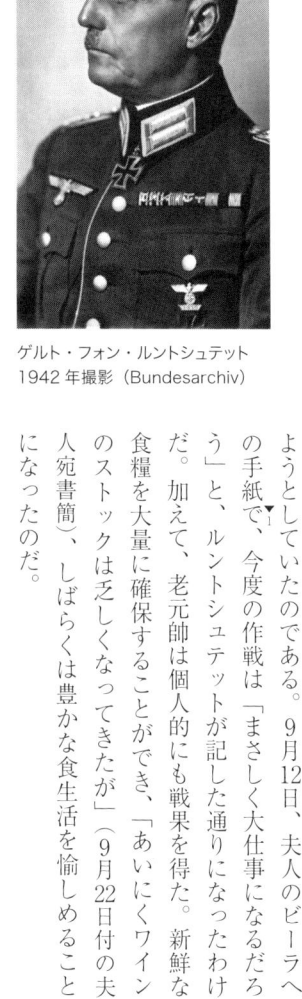

しかし、ルントシュテットの栄光は長くは続かなかった。わずか二カ月余りのちの12月1日、総統アドルフ・ヒトラーは、元帥を南方軍集団総司令官の職から解き、本国に召還したのである。この間に、何が起こったのか。そして、敢えてヒトラーの命令に反対した硬骨の軍人ルントシュテットとは、いかなる人物だったのだろうか？

ドイツ陸軍の長老

ルントシュテットは、1875年12月12日、魔女伝説で有名なハルツ地方の町アシャースレーベンに生まれた。父はプロイセン陸軍の軽騎兵士官であり、ゲルトもそのあとを継いで将校となることは決まったようなものであった。事実、ルントシュテットは、マインツの古典学校《ギムナジウム》やフランクフルト・アム・マインの上級実科学校《オーバーレアルシューレ》で初等・中等教育を受けたのち、1888年にわずか13歳でオラーニエンシュタインの幼年学校に入学している。続いて、1890年から1892年にかけて、首都ベルリンのグロース・リヒターフェルデ士官学校[2]を経て、プロイセン王国陸軍第83（クーアヘッセン第3）歩兵連隊に士官候補生として入隊した。以後、ルントシュテットは優秀な青年士官として頭角を現し、1903年から1906年までベルリンの陸軍大学校で参謀教育を受け、1907年には大参謀本部に配属されたのだ。

この経歴が、戦間期から第二次大戦後まで、ルントシュテットがドイツの将軍たちのあいだで格別の尊敬を受けた理由の一つであると思われる。というのは、ルントシュテットより下の世代は、第一次世界大戦の勃発により、充実し、かつ厳しい平時の参謀教育を中断して、戦場に赴かなければならなかった[3]。ベルリンとミュンヘンにあった陸軍大学校も閉鎖されてしまったのである。しかし、開戦当初は戦争は短期戦に終わると信じられていたから、こうした非常措置が取られたのだけれども、予想に反して交戦が長引くにつれ、参謀将校の不足が生じる。ドイツ軍首脳部はやむなく占領下にあったフランスのスダンで、有望な将校に四週間の講習を受けさせ、参謀を促成することとした。この、いわゆる「スダン講習」は厳しいもので、修了試験では四人に一人が不合格になったという。とはいえ、平時の三年間にわたる陸軍大学校教育に比べれば、見劣りすることは否めない。従って、「スダン講習」を受けて、参謀資格を得たグデーリアンやフリードリヒ・パウルス、ヴァルター・モーデルといった第二次世界大戦の将星たちにしてみれば、古き良き時代の豊かな教育を受けたというだけでも、ルントシュテットは敬意を払われるべき存在だったのであろう。

第一次世界大戦におけるルントシュテットの経歴も、たしかに彼が特別の存在であることを示すものだった。たとえるなら、ルントシュテットは、深紅色の縦筋がついたズボン[4]を履き続けたのであった。第44予備歩兵師団作戦参謀、アントワープ軍政府参謀部付、第25予備軍団作戦参謀、第15軍団参謀長……。東西を転戦したルントシュテットのキャリアを瞥見《べっけん》するだけでも、彼が、当時のドイツにあっては神のように尊敬された参謀将校としての輝かしい道を歩んでいることがわかる。

祖国の敗戦もヴェルサイユ条約による軍備制限も、優秀な参謀将校であるルントシュテットの出世を妨げることはできなかった。ヴァイマール共和国にあっても、彼は順調に昇進し、1938年には上級大将の階級を得て、陸軍を退役した。同年10月には第18歩兵連隊の名誉連隊長の資格も授けられている。もし、平和な時代であったなら、ルントシュテットは、功成り名遂げた羨むべき人として生涯を終えたかもしれない。だが、むろん、そうはならなかった。1933年に政権を握ったヒトラーは、着々と拡張政策を推し進め、あらたな世界大戦勃発も時間の問題と目されていた。かかる危急のときにあって、ドイツ陸軍の長老であるルントシュテットが安逸をむさぼることなど許されるはずもない。1939年6月、上級大将は現役に復帰したのである。

以後のルントシュテットについては、詳述するまでもなかろう。ポーランド侵攻では南方軍集団総司令官、西方作戦においてはA軍集団総司令官として功績をあげたルントシュテットは1940年7月に元帥に進級、陸軍の最高の階級にまで登りつめた。そして、バルバロッサ作戦にあっては南方軍集団をまかされ、１９４１年６月22日の開戦以来、ウクライナを横断、ついにキエフ包囲戦で大勝を得るに至ったのだ。

老元帥の憂慮

キエフ戦後の南方軍集団は、向かうところ敵なしであるとさえ思われた。エヴァルト・フォン・クライスト上級大将の第１装甲軍[5]はアゾフ海北方マリウポリに突進、カール＝ハインリヒ・フォン・シュテュルプナーゲル歩兵大将指揮の第17軍もドニェツ工業地帯を押さえつつある。熱烈なナチス支持者で知られたヴァルター・フォン・ライヒェナウ元帥の第６軍がハリコフめざして進撃する一方、第56装甲軍団長から軍司令官に抜擢されたマンシュタイン率いる第11軍はクリミア制圧に取りかかっていた。

順風満帆、申し分のない戦況とみえたが、ルントシュテットは鬱々《うつうつ》として楽しまなかった。ヒトラーは南方軍集団に対し、北はクルスク、北東ではポルタヴァ、さらに南ではドン河口のロストフ・ナ・ドヌー（以下「ロストフ」とする）[6]にまでも進撃せよと命じてきている。おのずから兵力の分散をもたらす指令ではあった。ポルタヴァやロストフまでならば、本来の任務である南ロシアの資源地帯確保の枠内にあるといえる。ただ、それだけでも、消耗した南方軍集団には荷が重いのに、モスクワ攻略を命じられた中央軍集団のために、クルスク方面に助攻をかけろというのだ。軍事的合理性の堅持ということを徹底して叩き込まれてきた老元帥にとっては承伏し難いもので、総統はいちどきにすべてを得んと欲の皮を張っているとしか思えなかった。

しかしながら、老元帥を悩ませている、もっと大きな問題があった。ドイツ軍に縦横無尽の機動を許してきたロシアの夏が過ぎ去り、停滞を強いる泥の秋、魔の季節である冬が到来しようとしていたのだ。そもそも国境会戦でソ連軍を殲滅し、天候が良好なあいだにモスクワをはじめとする欧露の要地を占領する

ルントシュテット（左）、ヒトラー（右）、ムッソリーニ（中央）（1941年8月撮影、Bundesarchiv）

ドイツ軍が奪取したキエフの外哨点の一つから。奥はドニエプル川

以外に、ロシア侵攻の勝機はないというのが、ドイツの将軍たちの一般的な認識だった。ところが、スモレンスクやキエフの包囲戦で大戦果をあげたにもかかわらず、ソ連軍はなお強大な兵力を運用している。加えて、ドイツ軍は、ロシアという底なし沼の奥にはまりこんで、決勝点を見いだしてはいない。この状況で、名にし負うロシアの厳冬を迎えたら、いったいどうなることか？

ルントシュテットは、妻ビーラに送った手紙で、繰り返し、そうした不安を吐露している。「この地に冬が来たら、われわれはどこに居場所を見つけるのだろう」（8月10日付）。「あと、どれぐらいかかるのか？　ことが早急に済むという希望など持てなくなっている。広大なロシアがわれわれを呑み込んでいるのだ！」（8月12日付）「曇天で寒い。セントラル・ヒーティングが動かないのである。〔中略〕全員が冬を恐れている」（9月30日付）。

クリミア戦の経緯は、ルントシュテットの危惧が正しかったことを示していた。9月17日、第11軍の指揮を継承したマンシュタインは、メリトポリ＝ニコポリ間の戦線で、ソ連軍を攻撃、クリミア半島に進入せんとしていたのだが、そこには地形上の障害があった。約7キロ幅しかないペレコプ地峡を通過しなければ、クリミア、ひいてはソ連有数の軍港であり要塞であるセヴァストポリに達することはできないのである。しかも、ペレコプ地峡には、「タタール壕」と呼ばれる歴史的な防壁があった。18世紀のはじめに、ロシア帝国に圧迫され、クリミア半島に押し込められたタタール人が築いたもので、10メートルほどの深さまで掘った壕の背後に15メートルの高さの壁が建てられているのだ。これは、1941年においてもなお、戦車にとっては厄介な障壁だった。

それでも、第11軍は、持てる砲兵部隊ならびに工兵部隊をかき集め、9月24日に攻撃を開始した。塹壕や火点の一つ一つをめぐって、死闘がくりひろげられる。三日間の激戦ののち、地峡突破は成功した。しかし、ここにおいて、任務の二重性と兵力不足が問題になってくる。というのは、第11軍には、クリミア征服のみならず、ドニェツ工業地帯を進撃する第1装甲軍の側面掩護も課せられていたのだ。後者の任務を果たすために、第11軍は、9月26日にメリトポリとニコポリのあいだで開始されたソ連軍の反撃に対処しなければならなかった。結果として、ソ連軍を撃退こそしたものの、クリミア半島への進入は停滞を余儀なくされてしまう。にもかかわらず、第11軍は、歩兵6個師団を以て、ソ連軍8個狙撃兵師団と4個騎兵師団の抵抗を排除しつつ、セヴァストポリに接近したのだが、晩秋の豪雨が道路を泥の海にしてしまい、迅速な進撃は不可能となった。[7] 12月17日、セヴァストポリ攻撃は三週間遅れで（予定では11月28日に決行されるはずだった）開始されたものの、さしたる進捗がないまま、ソ連軍のケルチ半島への上陸によって生じた脅威により、中止のやむなきに至ったのである。

攻勢限界点を超えて

南方軍集団のほかの戦区でも、似たような状況が生じていた。南方軍集団戦区の北部では、10月11日に秋の雨が降り、進撃は止まった。南部で、第11軍と連携して、ソ連軍を包囲撃滅しつつタガンロークに接近していたクライストの第1装甲軍も、10月14日の降雨によって停止せざるを得なくなった。同じ日に夫人に出した手紙で、ルントシュテットは「天候がすべての計画を台無しにする」とこぼしている。かつて

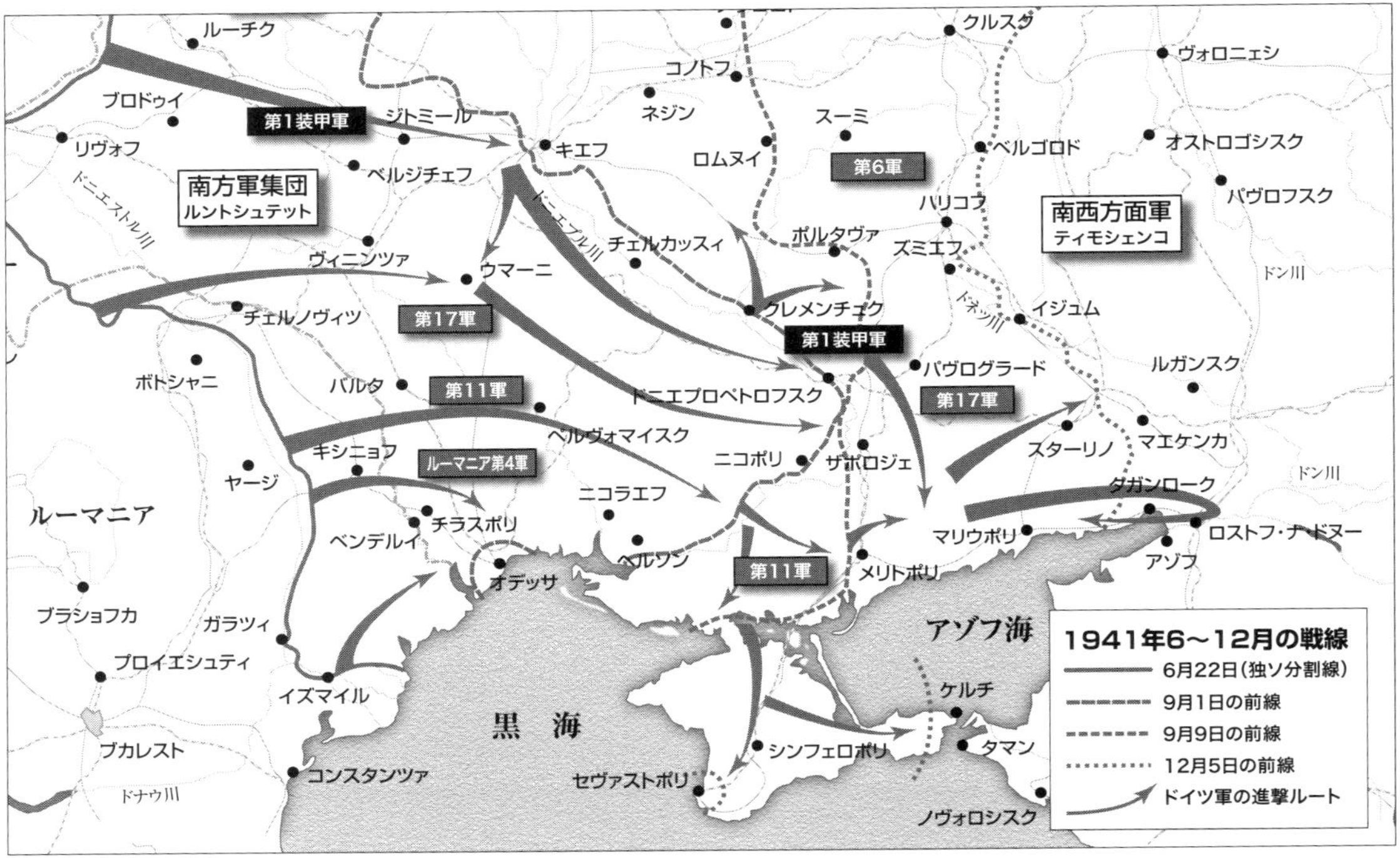
1941年6～12月の戦線
6月22日(独ソ分割線)
9月1日の前線
9月9日の前線
12月5日の前線
ドイツ軍の進撃ルート
南方軍集団
ルントシュテット
南西方面軍
ティモシェンコ
第1装甲軍
第6軍
第17軍
第11軍
ルーマニア第4軍
第1装甲軍
第17軍
第11軍
ルーチク
ブロドゥイ
リヴォフ
ジトミール
ベルジチェフ
キエフ
コノトフ
ネジン
ロムヌイ
スーミ
クルスク
ヴォロニェシ
ベルゴロド
オストロゴシスク
パヴロフスク
ハリコフ
ポルタヴァ
ズミエフ
イジュム
ルガンスク
ドン川
ドネツ川
ドニエプル川
ドニエストル川
ヴィニンツァ
ウマーニ
チェルカッスィ
クレメンチュク
パヴログラード
チェルノヴィツ
ボトシャニ
バルタ
ドニエプロペトロフスク
ペルヴォマイスク
キシニョフ
ヤージ
ルーマニア
ニコポリ
ザポロジェ
スターリノ
マエケンカ
タガンローク
ロストフ・ナ・ドヌー
アゾフ
マリウポリ
メリトポリ
ニコラエフ
ヘルソン
チラスポリ
ベンデルイ
オデッサ
ブラショフカ
ガラツィ
プロイエシュティ
イズマイル
ブカレスト
コンスタンツァ
ドナウ川
黒　海
アゾフ海
シンフェロポリ
セヴァストポリ
ケルチ
タマン
ノヴォロシスク

加えて、補給の困難も深刻なものになっていた。撤退するソ連軍がドニエプル川に架かる橋を爆破していったために、鉄道輸送はその西岸で止まってしまったのである。これを補うべき自動車部隊も、稼働状態にあるのは保有車両のせいぜい半分程度というていたらくだったから、到底南方軍集団の兵站をまかなうことはできなかった。にもかかわらず、ルントシュテット麾下《きか》の諸部隊は残る力を振り絞り、17日には第1装甲軍がタガンロークを、24日には第6軍がハリコフを占領している。驚異的な成果ではあった。だが、南方軍集団が攻勢限界点に達していることは、もはやあきらかだったのである。

けれども、ルントシュテットの常識が、ヒトラーのそれと一致するとはかぎらない。総統は、冬が来れば地面が凍結し、再び機動が可能になるのだから、進撃を継続すべきだと考えていたのだ。11月3日、ポルタヴァに在った南方軍集団司令部を訪問した陸軍総司令官ヴァルター・フォン・ブラウヒッチュ元帥は、兵站の問題を引き合いに出して、前進を停止し、1942年の春に攻勢を再開しようと訴えるルントシュテットに対し、かかるヒトラーの意向を受けて、とほうもないことを告げた。事情はよくわかっているが、ヴォロニェシ、スターリングラード、マイコプに到達することが不可欠なのだ、と。これら、南方軍集団の前線から400キロ以上も離れた目標を提示されたルントシュテットは冗談と思ったのか、「そのことを聞いたとき、われわれは声を上げて笑った」と回想している。こうした苦境にあっては、老元帥が心臓発作に襲われたのも、むしろ当然だったろう。▼8

しかし、ルントシュテットが懊悩《おうのう》しているあいだにも、季節は容赦なく変わっていく。11月13日、気温は零下20度まで下がった。ウクライナは、冬将軍の支配下に入ったのである。よく知られているように、前線のドイツ軍将兵には冬季装備が支給されていなかったから、冬の到来は致命的であった。もっとも、この失態について、ルントシュテットはこう回想している。「冬季戦の準備がなされていなかったというのは、必ずしも真実ではない。素晴らしい冬季衣服があったのだが、鉄道・道路輸送の困難があって、届けられなかったのである」。また、ルントシュテットは、宣伝相ヨーゼフ・ゲッベルスが本国ではじめた、東部戦線に送るために冬服を供出しようというキャンペーンにもいらだっていた。そんなことをすれば、陸軍が兵隊の困難を拱手傍観しているような印象を国民に与えてしまうというのが、老元帥の言い分だったのだ。

ともあれ、ルントシュテットの判断通り、ドイツ軍が攻勢限界点に達したことは間違いなかった。が、総統の進撃命令は絶対である。11月17日、第1装甲軍の先鋒、エーベルハルト・フォン・マッケンゼン騎兵大将指揮の第3装甲軍団（アドルフ・ヒトラー親衛旗団、第13および第14装甲師団）は、コーカサスへの入り口となる都市ロストフに向かい、前進を開始した。同軍団は、ソ連軍が民間人を動員して急造したロストフ周辺の陣地帯を突破し、20日には北と東から市内に進入する。さらにドン川の線に達したアドルフ・ヒトラー親衛旗団は、ロストフを守るソ連第37軍（アントーン・I・ロパーチン少将）[9]の背後に回り、鉄道橋を無傷で奪取した。翌21日、アドルフ・ヒトラー親衛旗団はロストフ中心部に突入、夜までに占領した。得られた捕虜はおよそ1万名、鹵獲兵器のなかには2両の装甲列車まで含まれていた。

1941年11月、ロストフに展開するドイツ軍III号戦車

大勝利ではある。しかし、それもつかの間の輝きでしかなかった。突進した第1装甲軍の北側面ががら空きになっているのを識ったソ連軍西正面軍司令官ヤーコフ・T・チェレヴィチェンコ大将[10]が、その間隙に反撃のくさびを打ち込んだのだ。かくて攻守は逆転し、第3装甲軍団は正面ならびに側面からの攻撃にさらされることになる。ドイツ兵は、凍結のため塹壕やたこつぼを掘ることも困難な雪の平原を、各中隊が平均50名になるほどの損害を出

しながら死守した。しかし、11月28日に発動された西方面軍の新攻勢により、第3装甲軍団は孤立、包囲の危険に瀕《ひん》した。マッケンゼンの上官である第1装甲軍司令官クライストは、それまでにもミウス川の線に後退し、第17軍や第6軍と連結して防御線を固める措置を取れるよう、繰り返し許可を求めていたが、この日あらためてルントシュテットに撤退を進言する。老元帥もその必要を認め、第3装甲軍団は攻勢開始線であったミウス川に戻っていった。ロストフを守っていたアドルフ・ヒトラー親衛旗団の将兵も、多くが凍傷にかかっていて退却は困難をきわめたけれども、同市を離脱することができた。[11]

東部戦線を去る老将

プロイセン参謀本部本流の正統派であるルントシュテットにしてみれば、放っておけば包囲されてしまう部隊を、それ以前に撤退させるのは理の当然であった。だが、総統の判断は、まったくちがう。11月30日、第1装甲軍に撤退命令が出されたことを知ったヒトラーは、ブラウヒッチュ元帥を呼びつけ、陸軍総司令官の権限によって南方軍集団の命令を取り消さなかったことをなじった。震え上がったブラウヒッチュは、ルントシュテットに対し、第1装甲軍の退却を途中で止め、ミウス川東方、ロストフとの中間地点に前線を布かせるよう発令した。この命令を受けたルントシュテットは、逆にそれを撤回するよう、ブラウヒッチュに求めたのだ。そのときのもようを、当時の南方軍集団参謀長ゲオルク・フォン・ゾーデンシュテルン歩兵大将は、以下のごとく描写している。「〔前略〕ルントシュテットは、ロストフの部隊を後退させるべしという緊急提案が含まれている日々報告に、自筆で書き添えた。こういう趣旨だった。『もはや私の統率に信頼が置けぬというなら、必要なだけの総司令部の信用を享受する人物と交代させていただけるよう請願する』。〔中略〕私は不安を覚え、現今の緊張に鑑みれば、ヒトラーはその請願を認めてしまうかもしれないとほのめかしたのだが、元帥の決定は揺るがず、書き加えた一文を抹消することを許しては下さらなかった」。

ゾーデンシュテルンの心配は、杞憂には終わらなかった。翌12月1日、ブラウヒッチュ経由でルントシュテットの報告を受け取ったヒトラーは指令を発した。要点は三つ。第一に、ルントシュテットを解任する。第二に、老元帥の後任にはライヒェナウを当てる。ライヒェナウは、ただちに第1装甲軍の退却を中止させるとともに、同装甲軍への圧力を軽減するため、第17軍によるヴォロシーロフグラード攻撃を実施すべし。第三に、第1装甲軍に戦車の増援を送ること。この命令にあきらかなように、ヒトラーはおのが嗜好に合わせて南方軍集団を運用することをもくろみ、その障害となる硬骨の老元帥を排除したのである。戦争指導のナチ化が、また一歩進んだのだ。

こうして、ルントシュテットにとっての対ソ戦は終わった。が、この老軍人の帰郷にあたり、一つの佳話が残されている。ルントシュテットが軍楽隊の演奏と衛兵隊の栄誉礼に送られて、特別列車でポルタヴァを去ったのは12月3日だが、その旅の途中のことだ。かつてルントシュテットの司令部がウマーニに置かれていたころ、街を歩いていた元帥の前にひざまずき、外套の裾にキスして助けを乞うたロシア人女性があった。聞けば、15歳になる娘がドイツ軍の下士官と恋に落ち、家出して、彼の部隊についていってしまったのだけれども、どうか元帥の力で娘を連れ戻してくれないかというのである。哀れに思ったルントシュテットは、隷下の諸軍司令官と憲兵隊に、娘を捜索するよう命じた。そして、母親の願いはかなえられた。それを恩に着た母親は娘とともに、ウマーニ駅にルントシュテットを見送りに来たのだった。かくて、母親より手ずから刺繍をほどこしたウクライナ式のテーブルクロスをプレゼントされ、娘には花束を贈られた老元帥は、妻のビーラが待つ中部ドイツの町カッセルへと帰っていったのである。

コラム③　ゲーレン異聞——白日のもとにさらされた影

ゲーレンについては、おそらく詳述するまでもあるまい。ドイツ軍人で、第二次世界大戦中は、OKH《オーカーハー》（陸軍総司令部《オーバーコマンド・デス・ヘーレス》）の情報担当部門「東方外国軍課《フレムデ・ヘーレ・オスト》」を率いて、対ソ情報活動を展開、独ソ戦におけるソ連軍の企図を、しばしば正確に予想した。戦後は、ソ連東欧圏に築いた情報網や機密資料を手みやげに、独自の諜報活動を展開することをアメリカに認めさせ、ドイツ連邦共和国（かつての西ドイツ、現在のドイツ）にBND《ベーエヌデー》（連邦情報機関《ブンデスナッハリヒテンディーンスト》）を築き上げる。このBND（正式に発足するまで、あるいは、その後も「ゲーレン機関」と通称されていた）を指揮して、ソ連のKGB、あるいは、ドイツ民主共和国（東ドイツ）の情報組織「国家保安機関《シュタージ》」相手に、水面下の死闘を繰り広げた冷戦の闘士である。

ドイツ軍時代のゲーレン
(Bundesarchiv)

一般的に抱かれているゲーレン像は、そういったところだろう。彼自身が回想録に記し、さまざまなノンフィクション（たとえば、日本語に訳された、クックリッジの評伝）が広めてきたイメージだ。多くのスパイ小説もまた、こうしたスパイ・マスターとしての評価を拡大することに与ってきたといっても、さしつかえあるまい。

しかしながら——かかるゲーレンの神話は、皮肉にも、その後輩たちによって、くつがえされることになった。2011年、BNDは、外部の歴史家による委員会を組織し、彼らに機密文書の閲覧を許して、同機関の庁史を書くことを求めた。当時、ドイツ外務省をはじめとする各省庁とナチズムの過去との関わりが問題とされており（外務省の調査結果は『ドイツ外務省〈過去と罪〉』として、邦訳刊行されている)、BNDも自らの歴史をあきらかにせよとの声を無視できなかったのである。そうしたプロジェクトの一環として、軍事史・社会科学研究センターの首席研究官であったロルフ＝ディーター・ミュラーが、初めて一次史料にもとづいたゲーレン伝を著したのだ。

この浩瀚《こうかん》な伝記『ラインハルト・ゲーレン　ボン共和国の裏面にいた秘密機関長』(二巻本で、約1400頁)がもたらした知見は衝撃的なものであった。東方外国軍課が、ゲーレンが主張したような、正確な情勢判断を下したわけでは必ずしもないことについては、すでに2012年にドイツの軍事史家マグヌス・パールの研究『東方外国軍課』が疑念を呈していた。が、ミュラーの伝記は、ゲーレンの回想には、さまざまな誇張や歪曲があることを暴露したのだ。その内容は実に興味深いものであるけれども、これほど大部の著作であるから、限られた紙幅内ですべてのポイントを紹介することはできない。さりながら、以下、とりわけ興味深い部分を述べておくことにしよう。

1945年4月9日、東部戦線の戦況について悲観的な報告を出しつづけていたゲーレンは、ヒトラーにより、東方外国軍課長の職を解かれた。ソ連軍に捕らえられれば、戦争犯罪人として処罰されるのは必至とみたゲーレンは、ドイツ南部のバイエルンに逃れ、5月22日に、アメリカ軍に投降したのである。その後、彼は、尋問に当たった情報将校エドウィン・L・サイバート少将と意見の一致をみた(ゲーレンは、東方外国軍課の対ソ情報綴等を大量に持ち出しており、これを米軍に提供したのである)。かつてのナチス・ドイツがロシアや東欧にはりめぐらせた対ソ情報網や、そこに蓄積された専門知識は、合衆国に引き継がれるべきだとしたのだ。かくて、アメリカの後ろ盾のもと、ゲーレンはBNDの創設に取り組んだ。

こうした流れは、大筋では間違っていない。しかし、ゲーレン自身の主張は、重要な点で事実を歪曲していると、ミュラーは指摘する。ゲーレンによれば、米軍との「紳士協定」にもとづき、BNDは、その創設期から独立性を有しており、あくまでもドイツの諜報機関として築かれたのだという。ところが、ミュラーの調査によれば、BNDの前身であるゲーレン機関の財政は、百パーセント、CIAの出資によって、まかなわれていた。また、西ドイツが占領状態を脱し、ドイツ連邦共和国が成立してからも、BNDはながらくCIAの「ドイツ支局」でありつづけたというのが、ミュラーの結論である。

さらに、ゲーレンは、自らの価値をアメリカ側に認めさせるに対し、ある種のブラフを行っていた。戦争中、ロシアや東欧におけるスパイ活動を指揮し、大きな成果をあげたと売り込んでいたのだ。けれども、それは虚偽にすぎなかった。ゲーレンは、東方外国軍課長として、上がってきた情報の評価判定に当たっていただけであった。そうした、いわゆるスパイ作戦を指揮していたのは、OKW《オーカーヴェー》（国防軍最高司令部《オーバーコマンド・デア・ヴェーアマハト》）の「防諜局《アプヴェーア》」長ヴィルヘルム・カナーリス提督だったのである。しかしながら、ゲーレンは、大戦中、実際にスパイを使った諜報活動を行っていた軍人ヘルマン・バウンを協力者として確保していた。このバウンこそが、ゲーレン機関ならびに初期のBNDの実質的な指導者だったといわれる。ゲーレンは、バウンのおかげで、米軍やCIAに対して、スパイ・マスターとしての面目を保つことができたといっても過言ではないのだ。

加えて、BNDがドイツの政府機関として認められる過程も、けっしてスムーズなものではなかった。1951年から1952年にかけて、CIAは、ゲーレン機関をドイツ側に引き渡すことを申し出た。だが、連邦共和国の初代首相となったコンラート・アデナウアーは、ゲーレンに「冷淡で、距離を」置いていたのである。しかし、ライバル情報組織である「連邦憲法擁護庁」の初代長官オットー・ヨーンが、1954年に謎の失踪事件を起こして、失脚したこともあり（ヨーンは西ベルリンで行方不明となったものの、その後、東ドイツから、自分は亡命したと放送した）、1956年、BNDはようやく正規の政府機関として創設された。

とはいえ、ゲーレン機関、もしくは、こうして成立したのちのBNDの活動も、ゲーレンの自画自賛とは裏腹に、実態はとても褒められたものではないと、ミュラーは批判する。ゲーレン機関は、1953年の東ベルリン騒乱（東ドイツ当局による、ノルマ未達成者の賃金削減という政策に、労働者が反対行動を起こしたが、武力鎮圧された）も、ソ連がへまをしでかしたゆえの暴動ぐらいにしかみなしていなかった。ＢＮＤも、１９５６年のハンガリー事件や１９６８年の「プラハの春」鎮圧の予測に失敗していたのだという。さらに、１９６１年の「ベルリンの壁」建設に際しても、ＢＮＤ内部に入り込んでいた二重スパイ、ハインツ・ヘルフェの暗躍により、ほとんど無為無策も同然の状態に置かれていた。ちなみに、１９６１年11月にヘルフェが逮捕されるまで、彼の通報により正体を暴かれ、死に至ったエージェントの数は数百におよぶとされる。

かくのごとく、ミュラーのゲーレン伝は、影を白日のもとにさらすともいうべきものであり、冷戦期の西ドイツ諜報活動の神話を完膚なきまでに粉砕してのけたのであった。しかも、それは、当のＢＮＤの協力のもと、機密文書の開示によって組み立てられた研究であり、説得力にみちている。すでに、かつてのソ連・東欧の社会主義体制崩壊とともに、新史料や証言が現れ、第二次世界大戦に関する伝説は否定されつつある。これに続いて、冷戦の「闇」にも、光が当てられていくことだろう。ＢＮＤ史の公刊は、そうした現象の一環であると思われる。

第Ⅳ章　薄暮の狼たち　ドイツ国防軍の終焉

「今やサイは投げられたのだ」

――１９４３年４月20日付、第９軍戦時日誌

「速やかで力強い攻勢転移――きらめく復讐の剣を振るうときこそ、防御がもっとも輝かしい光彩を放つ瞬間なのである」

――カール・フォン・クラウゼヴィッツ

「敵の報道において、ルントシュテットは再び高評価を得ている。わが部隊がほとんど無傷でライン川を越えて逃れてきたことは、彼のおかげなのだ」

――１９４５年３月６日付、ヨーゼフ・ゲッベルスの日記

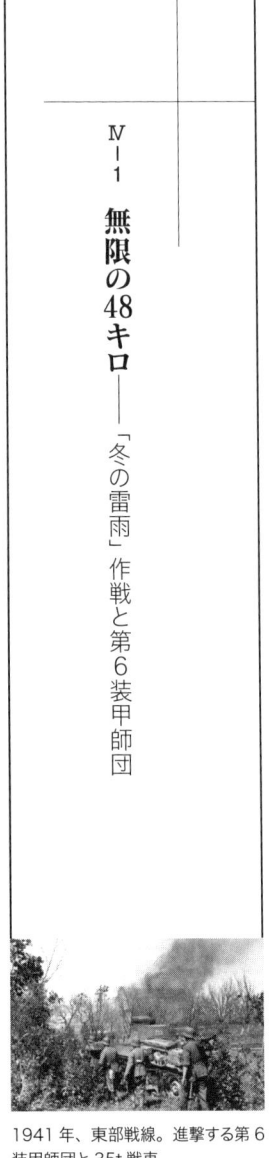

Ⅳ－1 無限の48キロ――「冬の雷雨」作戦と第6装甲師団

1941年、東部戦線。進撃する第6装甲師団と35t戦車（Bundesarchiv）

1942年秋、第6装甲師団は、フランスにおいて、ひさびさの憩いのときを過ごしていた。もとの第1軽師団《ライヒテ・ディヴィジォーン》である第6装甲師団は[1]、第二次世界大戦開戦以来、ポーランド侵攻、西方戦役と戦歴を重ねてきた。ソ連侵攻「バルバロッサ」作戦においても、北方軍集団第4装甲集団の麾下に入り、レニングラードへの進撃、モスクワ会戦と、さまざまな激戦を経験してきたのである。しかしながら、1941年末から1942年春のソ連軍冬季反攻の矢おもてに立った第6装甲師団は大損害を被ってしまった。ゆえに、1942年4月に、占領下のフランスに移動して、回復休養と再編成を行うように命じられたのだ。この移動の際、先遣隊が、戦利品のフランス戦車を利用して、パリの市内をパレードするという（むろん、活発になりはじめたレジスタンスに対し、無言の威圧を与える意味も持っていた）、晴れがましい一幕があった。

以後、第6装甲師団は、ブルターニュ地方の各地に駐屯し、休養と戦力回復にあたる。師団の多くを構成するヴェストファーレン人[2]にとっては、降って湧いたような幸運であった。東部戦線の冬季戦から、まずは平穏なフランスに移って、人生を楽しむことができたのである。休暇を得て、ドイツ本国に戻ったり、海岸に遠出する機会もあった。もっとも、ひたすら休養というわけにもいかず、折に触れて、コェトキダン演習場およびレンヌ周辺で訓練も実施されている。

だが、第6装甲師団の牧歌的な日々は、唐突に終わった。1942年11月3日、ヒトラー総統自らの決定により、第6装甲師団は、B軍集団予備として、再び東部戦線に投入されることになったのである。

運命に選ばれた師団

何が起こったのかは、説明するまでもない。当時、ヒトラーは、スターリングラード攻略のため、使用できる兵力のほとんどすべてを投入していた。回復と再編成を終えた第6装甲師団も、この正面に配置されることになったわけだ。

しかしながら、「スターリンの町《スターリングラード》」を占領するというヒトラーの切望は、一場の夢と化した。1942年11月19日、ソ連軍は一大反攻作戦「天王星《ウラーン》」を発動したのである。スターリングラードに拘束されているドイツ第6軍の正面の南北で、その両側面を掩護していたルーマニア第3軍ならびに第4軍の戦線を突破する。しかるのちに、攻勢の南北の翼が、スターリングラード西方75キロにあるカラチ付近で手をつなぎ、第6軍を包囲するという計画だった。装備や訓練で劣るルーマニア軍は、満を持して待機していたソ連軍の敵ではなかった。11月23日の午後遅く、カラチ南東20キロの地点、サヴィエツキーで、ソ連軍挟撃の刃が閉ざされる。ドイツ軍とルーマニア軍の22個師団、25万以上の将兵が包囲されてしまったのだ▼3。

かかる事態に直面し、ヒトラーも対応策を取らざるを得なくなった。まずは、スターリングラード方面の統一指揮を執らせるため、セヴァストポリを占領し、元帥に進級していたエーリヒ・フォン・マンシュタインを起用、第4装甲軍、第6軍、ルーマニア第3軍を麾下に置く新編ドン軍集団の司令官に任命した。

しかしながら、総統は同時に致命的なミスを犯していた。11月19日と22日の会議で、包囲された第6軍の補給は空輸で維持できるとした空軍の主張を真に受けたヒトラーは、スターリングラードは「要塞」であるとし、第6軍に冬のあいだ同市を固守させ、翌1943年の春季攻勢で救援するとの判断を示した。従って、第6軍が、外からの解囲部隊に呼応して、包囲陣内部より自ら打って出るという選択肢は、早くも制限されてしまったのである。

もっとも、マンシュタインは、ある程度は空輸で第6軍を維持し得るし、自らの救出作戦が進捗すれば、ヒトラーや第6軍司令官フリードリヒ・パウルス装甲兵大将[4]を説得し、包囲環内部からの突囲と外からの解囲作戦を同調させる可能性があると考えていたようだ。ドン軍集団司令官にしてみれば、一冬のあいだ、空からスターリングラードへの補給を維持することも、消耗した第6軍が単独で脱出を試みることも問題外なのであった。

11月28日、マンシュタインは、最初の救援計画を完成させた。第57装甲軍団がコテリニコヴォ地区から北東に、第48装甲軍団がチル川中流域から東のカラチに突進、スターリングラードを解囲する。その際、第6軍が圧迫を受け、持ちこたえられないような事態が生起した場合には、第57装甲軍団のみで攻撃することも想定されていた。それぐらい危機的な状況にあると考えられたのである。12月1日、マンシュタインは、スターリングラード救援作戦「冬の雷雨《ヴィンターゲヴィッター》」[5]に関する命令第1号を下達した。ヘルマン・ホート上級大将率いる第4装甲軍の麾下に、第57装甲軍団（第6装甲師団、第23装甲師団、第15空軍野戦師団）、第48装甲軍団（第336歩兵師団、第11装甲師団、第7空軍野戦師団）を置き、12月8日に攻撃を発動すると指示したのだ。

紙の上では、強大な兵力である。しかしながら、ほとんどの師団が、相次ぐ戦闘によって消耗している し、一部は新編部隊で、全面的に信頼を置くわけにはいかない。加えて、作戦途中で赤軍の新攻撃が発動され、それに対応するため、第48装甲軍団が転用される可能性もある（12月4日にソ連軍がチル川下流域で攻撃を開始し、かかる事態が現実のものとなった）。

つまり、ホートが実際に使える兵力として期待できるのは、第57装甲軍団しかなかった。「冬の雷雨」の槍の穂先は、事実上、第6と第23の両装甲師団だけだったのである。ところが、一方の第23装甲師団の実態は、お寒いかぎりだった。この師団は、1941年9月に新編され、翌1942年4月に東部戦線に投入されたのであるが、ハリコフ周辺の戦闘やコーカサス進撃などで戦力を消耗した結果、戦車の九割を喪失していた。「冬の雷雨」発動時には、わずか12両の稼働戦車を持つにすぎず、師団とは名ばかりの存在だったのだ。

従って、マンシュタインとホートの希望は、唯一、第6装甲師団に懸けられることになった。第6装甲師団ならば、フランスで充分に再編成された上、かつて装備していたチェコ製戦車をすべてドイツ製の新型に交換し、建制通りの戦力を誇っている。[6] 師団長は、かつてのオーストリア軍将校で、狙撃兵《シュッツェン》（自動車化歩兵）を率いて、さまざまな戦功をあげた人物、頼りになるエアハルト・ラウス少将だ。[7] たった1個師団の兵力ではあっても、スターリングラード救援の成否を、この1枚のカードに賭けるしかなかった。第6装甲師団は、運命に選ばれ、25万の将兵の生命、東部戦線の行く末、ひいては、ドイツの興亡を担うことになったのである。

幸先の悪いスタート

とはいえ、こうした劇的な展開が生じたのは、第6装甲師団が、フランスからスターリングラード前面まで鉄道輸送されているあいだのことであった。この、ヨーロッパを横断する4000キロの移動には、およそ二週間かかった。列車内の将校たちにも、自分たちがどこで、どのように運用されるのか、判然としなかったのである。ただ、スターリングラードからの無線通信を傍受し、第6軍が包囲され、さらに、その西側でも戦闘が展開していることがわかったから、おそらく同方面に投入されるものと推測された。

彼らの予想は当たっていた。ドン軍集団の指揮を執るべく、列車で移動中だったマンシュタインは、その途上、ハリコフにおいて、ラウスと会談し、状況を説明した上で、第6装甲師団はコテリニコヴォで列車から卸下《しゃが》され、第57装甲軍団の指揮下に入るべしと命じたのである。

ところが、このコテリニコヴォでの卸下からして、前途の困難を予想させるものだった。11月27日、師団輸送の先陣を切った列車がコテリニコヴォ駅に入ったとたん、敵の急襲射が浴びせかけられ、早くも死傷者を出したのだ。さらに、駅舎方面から、ソ連兵が「万歳《ウラー》！」の喊声を上げながら、突撃してくる。通常なら、急遽、列車を引き返させるところだったが、車内の第4装甲擲弾兵連隊長マルティン・ウンライン大佐は異なる決断を下した。後続列車に乗っている味方が、そのまま増援になるから、ここは逆襲で押し切る手だと考えたのである。列車から飛び降りた装甲擲弾兵たちは、銃剣と手榴弾を使い、白兵戦でソ連軍部隊を停車場地域から駆逐したのであった。[8]

このエピソードからもわかる通り、当時のソ連軍は、ややもすれば、ドイツ側のスターリングラード救援部隊までも攻撃しかねない勢いだった。事実、第6装甲師団は、コテリニコヴォの出撃陣地を確保するために、ポフレービン付近で、ソ連軍第6騎兵軍団と交戦、これを駆逐しなければならなかったのである。

それでも、第6装甲師団は攻撃発動の準備を整えた。コテリニコヴォ北方の出撃陣地に集結、師団隷下部隊を3個の戦隊《カンプフグルッペ》に編合したのだ。

もっとも強力なのは、歴戦の装甲兵、第11戦車連隊長ヴァルター・フォン・ヒューナースドルフ大佐が率いる最右翼の戦隊であった。同戦隊は、第11戦車連隊（2個戦車大隊、戦車160両）、第114装甲擲弾兵連隊第2大隊（装甲兵員輸送車に搭乗）、第76装甲砲兵連隊第3大隊（自走砲装備）、第41戦車猟兵大隊第1中隊（自走対戦車砲装備）を麾下に置いてあり、戦闘力・機動力ともに、第6装甲師団の主力となっていた。[9]

ほかに、第4装甲擲弾兵連隊を基幹とした戦隊（ウンライン大佐指揮）が中央に、第114装甲擲弾兵連隊を中心とした戦隊（第114装甲擲弾兵連隊長ヘルムート・ツォーレンコップフ大佐指揮）が左翼に配置された。この第6装甲師団の3個戦隊が、師団右翼の第23装甲師団、同左翼のルーマニア軍と協同し、前方アクサイ川の正面を突破して、スターリングラードをめざすのである。

かくて、冬晴れに恵まれた12月12日、ついに「冬の雷鳴」作戦が発動された。第11戦車連隊の戦時日誌には、「攻撃は命令通りに進捗している。当連隊は、129地点の西方を北に向かい、さらに東方のグレミャチー方面に旋回する」とある。だが、作戦が順調であるかにみえたのは、むしろ、当然のことだった。第57装甲軍団の前面にいたソ連軍第4騎兵軍団、第302および第126狙撃師団は、ドイツ軍の反攻を察知して、あらかじめ、敵に気づかれぬまま、アクサイ川の後方に撤退していたのである。この当時、ソ連軍は、前年、1941年に使われていた、たとえ包囲されようとも持ち場を死守するとの戦術は、無用な犠牲を出すだけだと判断し、状況に応じて後退、兵力を温存する策を採用していたのだ。つまり、第6装甲師団の第一撃は空を切ったことになる。幸先の悪いスタートといえた。

激闘の一週間

さりながら、以後の戦いは、第6装甲師団がなお、諸兵科協同の戦闘において、ソ連軍に優っていることを示すものだった。「冬の雷雨」作戦二日目の12月13日、ヒューナースドルフ戦隊は突進し、ソ連軍の第一防衛線であったアクサイ川の北方地域を奪取した。ソ連軍にしてみれば、容易ならぬ事態である。赤軍大本営《スタフカ》代表として、この反攻作戦の調整にあたっていたアレクサンドル・M・ヴァシレフスキー元帥も、これを放置することはできず、第57装甲軍団を拒止するために、その正面にあった第51軍と第57軍に増援を送り込む。

ために、第6装甲師団に対する反撃は熾烈をきわめた。第11戦車連隊は、アクサイ川の南北で、ソ連軍

ヴァルター・フォン・ヒューナースドルフ大佐（Bundesarchiv）

ヒューナースドルフ戦隊の構成（1942年12月12日）

第11戦車連隊本部（フォン・ヒューナースドルフ大佐）
- 第11戦車連隊第1大隊（レーヴェ少佐）
- 第11戦車連隊第2大隊（歯科医学博士ベーケ少佐）
- 第114装甲擲弾兵連隊第2大隊（キューパー大尉）
- 第41戦車猟兵大隊第1中隊（ドゥルバン中尉）
- 第57装甲工兵大隊第1中隊（レスナー中尉）
- 第76装甲砲兵連隊第3大隊（グラーフ中佐）
- 第6（中口径）砲兵中隊（ノイハウス中尉）
- 第8（重）砲兵中隊（ヘルツァー大尉）
- 第9（重）砲兵中隊（プレッヒャー中尉）

※*Raus*, p.164より作成

の攻撃を撃退しなければならなかった。ザリフスキーの橋梁守備に残されたヒューナースドルフ戦隊の一部も、激しく攻め立てられた。だが、上クムスキーに通じる道路は遮断されていなかったから、ヒューナースドルフ戦隊は戦闘を継続することができた。もっとも、ヒューナースドルフ戦隊が突破したのは、当初計画されていたような、スターリングラードに向かう鉄道沿いではなく、ザリフスキーを経由して、上クムスキーに通じる道路を用いてのことだった。従って、迂回突破を進めるほど、本来の前進軸から外れることになってしまうのだった。

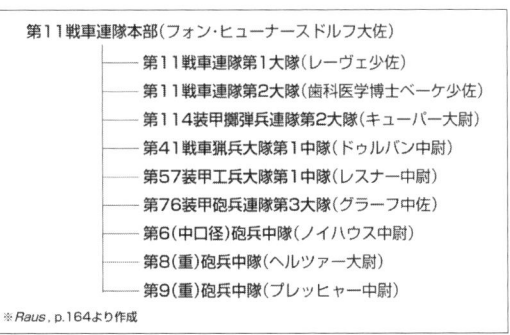

それでも、この遠回りの道を通じて、スターリングラードに到達せんと、第6装甲師団は激闘を続けた。12月14日には、上クムスキー付近で攻撃に出てきたソ連軍第4機械化軍団と第13戦車軍団相手に戦車戦が生起する。ヒューナースドルフ戦隊は、上クムスキーを軸とする反時計回りの機動を行い、敵を各個撃破した。ラウス師団長は、本戦闘を指して、「回転戦車戦」と称した。ただし、本戦車戦で、ヒューナースドルフ戦隊は徹甲弾不足を来し、一時、補給のあるザリフスキー方面に後退、しかるのちに攻撃を再興しなければならなかった。

加えて、第6装甲師団の敵は、ソ連軍ばかりではない。天候や地形のおよぼす悪影響も、進撃を妨げていた。12月初旬のステップ地帯においては、積雪は数センチにすぎなかったが、これは日中には解けて泥沼と化し、夜には凍結する。地表が、師団のフランス製の自動車では走破できない状態になるのだった。[10] また、バルカと呼ばれる、水の涸れた河床低地は、装軌車輌でも超越できず、大きな障害であった。日照も限られている。午後3時ごろには、もう暗くなってしまうから、戦闘には数時間しか使えないのだ。

だが、こうした困難にもかかわらず、第6装甲師団は奮戦を重ね、作戦開始から一週間後の12月19日までに、80キロの突破をなしとげていた。しかも、ヴァシリエフカで、ムィシュコワ川の橋梁を無傷で押さえていたから、スターリングラード「要塞」の最寄り部隊から、わずか48キロの地点にたどりついたことになる。むろん、この突出により、第6装甲師団は、燃料と弾薬の不足を来していた。それでも、第6装甲師団は、橋頭堡を排除しようと反撃してくるソ連軍と戦闘を繰り広げた。スターリングラードにいたドイツ軍将兵のうち、観測にあたっていた者の何人かが、その砲火を目撃したと証言している。

48キロとは、それほどに短い距離であった。しかしながら――疲れ切った第6装甲師団、ひいてはドイツ軍にとって、48キロは無限の長さだったのである。

引き抜かれた第6装甲師団

むろん、この48キロを克服する努力がなされなかったわけではない。12月17日、それまで、戦略予備として控置され、ヒトラーの許可がなければ投入できないものとされていた第17装甲師団が、ついに第57装甲軍団の指揮下に入り、第6装甲師団とともに、上クムスキー付近の敵を攻撃、これを潰走せしめたのである。けれども、これが限界であった。わずか30両の稼働戦車を持つだけの第17装甲師団では、攻撃にそれ以上の衝力を与えることはできなかったのだ。第17装甲師団長フリードリード・フォン・ゼンガー・ウント・エターリン少将の戦後の回想は、苦々しいばかりのものとなっている。「救援作戦開始時に、私が恐れて

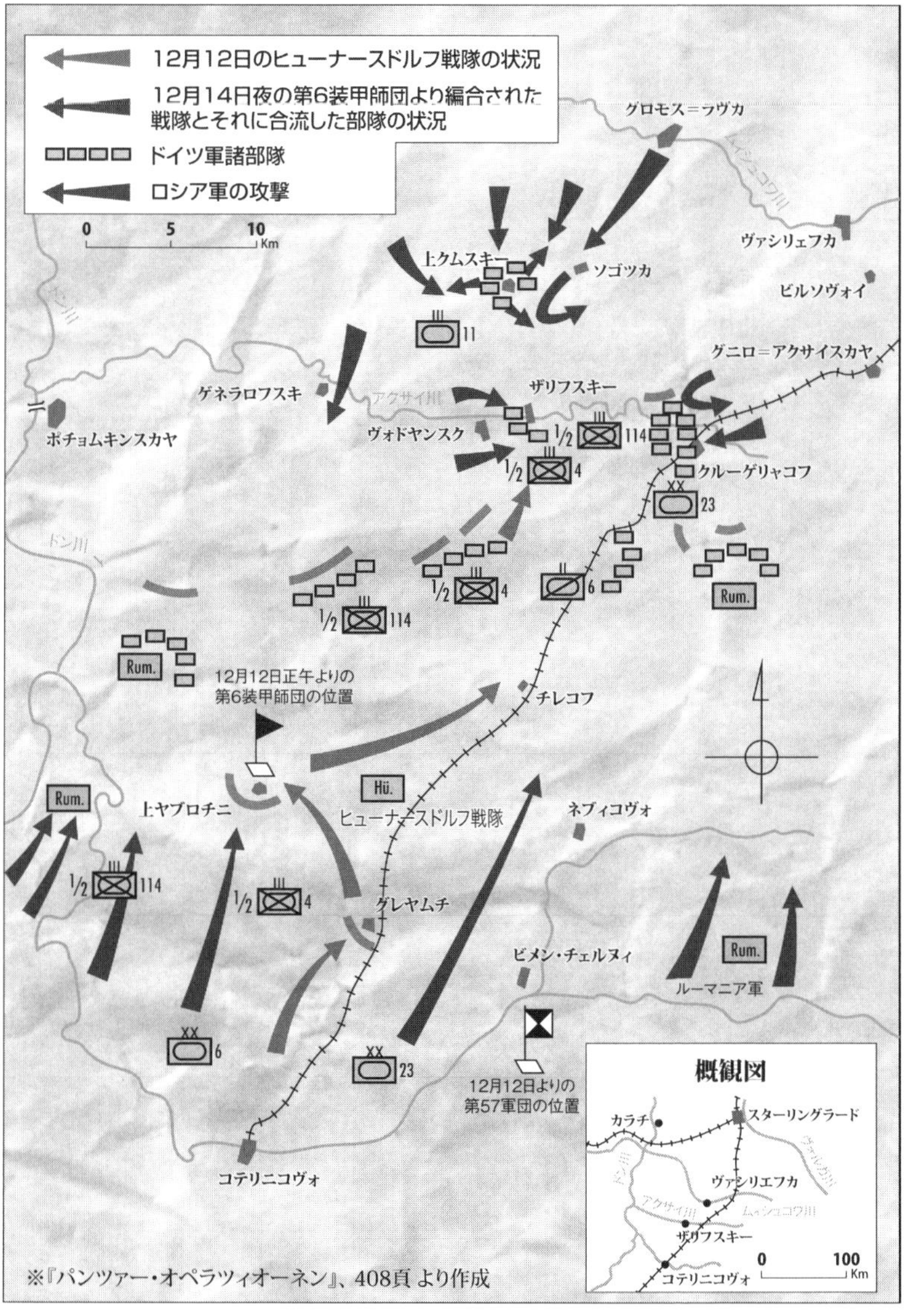

※『パンツァー・オペラツィオーネン』、408頁 より作成

いたことが、いまや現実になろうとしていた。弱体な1個軍団ごときがスターリングラードの大勝利をもぎとっていくことを許す気など、ロシア軍には毛頭なかったのだ」。

ゼンガー・ウント・エターリンの指摘は正鵠を射ている。ただし、ソ連軍の取った策は、第57装甲軍団を拒止するため、直接手当てすることだけではなかった。12月16日、ソ連軍南西正面軍は、ドン川上流で、イタリア第8軍とホリト軍支隊の包囲を狙う「小土星《マールイ・サトゥルン》」作戦を発動、あらたな脅威を突きつけてきたのである。まさしく、イギリスの軍事思想家バジル・H・リデル＝ハートのいう「間接的アプローチ」であった。さらなる戦果が期待できる攻勢を行うことにより、同時に、スターリングラード救援をはかるドイツ軍部隊に間接的な脅威を与え、停止に追い込もうとしたのだ。

ドン軍集団司令官は、外部からの救援を進められるのはここまでだと判断した。あとは、第6軍自身の努力に頼るしかない。12月18日、マンシュタインは、第6軍に突破を命じる権限を付与するよう、総統大本営に請願する。回答はにべもないものだった。ヒトラー付陸軍副官ゲルハルト・エンゲル中佐の日記には、このように書かれている。「M（マンシュタイン）は、またも第6軍の突破を求めてきた。それがスターリングラードとの連絡を維持し、よって同軍の大部分を救うための唯一の方法だというのだ。陰鬱な空気であった。Z（ツァイツラー）▼11の抗弁をよそに、F（総統）は突破の提案を再度却下した」。

結局のところ、スターリングラード救援に関していえば、ただ無為だけが支配することになった。パウルスは突囲をなそうとせず、マンシュタインも独断専行で第6軍に脱出を命じることをしなかったのだ。もはや「冬の雷雨」も止もうとしていた。マンシュタインは、「小土星」作戦に対応するため、1個装甲師団を抽出するよう、第4装甲軍司令官ホートに命じる。ホートとしては、全体情勢に鑑み、麾下装甲師団中最強の第6を差し出すしかなかった。ヒューナースドルフ戦隊はなおヴァシリエフカの橋頭堡を守っていたが、とうとう退却命令を受けた。12月23日付の第11戦車連隊戦時日誌をみよう。

「師団より橋頭堡の撤退命令を受領、これは、他に兵力なきため、命令を遂行できず、スターリングラードへの突破の見込みなしとの状況判断によるものであった。側面の防御がまったくないまま、これ以上同陣地を固守する意味もなく、師団は、ソ連軍によるあらたな突破の徴候がある他の方面へ転進することになった」。

かくて、第6装甲師団がスターリングラードへのラストスパートを果たす可能性があった時機は過ぎ去った。同市までの48キロは、無限の距離のままで終わったのだ。この「冬の雷雨」作戦での第6装甲師団の奮戦は、ドイツ軍がまだ諸兵科協同戦において、ソ連軍に優越していたことを如実に示すものだった。しかしながら、ソ連軍はすでに、諸戦役を組み合わせて、目標を達成するという点で、戦略的にドイツ軍を超えつつあった。第6装甲師団の敢闘が無益に終わり、わずか48キロの走破が成らなかったという事実は、この時期に独ソ戦の潜在的な転回があったことを象徴しているのである。

Ⅳ−2　後手からの一撃――鉄血のチェスゲーム

速やかで力強い攻勢転移――きらめく復讐の剣を振るうときこそ、防御がもっとも輝かしい光彩を放つ瞬間なのである。

カール・フォン・クラウゼヴィッツ

ヒトラーは、3月10日ザポロジェのマンシュタインを訪問した
(Bundesarchiv)

「疾走」と「星」

1943年1月、スターリンと赤軍大本営《スタフカ》にとっては、とほうもない可能性が開かれていた。スターリングラードで包囲されたドイツ第6軍を救出せんとする試みはくじかれた。ドイツ中央軍集団に対しても、1942年11月末に発動された「火星《マールス》」作戦がなお圧力を加え続けている。スターリングラード西方でも、フィリップ・I・ゴリコフ中将率いるヴォロニェシ正面軍が、ドイツの同盟軍であるハンガリーの第2軍を攻撃（1月13日）、これを潰滅させていた。ハンガリー第2軍の司令官はヤーニ・グスターヴ上級大将で、第一次世界大戦から参謀経験を積み、陸軍大学校校長を務めたこともある人物だったが、[1]対戦車兵器

もろくに持たない、二単位編制▼2の歩兵師団9個で長大な戦線を保持するのは不可能なことだったのだ。かくて、ソ連軍は戦線に大穴を穿《うが》ち、枢軸軍を退却に追い込んでいた。

1941年6月22日の開戦以来、ソ連は惨戦に耐えてきたが、ようやくドイツ・ファシストを撃滅する好機がやってきたのである。そのために、まず達成すべきは、ドイツ東部軍南翼《オストヘーア》の殲滅と南部ロシアの工業・資源地帯、ウクライナという穀倉の奪回だ。ソ連軍首脳部は、スターリングラードのドイツ軍防衛陣を覆滅する「輪《コリツォー》」作戦を実行する一方、ドン川流域での攻勢を拡大する作戦の策定にかかった。

東部戦線、進撃するドイツ軍

当時、南西正面軍を指揮していたニコライ・F・ヴァトゥーチン大将は、前面のドイツ軍がきわめて弱体化していることを察し、ドイツ軍ドン軍集団の後背部、マリウポリめざして突進すべきだと考えた。かかる機動は、ドンバス地域にある敵の退路を遮断し、南部ロシアにおけるファシストの抵抗を不可能とするであろう。1月19日、ヴァトゥーチンは、こうした構想にもとづく作戦を実行すべきだと赤軍大本営に上申した。「疾走《スカーチカ》」作戦の原案である。赤軍大本営は、ヴァトゥーチンの意見具申を評価した上で、その北方においても、これに呼応する攻勢を発動するのが得策とみた。ヴォロニェシ正面軍に作戦休止期間を取らせることなしに攻撃を続けさせ、ドイツ軍に陣地構築の余裕を与えずに叩いていくのだ。この案が、「星《ズヴェズダ》」作戦として実行されることになる。

1月20日、赤軍大本営は「疾走」作戦を承認し、ヴァトゥーチンにゴー・サインを出した。作戦開始は同月29日。南西正面軍の快速部隊は、作戦発動第七日までにマリウポリに到達、また、ザポロジェとドニエプロペトロフスク付近のドニエプル川渡河点を押さえる。南正面軍はヴァトゥーチンを支援し、ロストフ・ナ・ドヌーを占領、さらにアゾフ海北岸を前進するものとされた。加えて、1月23日には、ヴォロニェシ正面軍司令官ゴリコフに対し、麾下の諸部隊を急ぎ再編成し、2月2日にハリコフをめざす攻勢を発動せよと、「星」作戦の命令が下される。

この「疾走」と「星」の両作戦に先立つ赤軍大本営指令は、楽観と期待にみちみちていた。「ヴォロニェシ正面軍、南西正面軍右翼、ドンおよび北コーカサス正面軍麾下のわが部隊の作戦行動が成功した結果、敵の抵抗も克服された。敵防御陣は、広範な正面にわたって突破されている。縦深後方に予備兵力が存在しないため、敵増援部隊の逐次投入、あるいは行軍直後の投入が生起している。ばらばらの小分遣隊によってカバーされているだけの空隙部・空白の戦区ができたのだ。〔中略〕ドンバス地域、コーカサス、黒海の敵の小部隊を包囲殲滅するのに絶好の状況が眼の前にある」。

圧倒的な兵力の優勢、またとない戦略的好機に、赤軍首脳部が有頂天になったのも無理はない。それでもなお、決定的勝利と祖国解放を夢見るのは、気が早いというものだった。なぜなら、戦場の向こう側にいるのは、作戦次元においては、敵味方を通じてトップクラスの名手であるエーリヒ・フォン・マンシュタイン元帥だったからである。

危機に立つマンシュタイン

1941年11月20日、のちにドン軍集団となる大規模団隊の司令官に任命されて以来、マンシュタインは、スターリングラードで包囲された第6軍を救援しようと努力してきた。しかし、その使命を果たすことができぬまま、より大きな危険に直面することになっていた。もしソ連軍がドニエプル川の線をめざす大攻勢を発動し、ロストフを占領すれば、コーカサスのA軍集団はドイツ東部軍から分断され、ドン軍集団も死命を制されてしまう。すなわち、東部戦線の南翼は崩壊するのだ。

また、兵力差の開きも無視できない。アメリカの戦史家グランツの推定によれば、「疾走」作戦正面におけるソ連軍の優勢は、歩兵で二対一、戦車で四対一に達していたという。これは、あくまで総計の数字を比較したにすぎないから、ソ連軍が局所集中を行った場合、兵力差がいっそう開く可能性があるのだった。▼[3]

エーリヒ・フォン・マンシュタイン元帥（Bundesarchiv-Bild）

だが、驚くべきことに、マンシュタインは絶望などしていなかった。チェスの名手であり、クラウゼヴィッツの戦争哲学を自家薬籠中《じかやくろうちゅう》のものとしていた元帥は、退勢から急激に攻勢転移し、勝ち誇るソ連軍に一大打撃を加えることができると判断していたのである。具体的には、コーカサス、ドン川下流域、ドニェツ川、場合によってはドニエプル川西岸まで撤退する。これによって戦線は短縮され、部隊を抽出することが可能になる。しかも、退くドイツ軍を追う敵は側面をさらけだし、延びきった態勢になるであろう。そこに、満を持して、待機していた兵力による反攻をかける。ハリコフ周辺に集結させた部隊により、アゾフ海沿岸をめざす突進を敢行、ソ連軍攻撃部隊を包囲殲滅するのだ。

しかしながら、この「後手からの一撃《シュラーゲン・アウス・デア・ナッハハント》」を現実のものとするためには、二つの障害を克服しなければならない。一つは、いうまでもなく「疾走」と「星」の嵐をしのぎきることである。ソ連軍は予定通り、前者を1月29日、後者を2月2日に発動、撃滅された同盟軍に代わって戦線を埋めた間に合わせのドイツ軍諸部隊を痛打していた。ヴォロニェシ正面軍麾下の第40、第69、第5戦車軍が、南西正面軍の第6、第1親衛、第3親衛軍と協同し、ロストフ北西のドイツ軍戦線を圧迫したのである。積雪10センチ、気温は零度から零下10度程度と、この時期にしては比較的温暖な気候であったこともソ連軍に幸いした。マンシユタインとしては、第1装甲軍および第4装甲軍から有力部隊を投入し、手当てするほかない。

さらに、事態を悪化させたのは、スターリングラードで、フリードリヒ・パウルス元帥の第6軍が降伏したことだった（1月31日。北部でなお抵抗を続けていた第11軍団の残存部隊も、2月2日に投降した）。第6軍が抗戦を続けることにより、ソ連軍はスターリングラードという重要な交通の結節点を利用することができず、また攻囲部隊を拘束されていた。[4] その重しが取れたからには、ソ連軍攻勢の衝力もいや増す。かかる事態に対応するための時間も限られていた。「道なき季節《ラスプーチツア》」、雪解けと泥のため、部隊の移動がほとんど不可能になる時期が目前に迫っているのだ。

けれども、マンシュタインが機動戦を行い、ソ連軍の脅威を排除するためには、もう一つの障害を乗り越えなければならなかった。1941年から1942年にかけてのソ連軍冬季攻勢を挫折させたのは、自ら決断した死守命令があってこそ、と確信していた総統アドルフ・ヒトラーである。この冬も同様に寸土も譲るべからずとの方針に凝り固まっている総統を説得しなければ、マンシュタインの「きらめく復讐の剣」は鞘におさまったままということになりかねないのだった。

吹きすさぶ赤い疾風

そう、スターリングラードの第6軍を救出できないことがあきらかになったのちも、ヒトラーは遅疑逡巡し、撤退をためらっていた。たとえばロストフを奪われたなら、コーカサスに在るA軍集団は退路を失い、潰滅しかねないのだが、総統が同軍集団の退却を許したのは1942年12月27日、それも、一部の後退を認めたのみであった。[5] その結果、A軍集団麾下にあった第1装甲軍がドン川を越え、ドニェツ中流域に再集結を開始するのは、1943年1月末にまでずれこんだのである。

アドルフ・ヒトラーとは、こういう人物だった。マンシュタインが起死回生のカードを切るためには、その前に、この上官を説得しなければならなかったのだ。陸軍参謀総長クルト・ツァイツラー歩兵大将を通じて、機動の自由を求めていたマンシュタインは、1943年2月6日、ヒトラーとの作戦会議のため、東プロイセンのラステンブルクにあった総統大本営「狼の巣《ヴォルフスシャンツェ》」に召致された。この日と翌日に開催された会議の焦点は、むろん退却が許されるかどうか、である。[6]

マンシュタインは、ドニェツ川下流域から撤退し、ミウス川沿いに戦線を引き直すことを提案した。対するヒトラーは、重要資源を産出するドニェツ河床地帯を放棄することなど問題外だと応じる。すなわち、死守のテーゼだ。ツァイツラーによれば、この時期の総統は、ソ連軍はかくも長期にわたり攻勢を継続しているのだから、じきに力尽きて停止するものと確信していたという。なるほど、かかる判断は、ある程度当たってはいたのだが（本節でも、後段で検討する）、攻撃が自然に止まるだろうというのは楽観に過ぎた。加えて、ヒトラーは、春の雪解けとともにドン川は渡渉できなくなり、夏が来るまでは渡河攻撃不能となるとの見解を披瀝《ひれき》した。だが、マンシュタインにしてみれば、まったく予想できない天候の変化に期待するなど、論外のことである。粘る元帥にヒトラーも譲歩し、ドン軍集団の東部正面を、ミウス川の「もぐら《マウルヴルフ》」陣地まで後退させることに同意した。

だが、ヒトラーがためらっているあいだにも、ソ連軍の攻勢は順調に進捗していた。敵の矢おもてに立ったドン軍集団左翼のフレッター＝ピコ軍支隊、[7]そしてランツ軍支隊[8]をはじめとするB軍集団右翼は消耗しきっていたのである。まず、フレッター＝ピコ軍支隊はといえば、いずれも定数を大幅に下回る兵員・装備しか持たぬ歩兵3個師団（第304、第335、第3山岳）と装甲2個師団（第19および第27）しか有していない。これらも、歩兵師団とは名ばかりで、実質上の戦力は大隊規模に低下していた。[9]装甲師団も第19と第27を合わせて、保有戦車15両、同突撃砲7両という惨状を呈していたのだ。また、ドン軍集団の北翼に隣接するB軍集団右翼に在ったのは、3個歩兵師団、「大ドイツ《グロースドイッチュラント》」自動車化歩兵師団、武装親衛隊《ヴァッフェン・エスエス》「帝国《ダス・ライヒ》」装甲擲弾兵師団（以下、「帝国」とする）隷下の1個装甲擲弾兵連隊のみで、これら

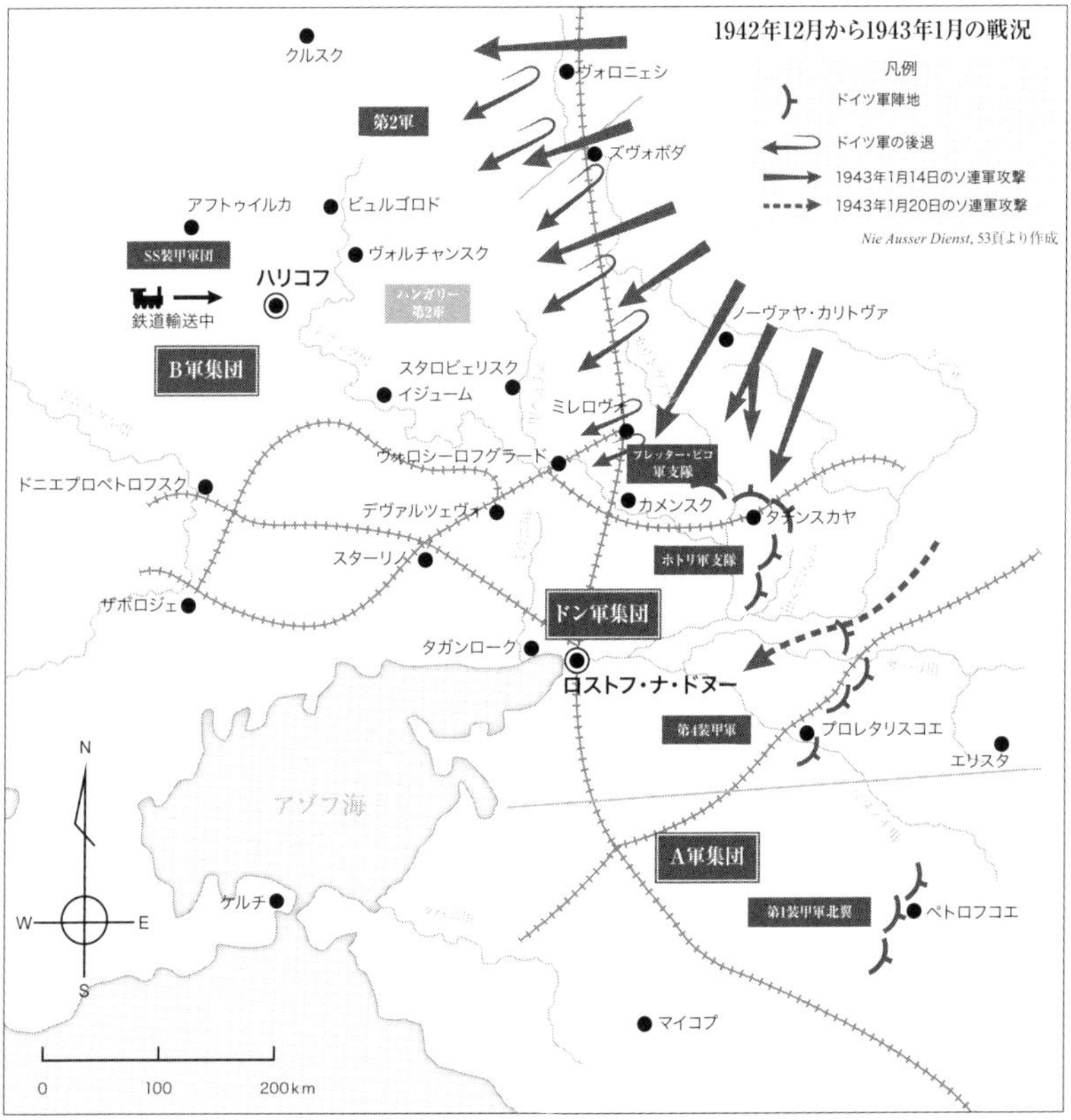
1942年12月から1943年1月の戦況
凡例
ドイツ軍陣地
ドイツ軍の後退
1943年1月14日のソ連軍攻撃
1943年1月20日のソ連軍攻撃
Nie Ausser Dienst, 53頁より作成
クルスク
ヴォロニェシ
第2軍
ズヴォボダ
アフトゥイルカ
ビュルゴロド
SS装甲軍団
ヴォルチャンスク
ハリコフ
鉄道輸送中
ハンガリー第2軍
ノーヴァヤ・カリトヴァ
B軍集団
スタロビェリスク
イジューム
ミレロヴォ
フレッター・ピコ軍支隊
ヴォロシーロフグラード
ドニエプロペトロフスク
カメンスク
デヴァルツェヴォ
タチンスカヤ
スターリノ
ホトリ軍支隊
ザポロジェ
ドン軍集団
タガンローク
ロストフ・ナ・ドヌー
第4装甲軍
プロレタリスコエ
エリスタ
N
アゾフ海
A軍集団
ケルチ
W
E
S
第1装甲軍北翼
ペトロフコエ
マイコプ
0
100
200km

「疾走」および「星」作戦参加ソ連軍戦闘序列（1943年1月～3月）

ヴォロニェシ正面軍（フィリップ・I・ゴリコフ中将(1)）

- 正面軍予備
  - 第86戦車旅団
  - 第150戦車旅団
  - 第2親衛戦車軍団
  - 第3親衛戦車軍団
- 第40軍
  - 第100 狙撃師団
  - 第107 狙撃師団
  - 第183 狙撃師団
  - 第303 狙撃師団
  - 第305 狙撃師団
  - 第309 狙撃師団
  - 第340 狙撃師団
  - 第25 親衛狙撃師団
  - 第129 狙撃旅団
  - 第4戦車軍団
    - 第45戦車旅団
    - 第64戦車旅団
    - 第102戦車旅団
    - 自動車化狙撃旅団（部隊番号不詳）
  - 第116戦車旅団
  - 第192戦車旅団
  - 第59独立戦車連隊（2月9日増援）
  - 第60独立戦車連隊（2月9日増援）
  - 第61独立戦車連隊（2月9日増援）
- 第69軍
  - 第161 狙撃師団
  - 第180 狙撃師団
  - 第219 狙撃師団
  - 第270 狙撃師団
  - 第37 狙撃旅団
  - 第137 戦車旅団
  - 第292 戦車連隊
- 第3戦車軍
  - 第12戦車軍団
    - 第30戦車旅団
    - 第97戦車旅団
    - 第106戦車旅団
    - 第13自動車化狙撃旅団
  - 第15戦車軍団
    - 第88戦車旅団
    - 第113戦車旅団
    - 第195戦車旅団
    - 自動車化狙撃旅団（部隊番号不詳）
  - 第6親衛騎兵軍団
  - 第111狙撃師団
  - 第184狙撃師団
  - 第48親衛狙撃師団
  - 第62親衛狙撃師団
  - 第179 戦車旅団
  - 第201 戦車連隊

増援
- 第25親衛狙撃師団（2月19日）
- 第253狙撃師団（2月23日）
- 第219狙撃師団（2月25日）
- 第1チェコスロヴァキア大隊（3月1日）
- 第19狙撃師団（3月1日）
- 第86戦車旅団（3月1日）
- 第17NKVD（内務人民委員部）狙撃旅団（3月1日）
- 第113狙撃師団（3月10日）
- 第1親衛騎兵軍団（3月13日）
  - 第1騎兵師団
  - 第2騎兵師団
  - 第7騎兵師団

南西正面軍（ニコライ・F・ヴァトゥーチン大将(2)）

- 正面軍予備
  - 第1親衛戦車軍団
  - 第25戦車軍団
  - 第1親衛騎兵軍団
- 第6軍
  - 第15狙撃軍団
    - 第6狙撃師団
    - 第172狙撃師団
    - 第350狙撃師団
  - 第267狙撃師団
  - 第106狙撃旅団
  - 第115戦車旅団
  - 第212戦車連隊
- 第1親衛軍
  - 第4親衛狙撃軍団
    - 第195狙撃師団
    - 第35親衛狙撃師団
    - 第41親衛狙撃師団
  - 第6親衛狙撃軍団
    - 第78狙撃師団
    - 第44親衛狙撃師団
    - 第58親衛狙撃師団
  - 第244狙撃師団
- ポポフ機動支隊
  - 第4親衛戦車軍団
    - 第12親衛戦車旅団
    - 第13親衛戦車旅団
    - 第14親衛戦車旅団
    - 第3親衛自動車化狙撃師団
  - 第3戦車軍団
  - 第10戦車軍団
  - 第18戦車軍団
  - 第52狙撃師団
  - 第38親衛狙撃師団
  - 第57親衛狙撃師団
  - 第9戦車旅団
  - 第11戦車旅団
  - 第7スキー旅団
  - 第5スキー旅団（2月18日増援）
  - 第10スキー旅団（2月18日増援）
- 第3親衛軍
  - 第14親衛狙撃軍団
    - 第14親衛狙撃師団
    - 第50親衛狙撃師団
    - 第61親衛狙撃師団
  - 第18親衛狙撃軍団
    - 第59親衛狙撃師団
    - 第243狙撃師団
    - 第279狙撃師団
  - 第60親衛狙撃師団
  - 第266狙撃師団（2月16日より第5戦車軍に転属）
  - 第203狙撃師団（2月16日より第5戦車軍に転属）
  - 第2親衛戦車軍団
  - 第23戦車軍団（2月16日より第5戦車軍に転属）
  - 第2戦車軍団
  - 第1親衛機械化軍団
  - 第8親衛騎兵軍団
    - 第21騎兵師団
    - 第55騎兵師団
    - 第112騎兵師団
- 第5戦車軍
  - 第321狙撃師団
  - 第333狙撃師団
  - 第47親衛狙撃師団
  - 第203狙撃師団（2月16日増援）
  - 第266狙撃師団（2月16日増援）
  - 第23戦車軍団（2月16日増援）

(1) 1943 年 1 月 19 日付で大将に進級
(2) 1943 年 2 月 12 日付で上級大将に進級

Glantz, *From the Don to the Dnepr*, 382-384 頁 より作成

が約200キロの戦線を守っていたのである。これでは、B軍集団司令官マクシミリアン・フォン・ヴァイクス上級大将が、「当軍集団は、〔ドン軍集団の〕側面掩護のため、指定された地域を確保するに充分なだけの戦力を有さず」と、ヒトラーに報告したのも無理はなかった。

かくて、赤い疾風は吹き荒れた！　ヴォロニェシ正面軍は、ドニェツ川北部流域を通過、西方へと突進していた。南西正面軍が「疾走」中で、ハリコフに向けて3個軍を集中前進させている。その南では、南西正面軍司令官ヴァトゥーチンは、レニングラード、モスクワ、スターリングラードのすべての戦いに参加したベテラン、マルキァン・M・ポポフ中将に4個戦車軍団ほかを預け、機動支隊を編合したのであった。[10] その任務は、機動による縦深打撃作戦を進めてアゾフ海沿岸に到達、ドン軍集団とA軍集団の退路を断つことにあった。これまでの作戦で激しく消耗していたにもかかわらず、ポポフ機動支隊はドニェツ川北部を渡って突進、12日には炭鉱地であるクラスノアルメイスカヤを占領する。ヴォロニェシ正面軍も負けず劣らずの前進をみせ、2月8日にはクルスクを奪回していた。

ハウサーは抗命したのか

かかる苦境を受けて、ドイツ側では指揮系統の再編成が行われた。2月12日、マンシュタインのドン軍集団は南方軍集団と改称され、ランツ軍支隊を麾下に入れる。B軍集団は解隊され、その指揮下にあった第2軍は中央軍集団に配転された。とはいえ、組織改編で状況が改善されるわけではない。以後の戦況は、そのことをまざまざと示していた。

ヴォロニェシ正面軍は、2月8日にビェルゴロドを占領、ハリコフに向かう北の進路を啓開していたが、いまやソ連邦四番目の大都市ハリコフを解放すべく、麾下3個軍を差し向けてきたのである。

ヒトラーは、威信にかけてもハリコフを失うわけにはいかないと、武装親衛隊装甲擲弾兵師団

南方軍集団戦闘序列（1943年2月24日）

- **南方軍集団**（エーリヒ・フォン・マンシュタイン元帥）
  - ケンプフ軍支隊
    - ラウス軍団
      - 装甲擲弾兵師団「大ドイツ」
      - SS装甲擲弾兵師団「髑髏」隷下連隊1個
      - 第320歩兵師団
    - 第167歩兵師団
    - 第168歩兵師団
    - SS装甲擲弾兵師団「アドルフ・ヒトラー直衛旗団」
    - 第88歩兵師団隷下1個連隊
  - 第4装甲軍
    - 第48装甲軍団
      - 第17装甲師団
      - 第6装甲師団（一部欠）
      - 第153野戦訓練師団
    - SS装甲軍団
      - SS装甲擲弾兵師団「帝国」
      - SS装甲擲弾兵師団「髑髏」（一部欠）
      - 第15歩兵師団
      - シュタインバウアー支隊
    - 第5軍団
      - 第444保安師団
      - 第454保安師団
      - 第111歩兵師団
      - コサック連隊1個
    - 第57装甲軍団
      - 第23装甲師団
      - 第16自動車化歩兵師団
      - 第15空軍野戦師団
    - 第29軍団
      - 第79支隊
      - 第177支隊
  - 第1装甲軍
    - 第30軍団
      - クライジング支隊（第3山岳師団）
      - シュルト支隊
      - 第304歩兵師団
      - 第335歩兵師団
    - 第3装甲軍団
      - 第3装甲師団
      - 第7装甲師団隷下1個戦車連隊
      - 第19装甲師団
      - 第333歩兵師団隷下1個連隊
    - 第40装甲軍団
      - 第7装甲師団（一部欠）
      - 第11装甲師団
      - SS装甲擲弾兵師団「ヴィーキング」（ヴァイキング）
      - 第333歩兵師団隷下2個連隊
  - ホリト軍支隊
    - 第29軍団
      - 第15空軍野戦師団
      - 第16自動車化歩兵師団
      - 第23装甲師団
      - 第79歩兵師団
    - ミート支隊
      - 第336歩兵師団
      - 第338歩兵師団

Glantz, *From the Don to the Dnepr*, 387-388 頁より作成

「アドルフ・ヒトラー直衛旗団《ライプシュタンダルテ・アドルフ・ヒトラー》」（以下、LAHと略記）と「帝国」から成るSS装甲軍団を、フランスの編成地、ノルマンディ地区から引き抜き、同市防衛に投入していた。[11] そればかりか、2月8日には、SS装甲軍団長パウル・ハウサー武装親衛隊大将《オーバーグルッペンフューラー》に対し、反撃に出るよう命じている。いかにSS装甲軍団が当時のドイツ軍にあっては最強、最優秀部隊の一つであったとはいえ、彼我の勢力差を考えれば、沙汰の限りであった。若干の成功を収めたものの、北、東、南東および南からハリコフに押し込められていくSS装甲軍団に、焦慮したヒトラーは厳命した（2月13日）。「いかなる犠牲を払ってもハリコフを死守すべし！」

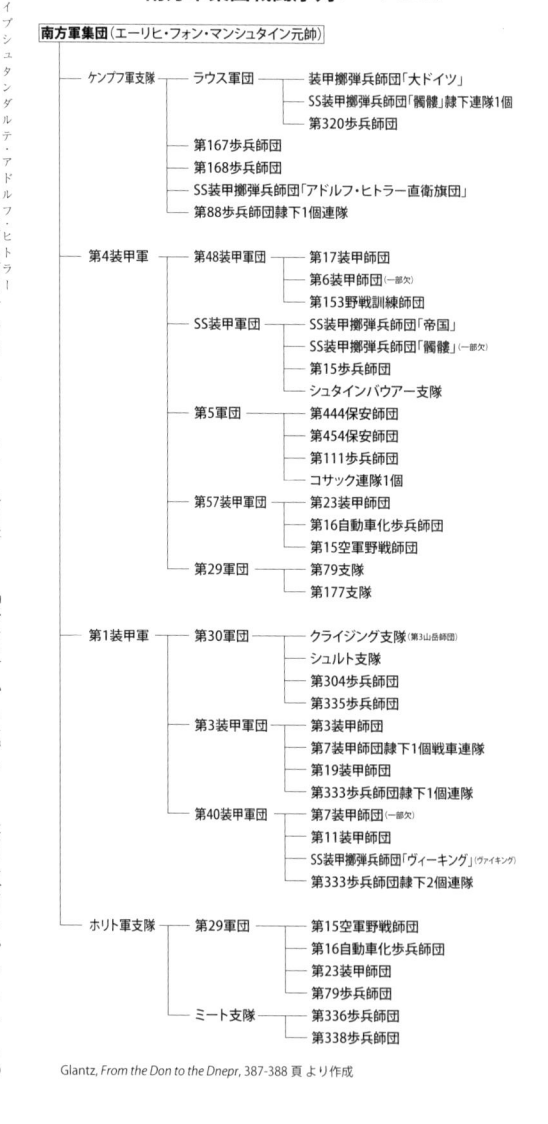

ここで、ハウサーは有名な一挙に出た。ヒトラーの死守命令を無視して、残された南西方向への退路からSS装甲軍団を脱出させたのである。この抗命ともいうべき行為について、SSの将軍でさえ人命を重視したと褒めそやす論者もいれば、ハウサーを名将と讃える戦史マニアも少なくない。しかしながら、グランツが、ランツ軍支隊作戦参謀戦時日誌から再構成したところによれば、ことはそう単純ではないようだ。以下、時系列に沿って記す。2月14日、ソ連軍がハリコフ包囲環を完成させつつあり、しかも同日の夜に市民の蜂起が発生したのをみたハウサーは抗戦継続をあきらめ、直属上官である軍支隊司令官ランツ山岳兵大将に退却許可を求めた。また、14日から15日の夜にかけて、もう一度後退の請願を出している。ランツは、この二度にわたる上申を拒絶した。そこで、ハウサーは、15日に独断でSS装甲軍団に撤退命令を出す。

ところが、あまり知られていない舞台が、もう一幕あった。総統の死守命令を楯に取ったランツが防衛継続を求めてきたのに対し、ハウサーも折れ、16日午前零時直前に退却命令を撤回、「最後の一兵までハリコフを固守する」と決断した。けれども、事態はもはや先に進んでいた。「帝国」師団は後退命令を受けて、すでにハリコフ市北方の陣地から撤収していたのだ。しかも、16日の払暁前にソ連軍は夜襲を敢行、「帝国」師団が空にした陣地を占領していた。これでは、今さら死守を貫徹することなど不可能だったであろう。

つまり、ハウサーは混乱した状況のなかで、ひとたびはハリコフ放棄を命じながらも、ランツに総統の命令を持ち出され、あらためて同市の死守を決意していたのである。さはさりながら、結果としてハウサーは、ヒトラーの命令に背いて、ハリコフから撤退したかたちになる。ハウサーが武装親衛隊の将軍でなかったならば、ヒトラーにより軍法会議にかけられたであろうと、マンシュタインは回想録に記している。たしかに、ヒトラーはハウサーを処罰していない。さしもの総統といえども、軍事的合理性に沿った彼の行動を非難するわけにはいかなかったのだというのが、おおかたの戦史家の見解だ。

けれども、アメリカの軍事史家でルイジアナ大学教授であるサミュエル・ミッチャムは、別の要因を示している。実は、ハウサーはこの一件の三週間前に、ナチ党員としては最高の名誉である黄金党員章《ゴルデネス・パルタイアップツァイヒェン》を授与されたばかりであった。そのハウサーを、命令に背いて退却した人物として処断すれば、ヒトラーの面目が丸つぶれになってしまうため、手をつけられなかったというのだ。

このミッチャムの主張が当たっているかどうかは措くとして、ハリコフ失陥のスケープゴートにされたのは、皮肉にも、最後の一兵まで死守せよと命じ続けた軍支隊司令官だった。1943年2月20日、ランツは解任され、指揮官予備《フューラーレゼルヴ》に移される。後任は、ヴェルナー・ケンプフ装甲兵大将であった[13]。

抜かれた剣

ドイツ軍にとっては不幸なことに、深刻な事態となっていたのは、ハリコフだけではなかった。同市が陥落した2月16日、中央軍集団は、クルスク西方とハリコフ北方にできた戦線の間隙を埋めることに失敗したのである。加えてソ連軍は、ランツ軍支隊と第1装甲軍のあいだに150キロ幅の大穴を開け、パヴログラードとドニエプロペトロフスクに突進していた。

この危機に対処する方策を協議すべく、ヒトラーは2月16日の晩に、ザポロジェにあった南方軍集団司令部を訪問、再び作戦会議を行うことに決めた。翌17日午後、総統専用機で飛来したヒトラー相手に戦況を説明したのち、マンシュタインは、集結しつつあるSS装甲軍団をパヴログラードに進出させ、南から同市に迫る第4装甲軍と協同、突進してくるソ連軍を挟撃させる反攻計画を提案した。それによって、第1装甲軍とホリト軍支隊[14]が分断される危険を排除してから、ハリコフ奪回に着手するのである。マンシュタインが夢見た巨大な反攻、本来のかたちの「後手からの一撃」はもはや実行できそうにない。しかしながら、ソ連軍の槍の穂先を打ち砕き、攻勢に転じる機会はまだあるのだ。

しかし、ヒトラーは、じきにやってくる泥濘の季節が機動戦を阻害してしまうことを危惧し、ハリコフ攻撃を優先することを望んでいた。かくて、17日ならびに18日の会議においては、結論を出せない議論が続く。ところが、19日に飛び込んできた急報が、マンシュタインに、予想外のフリーハンドをもたらした。かかるソ連戦車部隊の先鋒が、南方軍集団司令部北北東60キロの地点に到達したとの知らせが入ったのだ。かかる危険な場所に、一国の指導者が長居するなど問題外である。総統は、マンシュタインの攻勢を原則的に支持するとしたのみで、そそくさとザポロジェを去っていった。

ヒトラーから自由になった機会を逃してはならない！　総統専用機が飛び去っていった直後、マンシュタインは反攻命令を下した。折から、ソ連南西正面軍は、第1装甲軍とランツ軍支隊のあいだに突出し、延びきった態勢になっている。窮地であると同時に、敵主力を撃滅する絶好のチャンスでもあった。弱体とはいえ、両側面は保持されている。今こそ、持てる快速部隊のすべてを投じて、突出部にある第1親衛軍、第6軍、ポポフ機動支隊を側面ならびに後背部から攻撃し、これを殲滅するのだ。おそらくマンシュタインの眼には、ソ連軍が獅子の顎《あぎと》のあいだに首を突っ込んでいるようにみえたであろう。

夢想にふけるソ連軍

しかし、対するソ連軍も素人ではない。およそ一年半の厳しい戦いに鍛えられ、ドイツ軍と同等とまではいかなくても、作戦・戦術の腕前を上げているのだ。となれば、マンシュタインの思惑通りにはいかず、しかるべき手を打ってくるのではないか？

そうではなかった。赤軍大本営から正面軍司令官に至るまで、この時期のソ連軍首脳部は、ドイツ・ファシストは抵抗力を失ったものと判断し、勝利は近いと確信していたのである。1942年末以来、彼らがあげた戦果を考えれば、無理からぬことだった。何といっても、ドイツ第6軍、イタリア第8軍、ハンガリー第2軍の3個軍を殲滅し、ドイツ第4装甲軍ならびに第2軍に対し大打撃を加えていたのだ。たとえ、西方から増援をつぎこんだとしても——そのなかにＳＳ装甲軍団が含まれていたとしても、かくも大きな損害を埋め合わせることなどできはしまい。

かような楽観のもと、ソ連軍首脳部は、マンシュタインが反攻を準備している兆候をつかみながらも、対応を怠った。攻勢の主役たるゴリコフもヴァトゥーチンも、ドイツ軍は大河ドニエプルという自然の障害に頼るべく総退却しているのだと信じて疑わなかったのだ。当然のことながら、情勢判断も、そうした先入主に染められたものとなる。彼らは、ドイツ軍は反攻ではなく、退却のために部隊を集結させているのだとみた。

2月17日付の南西正面軍情勢報告を例に挙げよう。この報告書では、クラスノグラードおよびクラスノアルメイスコエに敵装甲部隊の集結が確認されている。が、それは突出したソ連軍の一部を攻撃、これを撃滅して、ドンバス地域にある敵部隊がドニエプルを越えて退却するための連絡線を確保する目的を持っていると判断されていた。「あらゆる情報が、敵の企図は、ドン川河床地域より後退し、ドニエプル川後方に部隊を撤収させることにあると確認している」というのが、同報告書の結論であった。

また、2月19日から20日にかけても、航空捜索によりドイツ軍装甲部隊の集結やドニエプロペトロフスクからの装備・物資の移動が確認されていたものの、20日午後4時に南西正面軍参謀長セミョーン・Ｐ・イヴァノフ中将が提出した情勢報告では、ドイツ第48装甲軍団の移動は、ザポロジェに撤退しているものとみなされるとあった。この判断をもとに、正面軍司令官ヴァトゥーチンも、麾下第6軍に前進継続を命じるとともに、正面軍が有する機動戦力に対し、「いかなる犠牲を払っても、与えられた任務を完遂せよ」と求めたのだ。

南西正面軍は、こうした判断を、隣接するヴォロニェシ正面軍にも伝え、進撃を加速するよう鼓舞した。ＳＳ装甲軍団のハリコフ放棄も、こうした楽観をつよめた。ヴォロニェシ正面軍司令官ゴリコフはのちに、

「この段階で、敵の企図と能力について、私が不正確な観測をしていたことを認めることが必要だ」と、婉曲な表現ながら失敗を認めている。彼が情報の専門家とみなされていたことを思えば[15]、その失態もまた際立ったといっても過言ではあるまい。

もっとも、的確な情勢判断ができなかったのはヴァトゥーチンやゴリコフだけではない。彼らの上に立つ赤軍大本営も同様であった。2月21日、参謀本部作戦部長代理アレクサンドル・N・ボゴリューボフ中将は、「今夕、敵が稠密《ちゅうみつ》な縦隊を組んで、ドンバス地域より撤退していることを示す正確な情報がある」と述べている。この「稠密な縦隊」がマンシュタインの反攻に参加すべく前進中の部隊だったことはいうまでもない。

かくて、ソ連軍は防御態勢に切り替えるのではなく、ほとんどの部隊が前進隊形のまま、言い換えれば脆弱な状態で攻撃を受けることになったのである。すべては、ドイツ軍は壊滅に瀕しているという夢想、あるいは願望のなせるわざであった。

ゲームの逆転

1943年2月20日、南方軍集団は反攻を開始した。打撃部隊4個による包囲撃滅戦、グランツが「古典的な機動戦」と評した作戦である。

先陣を切ったのは、運動戦の名人ヘルマン・ホート上級大将率いる第4装甲軍だった。同軍麾下の第40装甲軍団は、ポポフ機動支隊の殲滅を実行しつつ、クラスノアルメイスコエからドニェツ川北部流域に突進する。23日には、エーベルハルト・フォン・マッケンゼン騎兵大将の第1装甲軍団が北東に突進、第40装甲軍団と手をつなぐ。その前日には、SS装甲軍団と第48装甲軍団が、南西正面軍の側面を守っていたソ連第6軍と第1親衛軍を叩き、ザポロジェに迫っていた敵第25戦車軍団を孤立させる。燃料を使いはた

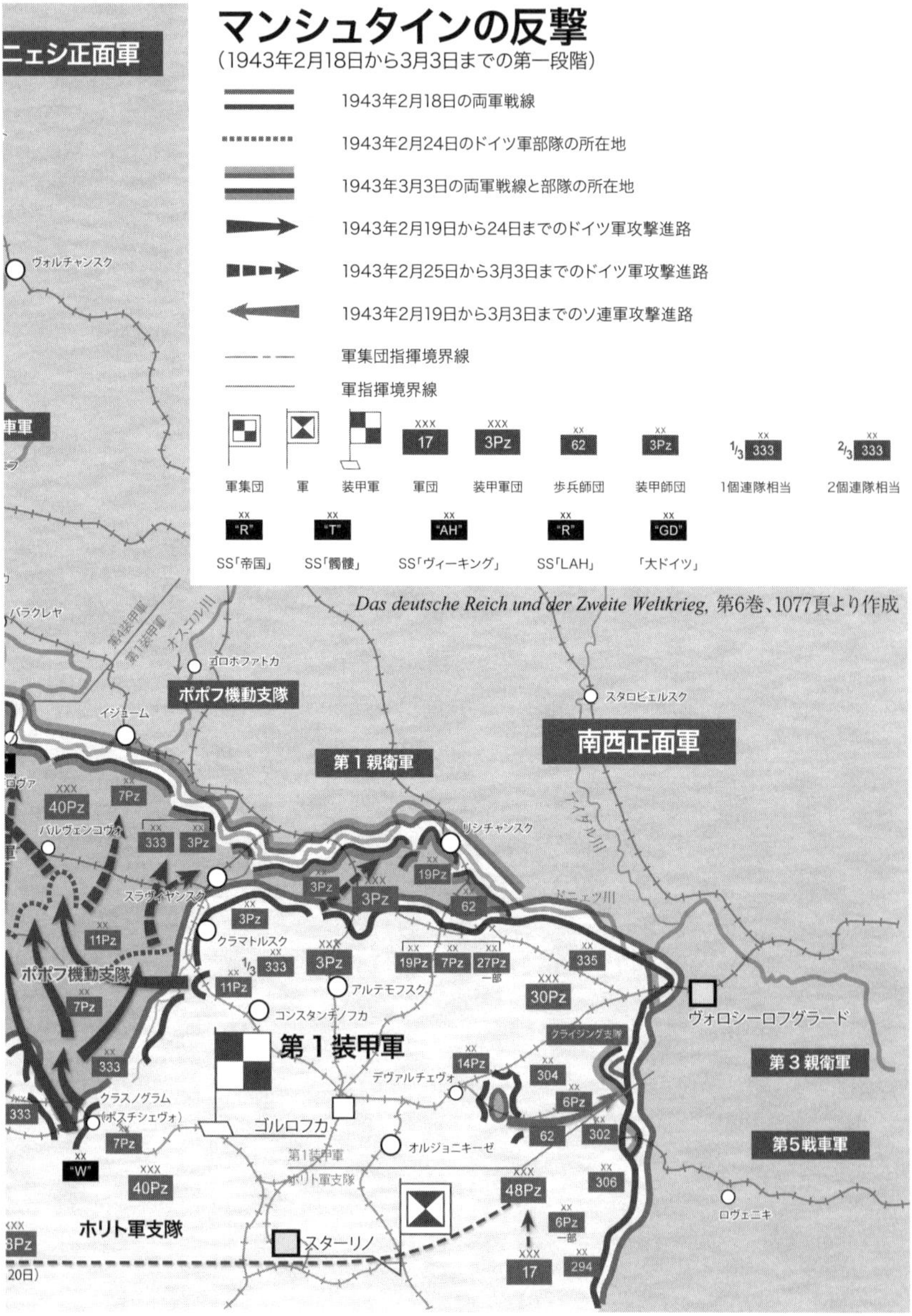
マンシュタインの反撃
(1943年2月18日から3月3日までの第一段階)
1943年2月18日の両軍戦線
1943年2月24日のドイツ軍部隊の所在地
1943年3月3日の両軍戦線と部隊の所在地
1943年2月19日から24日までのドイツ軍攻撃進路
1943年2月25日から3月3日までのドイツ軍攻撃進路
1943年2月19日から3月3日までのソ連軍攻撃進路
軍集団指揮境界線
軍指揮境界線
軍集団
軍
装甲軍
軍団
装甲軍団
歩兵師団
装甲師団
1個連隊相当
2個連隊相当
SS「帝国」
SS「髑髏」
SS「ヴィーキング」
SS「LAH」
「大ドイツ」
Das deutsche Reich und der Zweite Weltkrieg, 第6巻、1077頁より作成
ニェシ正面軍
ヴォルチャンスク
バラクレヤ
オスコル川
ロホファトカ
ポポフ機動支隊
イジューム
スタロビェルスク
南西正面軍
第1親衛軍
バルヴェンコヴォ
リシチャンスク
アイダル川
スラヴィヤンスク
ドニェツ川
クラマトルスク
アルテモフスク
コンスタンチノフカ
ヴォロシーロフグラード
第1装甲軍
クライジング支隊
第3親衛軍
デヴァルチェヴォ
クラスノグラム
(ポスチシェヴォ)
ゴルロフカ
オルジョニキーゼ
第5戦車軍
第1装甲軍
ホリト軍支隊
ロヴェニキ
ホリト軍支隊
スターリノ
20日)

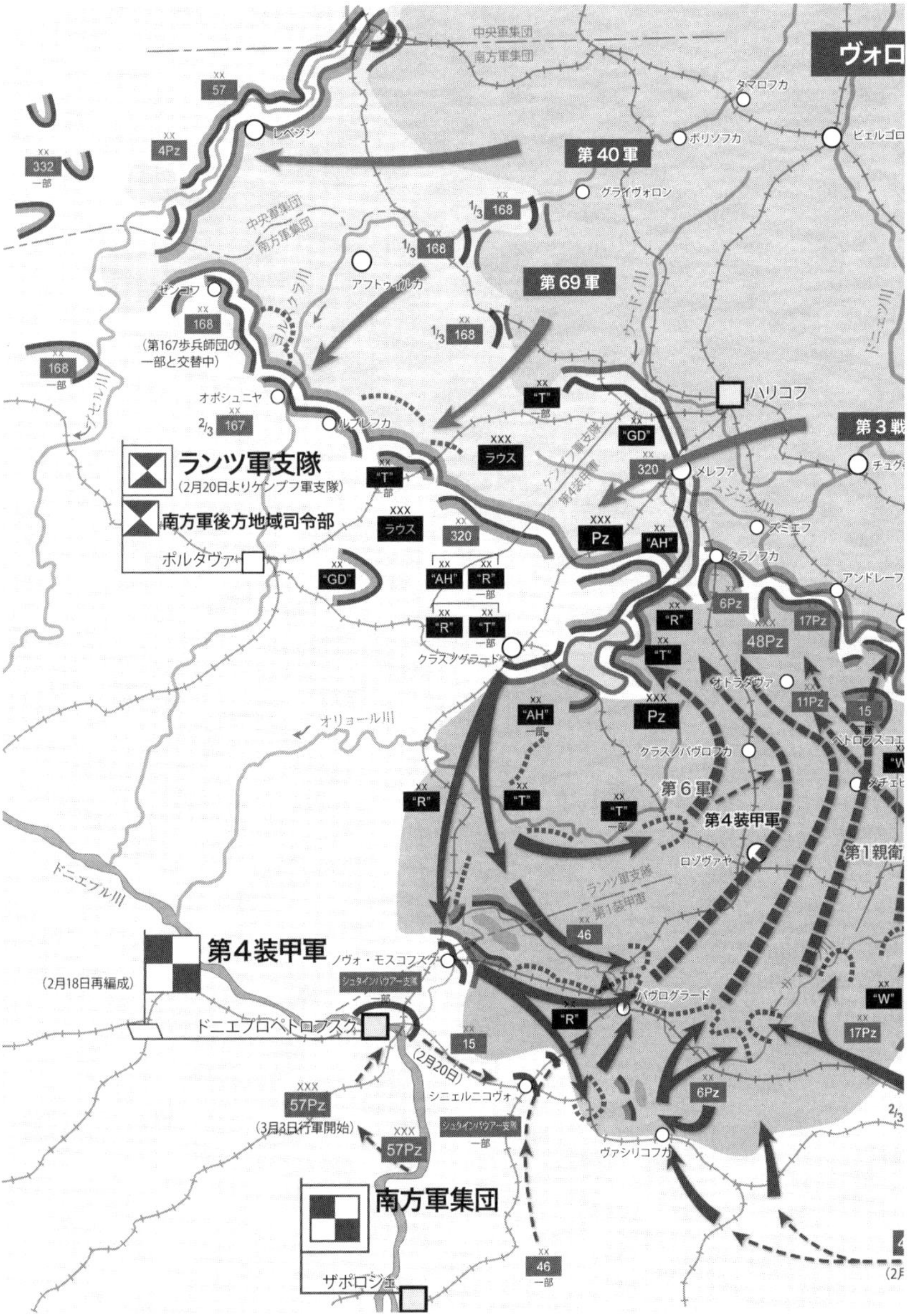
中央軍集団
南方軍集団
ヴォロ
タマロフカ
ビェルゴロ
ボリソフカ
第40軍
グライヴォロン
レベジン
57
4Pz
332
一部
1/3 168
第69軍
アフトゥィルカ
ゼンコフ
ヴォルスクラ川
168
(第167歩兵師団の
一部と交替中)
一部
ヴォルスクラ川
ウーディ川
ドニェツ川
ハリコフ
オポシュニヤ
2/3 167
ルブレフカ
"T"
"GD"
第3戦
ランツ軍支隊
(2月20日よりケンプフ軍支隊)
南方軍後方地域司令部
ポルタヴァ
ラウス
320
メレファ
チュグ
ケンプフ軍支隊
第4装甲軍
ムジュ川
ズミエフ
Pz
"AH"
タラノフカ
アンドレーフ
"R"
6Pz
17Pz
48Pz
クラスノグラード
オトラダヴァ
11Pz
15
ペトロフスコエ
オリョール川
クラスノパヴロフカ
メチェビ
"W"
第6軍
第4装甲軍
ロゾヴァヤ
第1親衛
ランツ軍支隊
第1装甲軍
46
ドニエプル川
第4装甲軍
(2月18日再編成)
ノヴォ・モスコフスク
シュタインバウアー支隊
パヴログラード
ドニエプロペトロフスク
(2月20日)
57Pz
(3月3日行軍開始)
シニェルニコヴォ
ヴァシリコフカ
南方軍集団
ザポロジェ
(2月

した第25戦車軍団の将兵は装備を捨て、徒歩で北方へ脱出していった。24日夜までに、第48装甲軍団は約60キロ前進しており、他の装甲軍団もこれに呼応して突進していた。この間、稼働率の改善に努めていた第4航空軍（男爵ヴォルフラム・フォン・リヒトホーフェン元帥指揮）が俄然その威力を発揮し[16]、航空優勢を奪って、地上軍の支援をほしいままにしたことも大きかった。

劇的な逆転であった。すでに述べたように、その背景には、ドイツ軍は崩壊しかけているとしたソ連軍首脳部の誤判断があったとみてよかろう。勝利は目前にあると信じたヴァトゥーチンとゴリコフは、無理な攻勢を――あとからみれば、ということでしかないが――強行していたのである。にもかかわらず、ドイツ軍は装甲部隊を集中し、強力な反攻に出てきた。当然のことながら、マンシュタインの反攻は心理的奇襲となり、実際の兵力比以上の強烈な効果を得たのだ。

また、スターリングラード反攻以来、ほとんど休養や再編成を取ることなく、戦いつづけてきたソ連軍諸部隊が疲弊し、消耗しきっていたことも無視できない。しかも西方に前進するにつれ、連絡線が細っていくとあっては、なおさらだった。撤退する枢軸軍は、線路や橋梁、道路などを破壊していったのである。当時のソ連軍の輸送車両不足が、兵站維持の困難に拍車をかけた。「疾走」および「星」作戦当時、兵站主地のほとんどは、1942年12月なかばの位置にとどまっていた。ソ連軍は、そこから数少ない輸送車両、馬匹、さらには人力を使って、前線に物資を補給してやらねばならなかったのだ。

戦闘要員・装備の消耗も、見過ごせないレベルに達していた。例として「疾走」作戦の主役であったポポフ機動支隊の状況をみよう。実は、同支隊が戦闘に投入された際の保有戦車数は180両にまで低下していた。それまでの作戦で消耗した戦車が補充されぬままだったから、ポポフ機動支隊麾下の4個戦車軍団は、いずれも建制をはるかに下回る状態におちいっていたのであった。それゆえ、各戦車軍団は持てる戦車のすべてを隷下戦車旅団中の1個に集中し、打撃力を保つという応急策を余儀なくされた。たとえば、「疾走」作戦発動直後のドイツ第7装甲師団との戦闘で消耗した第4親衛戦車軍団の保有戦車数は37両に減少し、2月5日に第3戦車軍団と合流、戦力の保持をはからなければならないありさまだった。このとき、第4親衛戦車軍団長パヴェル・P・ポリュバヤロフ少将は、隷下第14親衛戦車旅団から第12親衛戦車旅団に17両の戦車を移管し、先鋒部隊の強化をはかっている。ちなみに、同じく第4親衛戦車軍団隷下の第13戦車旅団も、このときまでに他部隊に戦車を引き渡し、戦車隊とは名ばかりになっていた。

かてて加えて、前述した交通手段の弱体化に由来する燃料・弾薬不足が生じている。ヒトラーが、ソ連軍の攻勢もいずれ力尽き、止まるだろうと楽観していたことは、すでに記した。その判断が誤っていたことは間違いないが、まったく的外れというわけでもなかったといえよう。むろん、南西正面軍麾下の軍司令官たちは、兵力不足や補給の困難を上層部に訴え、全面的な攻勢はもはや不可能であると進言していた。しかし、ヴァトゥーチンは、ドイツ軍は崩壊しつつあり、泥濘期《ラスプーチツァ》が来る前にドンバス地域の敵を殲滅しなければならないという固定観念に囚われており、幸運の女神の前髪をつかもうと、疲弊しきった部下たちを攻撃に追い立てていたのだ。けれども、彼は先走りすぎた。幸運の女神はまだ、ずっと後ろにいたのである

勝利の仕上げ——第三次ハリコフ攻防戦

ドイツ軍の猛反攻に遭い、ドニェツ川北部より南の部隊を事実上殲滅されたソ連軍は、自分たちの夢想をくじかれたことを識《し》り、混乱しながらも対応にかかった。ヴァトゥーチンも、南西正面軍に深刻な危機が迫っていることに気づき、ドニェツ川の背後に後退、防御態勢を取ることを命じる。なんといっても、第4装甲軍だけで、敵の戦車156両、砲178門を鹵獲、または破壊し、兵員約1万5000名の損害を与えていた(作戦発動から2月28日までの戦果)のだから、ソ連軍の攻勢と勝利の希望が雲散霧消したのも当然であった。赤軍大本営も、突如生じた危機を収拾すべく、ドイツ中央軍集団に対する攻勢のため、

中央正面軍に増援される予定だった第62および第64軍をハリコフ北方に差し向けた。

だが、ひとたび変わった潮流をもう一度転回させるのは容易なことではない。もちろん、マンシュタインもそんなことを許す気はなかった。「疾走」作戦を挫折させ、南西正面軍に大打撃を与えた元帥は、続いて「星」作戦にあたっていたヴォロニェシ正面軍を叩きにかかった。狙いは、もとより敵野戦軍を撃滅し、戦果を拡張、東部戦線南翼を安定させることにある。とはいえ——ハリコフという目標も無視することはできなかった。いかに重要であろうと、都市一つにこだわり、あまつさえ、その奪取のため、市街戦に突入して甚大な損害を出すことなど、マンシュタインの望むところではない。が、元帥は、ハリコフが「戦闘部隊、そして麾下部隊の幕僚にとって、魔法のごとく士気を鼓舞する存在」であることも知っていたし、何よりヒトラーがそれを望んでいた。3月7日、総統は、ツァイツラー参謀総長を通じて、政治的な理由からハリコフ奪取を強く望んでいると伝えてきた。この「政治的理由」のなかには、子飼いのSS装甲軍団にハリコフ放棄の雪辱を果させてやりたいという気持ちもあったであろう。

それでも、無用な損害を出すことを恐れたマンシュタインは、短切な一撃により、スターリングラード戦のような膠着におちいることなく、ハリコフを占領すると決した。3月1日から5日にかけて、ホートの第4装甲軍は、応援にかけつけたソ連第3戦車軍を撃破しつつ、ハリコフに迫った。ホートはマンシュタインの指示に従い、同市を北と北東から包囲し、孤立させるつもりだった。が、このとき、またしてもハウサーが恣意専横をはたらいた。ハリコフ中心部での戦闘は避けよと、マンシュタインから直接命令されていたにもかかわらず、SS装甲軍団を市街地に突入させたのである。あるいは、2月の死守命令に背いた退却の「汚名」を、ハリコフ再占領によって返上しなければ、おのが地位が危ないと焦ったのかもしれない。いずれにせよ、SS装甲軍団は、マンシュタインの命令を無視して、ハリコフ直接攻撃を敢行した。

しかし、元帥の危惧も杞憂に終わった。第4装甲軍とケンプフ軍支隊はヴォロニェシ正面軍の駆逐にかかっており、孤立したハリコフを救援する余裕などソ連軍にはなかったのである。激戦を重ねた末のことではあったが、SS装甲軍団はハリコフ守備隊を掃討し、3月14日、同市を完全占領した。以後数日のうちに、ドイツ軍は、1942年の「青《ブラウ》」作戦開始時に保持していた地域を、ほぼ回復した。ドンとドニエプルのあいだの地域をめぐる攻防は、振り出しに戻ったのだ。さらに、23日までに雪解けと泥濘の季節がはじまり、両軍ともに大規模な行動を行うことは不可能になった。

再生するソ連軍

こうして、ドイツ軍南翼を崩壊させようとするソ連軍の企図は打ち砕かれた。マンシュタインはひとまず、鉄血のチェスゲームに勝ったのである。この一連の戦闘は、まさしくマンシュタイン作戦の最高傑作と評価してもさしつかえあるまい。さりながら、ドイツ軍の勝因を元帥の作戦的な天分にのみ記するのは当を得ていないだろう。本節でみてきたごとく、ソ連軍は敗れるべくして敗れるともいうべき欠陥を内包していたのだ。

1941年から1942年にかけての冬季攻勢と同じ過ちをソ連軍は犯したと、グランツは喝破している。すなわち、赤軍大本営は、南西正面軍とヴォロニェシ正面軍に、そのキャパシティ以上の課題を与えてしまった。さらに、ドイツ軍は崩壊寸前であるという、根拠のない楽観が悪影響を与え、ソ連軍は一大破局を迎えたのである。連続打撃や縦深攻撃といった戦略や作戦についてみれば、それらは理論的には十二分に発達していた。が、スターリンの赤軍大粛清と独ソ戦初期の大敗ののち、再建途上にあったソ連軍にとって、その実行はなお荷が重い課題だったのだ。

けれども、当時のソ連軍は血の代価を支払いながらも、日進月歩の質的向上をとげている。今日の勝者マンシュタインも、つぎなる戦い、「城塞《ツィタデレ》」作戦以後の諸戦闘において、そうした事実を嫌というほど思い知らされることになっていくのである。

Ⅳ－3　作戦術の勝利——新しいクルスク戦像

1991年のソ連邦崩壊以降、さまざまな機密文書が公開されたことにより、独ソ戦のイメージが大幅に塗り替えられたことは、今さら多弁を弄するまでもない。なかでも史上最大の戦車戦である1943年7月のクルスク会戦については、それまで独ソ両側の政治的事情から、その歴史像に相当な演出が加えられていたことが暴露され、ドイツ側で一次史料にもとづく再検討が加えられたことと相俟《あいま》って、従来とはまったく異なる解釈が定まりつつある。日本でも、こうした新しいクルスク戦像はしだいに伝えられてきているものの、いまだに、「城塞（ツィタデレ）」作戦を主導したのはヒトラーであるとか、ソ連軍はドイツ装甲部隊の猛攻を正面から受け止めて、これを撃退したといったたぐいの伝説は、通俗的な戦記本に根強く残っているようだ。そこで、本節では研究の進歩によって事実関係が再確認された部分に焦点をあてつつ、現在のクルスク戦像をスケッチしたい。多少なりと第二次世界大戦史の理解に資することができれば、幸いである。

1943年6月21日の会合後に語り合う将軍たちとエーリヒ・フォン・マンシュタイン元帥（Bundesarchiv）

ヒトラーは反対していた

戦後長きにわたり、「城塞」作戦はヒトラーが発案し、反対論を押しきって強行されたものと喧伝されてきた。もちろん、かかる見解の出所は、失敗した攻勢の責任を独裁者に押しつけ、ドイツ参謀本部無謬の神話を守ろうとした国防軍の将軍たちである。だが、現在では、「城塞」作戦の発想はヒトラーではなく、南方軍集団司令官エーリヒ・フォン・マンシュタイン元帥に由来していることがあきらかにされている。

１９４３年３月、ソ連軍の冬季攻勢を機動反撃により撃攘《げきじょう》し、スターリングラード以後の危機を脱したマンシュタインは戦果拡大に逸《はや》っていた。静的な戦線安定に甘んじるのではなく、中央軍集団右翼と協同して、より大きな打撃を敵に与えることにより主導権を維持しようとしたのである。クルスクを中心に形成されつつあるソ連軍戦線突出部は、その目的を果たすのに絶好の標的であった。１９４３年３月18日、マンシュタインは陸軍参謀総長クルト・ツァイツラー歩兵大将との電話会談で、中央・南方の両軍集団によるクルスク挟撃作戦を初めて提案した。▼1「わが左翼および中央軍集団右翼正面にあるロシア軍は、何ら有効な行動を取れる状態にない。今なら、中央軍集団がクルスクを占領するのも容易であると、小官は確信する」。だが、ツァイツラーの答えは、総統はハリコフ南東、チェガーエフおよびイジュームへの攻勢を望んでおられるというものだった。

その五日前の３月13日に、ＯＫＨ《オーカーハー》、陸軍総司令部《オーバーコマンド・デス・ヘーレス》は、「城塞」作戦の起源となった作戦命令第５号「今

待機しているソ連軍

後数カ月の戦闘遂行に関する訓令」を発していたのだ。これは、ソ連軍が冬季の終わり、ついで泥濘期に攻撃を再開するとの前提で、その前に可能な限り多数の戦区で攻撃をしかける方針を取ると決めたものであった。この時期のヒトラーは、スターリングラードの敗戦に鑑みて、今年中に戦争の勝敗を決するような戦略攻勢を取ることは不可能、作戦・戦術次元の攻撃を繰り返すことにより継戦の条件を整えるべきだと判断していたのだ。[2]ゆえに、3月の時点では、クルスク突出部に対する大規模な攻勢は、独裁者の選択肢に入っていなかったものと思われる。事実、3月21日には、マンシュタインに対し、「企図されているクルスクを指向する作戦を中止、南東方面への作戦を準備せよ」との命令が出された。翌22日、マンシュタインは自分のプランに賛成するよう、ヒトラーの説得を試みたものの、かえって春の作戦はクルスクよりも南東方面への攻勢[3]に重点を置くよう指示される始末だった。

「城塞」を推進した将軍たち

しかしながら、クルスク攻勢案は、将軍たちのあいだに多くの賛同者を獲得していた。まず、ツァイツラー陸軍参謀総長である。彼は戦後、「城塞」作戦の構想はすべてヒトラーに由来し、自分はその実行をあきらめさせようとしたと主張している。[4]事実は、その逆で、ツァイツラーは早くからマンシュタインの提案に賛成していたのだ。それが証拠に、ツァイツラーは、ひとまずクルスク攻勢実行が止められた直後（3月23日）、自らマンシュタインに電話し、この指令は「オーバーザルツベルク〔南ドイツのヒトラー別荘所在地。戦争中は一種の司令部としても機能していた〕より決定的なかたちで」下されたと口惜しがってみせている。

けれども、マンシュタインとツァイツラーの失望は、長くは続かなかった。中央軍集団司令官ギュンター・フォン・クルーゲ元帥も賛成にまわったからだ。その姿勢は、１９４３年６月に元帥が提出した情勢判断報告からも明白であるが、ここに興味深い別の証言がある。フリードリヒ・ホスバッハといえば、総統付国防軍副官を務め、1937年11月5日の有名な会議に関する覚書[5]を残したことで有名な人物だ。彼はまた「城塞」作戦についても、戦後、貴重な覚書を記していたのである。

1943年5月13日に中将に進級、第31歩兵師団の指揮を執ることになったホスバッハは、赴任に際して「城塞」作戦の当事者である高級軍人たちと会談する機会を得た。そのなかの一人、OKW《オーカーヴェー》、国防軍最高司令部《オーバーコマンド・デア・ヴェーアマハト》の作戦部長であるアドルフ・ホイジンガー中将に面会した（5月14日）ホスバッハは、彼に尋ねてみたという。ヒトラーとOKHは本攻勢を無条件に欲しているのですか、と。ホイジンガーの答えは意外なものだった。否、攻勢実行は、参加する両軍集団の司令官、つまりマンシュタインとクルーゲしだいだと、OKW作戦部長は言い放ったのである。

なるほど、中央軍集団は積極的だった。同軍集団司令部に赴任の挨拶に赴き、作戦参謀ヘニング・フォン・トレスコウ大佐の情勢説明を受けたホスバッハは、「城塞」作戦に対する疑念を表明してみせた。すると、トレスコウは「雄弁を振るい、『城塞』の必要性と正しさについて」、彼を説得しようとしたという。ボスであるクルーゲも同様だった。「二人きりで会談したホスバッハは、クルーゲの見解はトレスコウとぴたり一致しているとの印象を受けた。「何かヒトラーの命令があるからということではなく、自らの判断によってクルーゲとトレスコウはクルスク戦（「城塞」）に賛成しているのだ。私にとって、それは疑う余地のないことだった」と、ホスバッハは記している。

しかも、陸軍参謀本部や中央・南方軍集団司令官のみならず、実施部隊の一つである第9軍の司令官ヴァルター・モーデル上級大将も「城塞」推進論者となっていた。従来モーデルは、しばしば作戦延期を申し出たことから、「城塞」には消極的だったのではないかとされていた。なかには、クルスク戦に関する古典的な研究書『行動の法則《ダス・ゲゼッツ・デス・ハンデルンス》』を書いたドイツの歴史家エルンスト・クリンクのように、モーデルがしきりに「城塞」発動を引き延ばしたのは、暗に作戦中止をうながしていたのではないかと推測する向きもある。だが、「城塞」作戦を実行するとの決定が伝えられた1943年6月20日付の第9軍戦時日誌は、消極論とは逆の雰囲気を伝えてくる。「今やサイは投げられたのだ。18時ごろ、軍集団経由で、総統が『城塞』実行を決断されたとのテレタイプ示達が到着した。この長らく待ち望まれていた決定は、ヴァイス支隊［第9軍の秘匿名称］▼6最高指導部に感激と安堵を以て受け止められた。数カ月にわたり、あらゆる注意を払い、全精力を傾けて進められてきた準備は、もうすぐ実を結ぶであろう」。ここには「城塞」発動を止めようとする意志は、かけらもみられない▼7。

かくて、将軍たちがクルスク攻勢論を合唱するのを聞いたヒトラーもこれに同意し、4月15日にOKHに作成させた作戦命令第6号を出した▼8。クルスク突出部を挟撃する大規模な攻勢が採用されたのだ。以後、中央軍集団後方地域におけるパルチザン制圧作戦の実行や攻勢参加部隊の休養や補充、パンターやティーガーなど新型戦車の配備待ちなどによる発動時期の延期、あるいは攻勢懐疑論の台頭などをみながらも▼9、「城塞」は7月の実行に向けて走り出すのである。

必勝の戦略態勢

一方、ソ連側もまた、泥の季節《ラスプーチツァ》が過ぎ去ったのちには大戦闘が生起するにちがいないと予想していた。OKW内に巣くった「赤いオーケストラ」をはじめとするスパイ網の報告を待たなくとも、玄人の赤軍参謀将校にしてみれば、クルスクを中心に張りだした戦線がドイツ軍の眼に好餌と映るであろうことは自明の理だったのだ。ドイツ側が作戦命令第6号によって「城塞」実行を決める前、早くも4月8日に、赤軍大本営《スタフカ》代表にしてソ連邦元帥であるゲオルギー・K・ジューコフは、クルスク突出部の南北にドイツ装甲部隊が集中されつつあることから、敵は同市めがけて攻撃してくると判断し、相応の注意を払うことを促す情勢報告書を提出していた。その結論はこうである。「わが部隊に先制攻撃を命じる必要があるとは考えない。防御戦で敵を消耗させ、その戦車を破壊し、しかるのちに手つかずの予備軍を用いて全面反攻に移り、敵の主戦力を撃滅する。そのほうがずっとよかろう」。

こうした主張は、以後の戦略方針をめぐって、ソ連軍指導部内に存在した対立を背景にしていた。1943年夏においても攻勢を継続しようとする最高司令官ヨシフ・V・スターリンと、ドイツ側が攻勢をかけてくると予想して、まずは防御態勢を整えるほうを優先すべきだとする将軍たちとの食い違いである。ジューコフもまた、後者の方針を採るほうが有利とみなし、スターリンに働きかけた。

4月12日、スターリンに召集されたジューコフ、赤軍軍参謀総長アレクサンドル・M・ヴァシレフスキー元帥（ソ連邦元帥）、赤軍参謀次長兼作戦総局長アレクセイ・I・アントノフ大将は、自分たちの作戦計画を提案した。さしものスターリンも、その有効性を否定できず、ついに防御から攻撃へと段階を踏むべしと意見を変えた。ソ連参謀本部作戦総局の記録を引用しよう。

「クルスク地域にわが主力を集中、この方面の防御作戦により敵を出血させたのちに攻勢転移し、敵の完全撃滅を達成するとの方針が、最終的に決定された。不測の事態に備え、当該戦域全体に確固たる縦深防御陣を構築すること、なかんずくクルスク地区のそれを強化することが必要であるとみなされた」。

この決定にもとづき、巨大な、と形容するほかない準備がなされる。クルスク突出部を覆う戦略的防御陣を布いたのだ。さらに重要なのは、突出部のみならず、その東にも縦深防御帯が築かれたことであろう。クルスク戦後、赤軍参謀本部が作成した研究報告には、誇らしげに記されている。「大量の戦車による集団攻撃に対抗し得る、きわめて堅固な防御陣をつくるために、前線指揮官は、少なくとも五ないし六線にわたって、最重要の前進軸［を封じる］防御線を築くように命じられた。加えて、ドン川東岸［クルスクよりおよそ200キロ東］にも防御線が用意され（「国家防衛線」と称された）、続いてステップ軍管区の諸部隊が、リーヴヌィからノーヴィ・オスコルに至る地域、クシェンおよびオスコル川東岸に沿って［ドン川までの中間地帯］防衛線を構築した」。つまり、万一突出部が切除され、ドイツ軍が東方に突進してきたとしても、これを拒止するだけの入念な準備がなされていたのである。

戦術的にも、ソ連軍の準備は万全だった。クルスク突出部の内側では、要塞化された村落、トーチカ、火点、塹壕、鉄条網と地雷原[10]が有機的に結びつけられ、堅固な野戦築城がほどこされたのだ。しかも、これらの陣地帯は、事前に細心の注意を払って観測を済ませておいた砲兵によって火制されるようになっていた。

むろん、ソ連軍の準備は、陣地を固めるだけにとどまっていない。スターリンは、クルスク防衛に任じる中央およびヴォロニェシ正面軍の後背部に、新しい戦略予備、ステップ正面軍を新設するよう命じた。ただちに、イヴァン・S・コーニェフ大将指揮のもと、5個狙撃軍、1個戦車軍（有名なパヴェル・A・ロトミストロフ中将の第5親衛戦車軍）、1個戦車軍団、2個機械化軍団、3個騎兵軍団を麾下に置き、50万以上の兵員を有する大軍が編成される。

しかしながら、かかるソ連軍の重厚な準備と厖大な兵力に眩惑されれば、かえって彼らの戦略・作戦の卓越性を見過ごすことになろう。赤軍大本営は、クルスク突出部を一種の要塞と化し、そこにドイツ軍の攻撃戦力を吸収・拘束した上で、他の正面における連続攻勢を繰り出す――すなわち、戦略次元の目的を達成するために、攻撃や防御、遅滞など、さまざまな作戦的課題を持つ「戦役《キャンペーン》」を配置し、戦争の勝利に結びつけていくという「作戦術《アビラーチヴノエ・イスクーストヴァ》」[11]の原則に忠実な方針を打ちだしていたのである。

冷戦後、再発見されたことであるけれど、ロシアの戦略家たちは、日露戦争の苦い敗戦を教訓とし、けっして高水準とはいえない軍隊を率いて、いかに戦勝を得るかという命題について脳漿《のうしょう》を絞った[12]。その結果生み出された作戦術の思想は1930年代に発展し、作戦・戦術レベルでも「1936年版赤軍野戦教令」という、当時としてはずば抜けたドクトリンの完成を見るに至る[13]。現代の眼からすれば意外なことかもしれないが、1930年代のソ連兵学は世界を大きくリードしていたのである。

ところが、スターリンの粛清は、この高度な思想にもとづく用兵を実行するはずだった将官・佐官クラスの将校多数を抹殺してしまった。それゆえ、ソ連は優れた「作戦術」を有していながら、作戦・戦術能力では劣悪といえる軍隊を以て、対独戦に突入するはめになったのだ。とはいえ、1941年から1942年の冬季反攻は、多くを望みすぎたスターリンにより総花的な攻勢に堕してしまったにもかかわらず、それぞれの任務を持つ戦役を連続的に行うという構想の萌芽をすでに有していたといってよい。また、1942年より1943年の冬季反攻においても当初は、ドイツ中央軍集団撃破を企図した「火星《マールス》」、スターリングラード地域の枢軸軍撃滅を目的とした「天王星《ウラーン》」、ソ連南部の全枢軸軍殲滅を狙う「土星《サトゥールン》」と、複数の作戦が組み合わされていたのである。

こうして、多大な流血という高価な授業料を払いながら、上級指揮官・参謀レベルで作戦術実践の腕を磨き、かつスターリンの無理解を徐々に解きほぐしていったソ連軍指導部は、1943年夏に至り、とう作戦術を用いた戦略を理想的なかたちで展開することができるようになったのだ。その視座から解説するなら、赤軍大本営は、東部戦線におけるドイツ軍撃破という戦略目標のために、クルスク正面に敵打撃戦力を誘引・拘束する（事実、ドイツ軍は投入可能な装甲部隊のほとんどすべてを投入した）戦役、しかるのちにオリョール正面で中央軍集団を攻撃する戦役（「クトゥーゾフ」作戦）、クルスク南部からハリコフをめざす戦役（「ルミャンツェフ」作戦）といった措置を意図的に配したものといえる。

だが、対するドイツ軍首脳部には戦略次元の発想が薄く、作戦次元における単一戦役である「城塞」を用意したにすぎなかった。これでは、連続打撃を加えることをもくろむソ連軍の戦略に対応できるはずもない。敢えていうなら、「城塞」作戦発動以前に、ソ連軍は必勝の戦略態勢をつくりあげていたのである。

「城塞」北部の戦い

1943年7月5日、多くのマイナス要因を内包しつつも、「城塞」作戦は発動された。とはいえ、ドイツ軍は幸先のよいスタートを切っている。ソ連軍が先手を打って放った砲撃に空を切らせたのである。これについては、やはり伝説がつきまとっている。7月4日から5日にかけての夜、ソ連軍は、通路啓開のため地雷原に踏み込んできたドイツ第6歩兵師団工兵隊のフォルメラ一等兵なる人物を捕虜にした。彼を尋問し、ドイツ軍の攻撃は午前2時に開始されるとの情報を得たクルスク突出部の防衛担当者、中央正面軍司令官コンスタンチン・K・ロコソフスキー上級大将ならびにヴォロニェシ正面軍司令官ニコライ・F・ヴァトゥーチン上級大将は、その時刻よりも40分前に、ドイツ軍の出撃陣地があると推測される地域に30分間、集中的に攻勢準備破砕射撃を実行するよう命じたのだ。この砲撃は多数の敵部隊を撃破したばかりか、ドイツ軍を混乱させ、攻撃開始を2時間遅らせた……と、ロコソフスキーの回想録や旧ソ連時代の大祖国戦争公刊戦史などで誇示され、広められていたものである。

だが、事実はおおいに異なる。そもそも、クルスク突出部挟撃の北の刃となる中央軍集団麾下第9軍の攻撃予定時刻は午前3時半で、午前2時というのは、まったくの誤情報だったのだ。[14] 結果として、ソ連軍が攻勢準備破砕射撃を行ったときには、ドイツ軍攻撃部隊のほとんどは出撃陣地に入っておらず、さしたる損害を受けるはずもなかった。ジューコフは、その回想録で、中央・ヴォロニェシ正面軍の砲撃は過早にすぎ、「〔ドイツ軍〕将兵がまだ塹壕や待避壕で眠りこんでいるあいだ」に実行されたと、不快げに記している。[15] 当然のことながら、砲撃の多くは無駄撃ちとなり、ドイツ軍の作戦予定を遅滞させることなどできなかった。また、空でも、先制空襲をしかけた赤色空軍が、レーダーに探知され、ドイツ戦闘機の集中的な邀撃を受けて大損害を出していた。

ともあれ、5個軍団を有するモーデルの第9軍は、予定通りに攻撃を開始する。ただし、モーデルは慎重な部署を行っていた。攻撃第一波に、主として突撃砲に支援された歩兵師団群をあて、装甲師団は1個しか投入しなかったのである。まず、歩兵によって突破口を開き、第二波の装甲部隊により敵後方に突進、戦果を拡張するという企図であった。さりながら、第9軍麾下部隊のなかでも、格別の打撃力を有するエーゼベック軍団支隊[16]（2個装甲師団および1個装甲擲弾兵師団）までも、ずっと後方に置かれていたのだ。

何故か？　その理由を推測すると、ここでもソ連作戦術の長い影が差していることがわかる。次頁の図をみれば一目瞭然であるように、中央軍集団は、いつ攻勢をかけてくるかもしれぬ北のブリャンスク正面軍（マルキァン・M・ポポフ大将）に背中を向けたまま、南のクルスクを狙う攻撃を実行していたのである。となれば、中央軍集団の主力である第9軍も、ブリャンスク正面軍への対応ならびに「城塞」攻勢への増援という二つの目的に使える位置に、機動予備を配しておかなければならない。言い換えるならば、ソ連軍は、攻勢「戦役」によって防御「戦役」を間接的に支えていたのだ。

いずれにせよ、かかる足かせをはめられた状態での第9軍の攻撃は、とても急速な進展をみたなどといえるものではなかった。主攻撃軸上にたちはだかったソ連第13軍がとくに増強されていたとあってはなおさらである。その兵力密度は、戦線1キロにつき兵員4500人、戦車45両が配置された計算になるほどで、火力も想像を絶するものであった。ソ連側の記録によれば、1分ごとに100メートルあたり、対戦車砲弾8発、小火器の砲弾・銃弾1000発が放たれたことになるという。こうしてドイツ軍の前進が緩慢になったのをみたロコソフスキーは戦機到来とみて、6日に、第19戦車軍団といくつかの狙撃師団で増強された第2戦車軍を反撃に投入した。敵を攻勢発起点に押し戻そうとしたのである。けれども、ドイツ軍は猛虎に守られていた。第2戦車軍のT－34は、ドイツ軍の新型Ⅵ号戦車ティーガーに遭遇、またたく間にその88ミリの牙に嚙み割かれてしまったのだ。第107戦車旅団などは、保有する50両の戦車のうち、46両を数分間で撃破されたという。ロコソフスキーはやむなく戦車部隊に後方に撤退、車体を地中に埋めて防御力増大をはかれとの命令を下した。

ソ連軍の反撃をしりぞけた第9軍は、6日から7日にかけて、じりじりとクルスク北部戦線を抜いていった。この間に、二つの地点が攻防の焦点になることがあきらかになる。クルスク＝オリョール鉄道上に

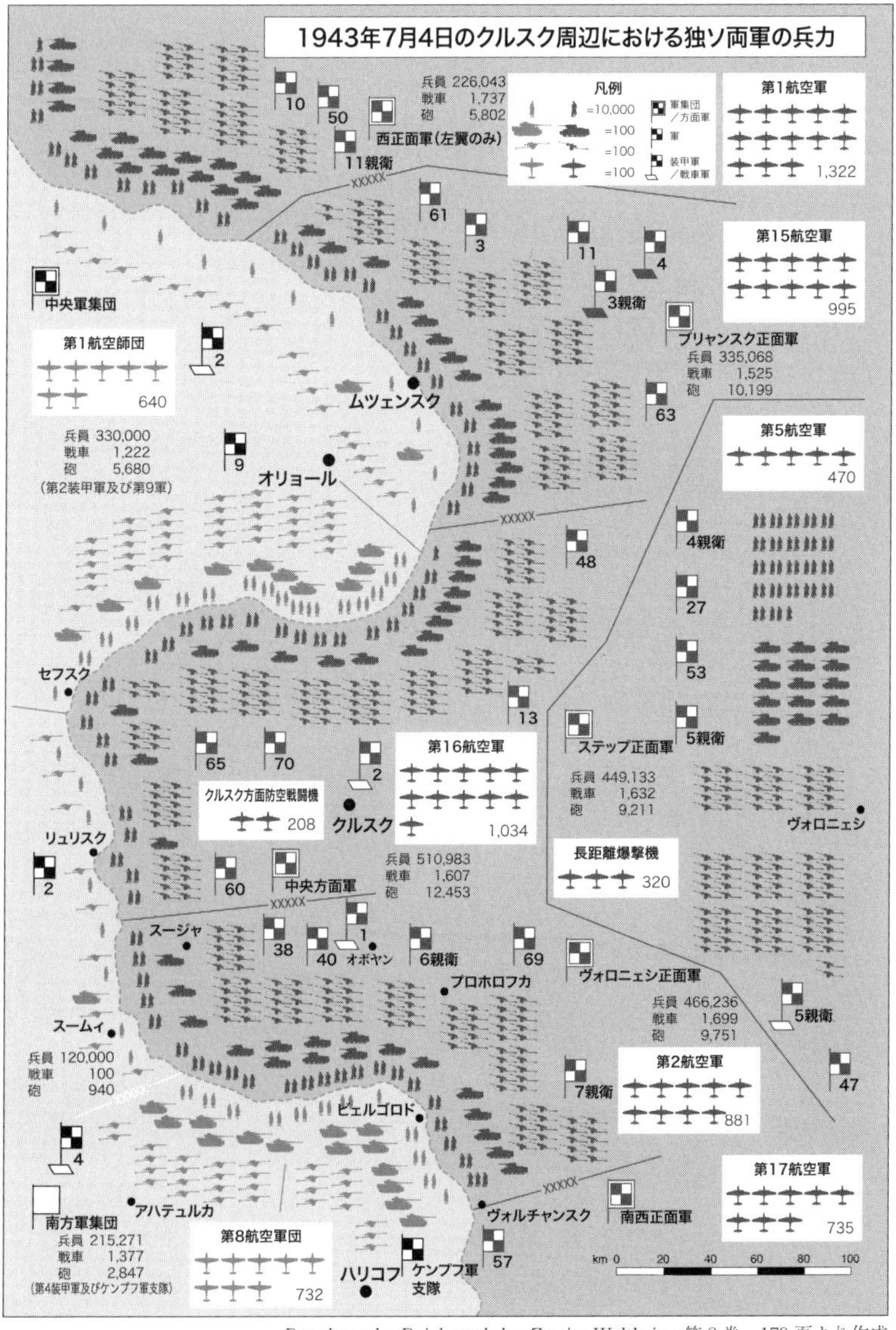
1943年7月4日のクルスク周辺における独ソ両軍の兵力
凡例
=10,000
=100
=100
=100
軍集団／方面軍
軍
装甲軍／戦車軍
第1航空軍
1,322
第15航空軍
995
第5航空軍
470
第17航空軍
735
第2航空軍
881
第16航空軍
1,034
第8航空軍団
732
第1航空師団
640
長距離爆撃機
320
クルスク方面防空戦闘機
208
西正面軍（左翼のみ）
兵員 226,043
戦車 1,737
砲 5,802
10
50
11親衛
61
3
11
4
3親衛
ブリャンスク正面軍
兵員 335,068
戦車 1,525
砲 10,199
63
中央軍集団
2
9
兵員 330,000
戦車 1,222
砲 5,680
（第2装甲軍及び第9軍）
ムツェンスク
オリョール
48
4親衛
27
53
13
5親衛
ステップ正面軍
兵員 449,133
戦車 1,632
砲 9,211
ヴォロニェシ
セフスク
65
70
2
クルスク
リュリスク
2
60
中央方面軍
兵員 510,983
戦車 1,607
砲 12,453
スージャ
38
40
1
オボヤン
6親衛
69
ヴォロニェシ正面軍
兵員 466,236
戦車 1,699
砲 9,751
プロホロフカ
5親衛
47
7親衛
スームィ
兵員 120,000
戦車 100
砲 940
ビェルゴロド
4
南方軍集団
兵員 215,271
戦車 1,377
砲 2,847
（第4装甲軍及びケンプフ軍支隊）
アハテュルカ
ハリコフ
ケンプフ軍支隊
57
ヴォルチャンスク
南西正面軍
km 0 20 40 60 80 100

Das deutsche Reich und der Zweite Weltkrieg, 第 8 巻、179 頁より作成

あるポヌィリの町とオリホヴァトカ高地だ。後者は、いわゆる制圧高地であり、ここを占領すれば、クルスク市までの野を一望のもとに見渡せるのであった。「オリホヴァトカを押さえた者はクルスクの門を開く」といわれたゆえんである。

ここに、「第二のヴェルダン」と呼ばれた死闘がはじまった。7日、第18装甲師団の一部に支援された第86および第292歩兵師団がポヌィリ攻撃にかかる。互いに増援をつぎこみ、市街戦で奪った地域がまた取り返されるといった一進一退の攻防が続いたが、ドイツ軍は8日の晩に、南端部を除く市内のほとんどを占領した。だが、オリホヴァトカのほうは、もっと激しい戦闘になった。ソ連軍は、高地への接近路を遮蔽すべく、砲兵と地中に埋められた戦車によって構成される砲列を布いていた上、攻撃してくる敵の両側面をおびやかす位置に第16および第19戦車軍団を進めていたのである。9日、第9軍は攻撃中止を命じた。疲弊しきった部隊を再編成し、予備を召致して、翌10日に攻撃を再開するためだ。ところが、中央正面軍もまた最後の予備である第9戦車軍団を投入してきた。モーデルとロコソフスキーの力比べが続く。ドイツ軍は、局所的に敵陣に進出することしかできなかった。モーデルは再び攻撃を中断、12日に再開することとした。正面攻撃はあきらめ、切り札の第12装甲師団を投入、最右翼の第46装甲軍団に重点を移して、オリホヴァトカを南西から迂回攻撃しようという企図であった。

しかし、まさにその12日、ブリャンスク正面軍は西正面軍左翼と協同、オリョールめざして攻勢を開始したのである（すでに11日に予備攻撃が実行されていた）。この方面を守っていたドイツ第2装甲軍は弱体な兵力しか有しておらず、たちまち圧迫される。重要な補給拠点であるオリョールが危ないとなれば、攻撃を続けるわけにはいかない。同日、中央軍集団は、装甲師団および歩兵師団を抽出、第2装甲軍救援に向かわせるよう命じる。防御「戦役」で敵戦力を拘束したのちの攻撃「戦役」実行が功を奏したのだった。

「城塞」潰ゆ

1943年7月5日、前日の第4装甲軍による観測陣地奪取のための予備攻撃に引き続き、南方軍集団も、クルスク突出部の南で「城塞」を発動した。マンシュタインと幕僚たちも、4日の晩にハリコフ近郊の森林地帯にある引き込み線に隠された客車「草原の騎手《シュテッペンライター》」号に入り、そこから指揮を執っている。新型パンター戦車を装備した第10戦車旅団が地雷原に踏み込んでしまったり、第6装甲師団のドニェツ強行渡河失敗といったつまずきはあったものの、南方軍集団の攻撃は比較的順調に進んでいた。攻撃第一波から強力な装甲部隊を投入したマンシュタインの戦法が威力を発揮したのである。

第3、第48、第2SS(武装親衛隊)装甲軍団を擁するヘルマン・ホート上級大将の第4装甲軍は、二日間の激戦ののち、ソ連軍陣地帯の第一線および第二線を突破した。この危機に対処すべく、赤軍大本営により、戦略予備部隊を投入する決定がなされる。また、突出部北面戦線同様、戦車の車体を地中に埋めて即成トーチカとする措置も取られた。しかし、ヴォロニェシ正面軍司令官ヴァトゥーチンは、より積極的な反撃作戦を実行せんとしていた。ドイツ側に存在すら知られぬまま控置されていたステップ正面軍を投入、突出してきたホートの第4装甲軍を三方から攻撃し、これを撃滅せんとしたのだ。

7月12日、ヴァトゥーチンの反撃は実行され——みじめな失敗に終わった。反撃の主力であるロトミストロフの第5親衛戦車軍が、プロホロフカの戦車戦において、事実上撃滅されてしまったからだ。かつての冷戦時代には、プロホロフカ戦は、ソ連戦車部隊がドイツ装甲部隊に真っ向から挑み、後者を撃破したものと称されてきた。が、それはプロパガンダにすぎなかった。ソ連崩壊後に機密解除された文書にもとづく研究によれば、ソ連軍が失った戦車235両に対し、ドイツ軍で破壊された戦車はわずか3両、まさにワンサイドゲームだったのである。[17] かかる戦術的成功をみたマンシュタインは、いよいよクルスク突出

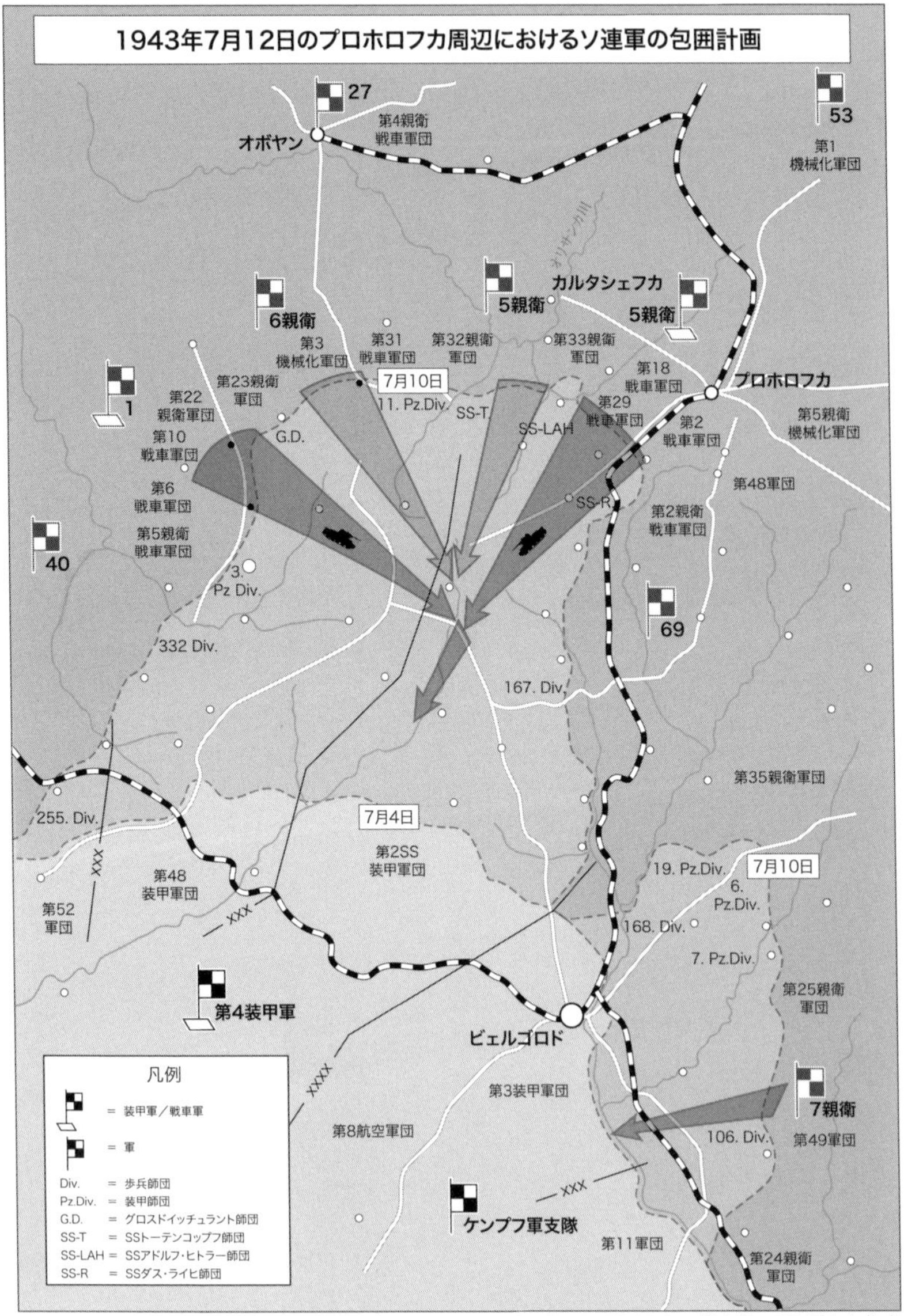
1943年7月12日のプロホロフカ周辺におけるソ連軍の包囲計画
27
オボヤン
第4親衛
戦車軍団
53
第1
機械化軍団
オリシャンカ川
カルタシェフカ
6親衛
5親衛
5親衛
第3
機械化軍団
第31
戦車軍団
第32親衛
軍団
第33親衛
軍団
第18
戦車軍団
プロホロフカ
第23親衛
軍団
7月10日
11. Pz.Div.
SS-T
SS-LAH
第29
戦車軍団
1
第22
親衛軍団
第10
戦車軍団
G.D.
第2
戦車軍団
第5親衛
機械化軍団
第48軍団
第6
戦車軍団
SS-R
第2親衛
戦車軍団
40
第5親衛
戦車軍団
3.
Pz Div.
69
332 Div.
167. Div.
第35親衛軍団
255. Div.
7月4日
第2SS
装甲軍団
19. Pz.Div.
7月10日
XXX
第48
装甲軍団
6.
Pz.Div.
第52
軍団
XXX
168. Div.
7. Pz.Div.
第4装甲軍
第25親衛
軍団
ビェルゴロド
凡例
= 装甲軍／戦車軍
= 軍
Div. = 歩兵師団
Pz.Div. = 装甲師団
G.D. = グロスドイッチュラント師団
SS-T = SSトーテンコップフ師団
SS-LAH = SSアドルフ・ヒトラー師団
SS-R = SSダス・ライヒ師団
XXXX
第3装甲軍団
7親衛
第8航空軍団
106. Div.
第49軍団
XXX
ケンプフ軍支隊
第11軍団
第24親衛
軍団

Das deutsche Reich und der Zweite Weltkrieg, 第 8 巻、182 頁より作成

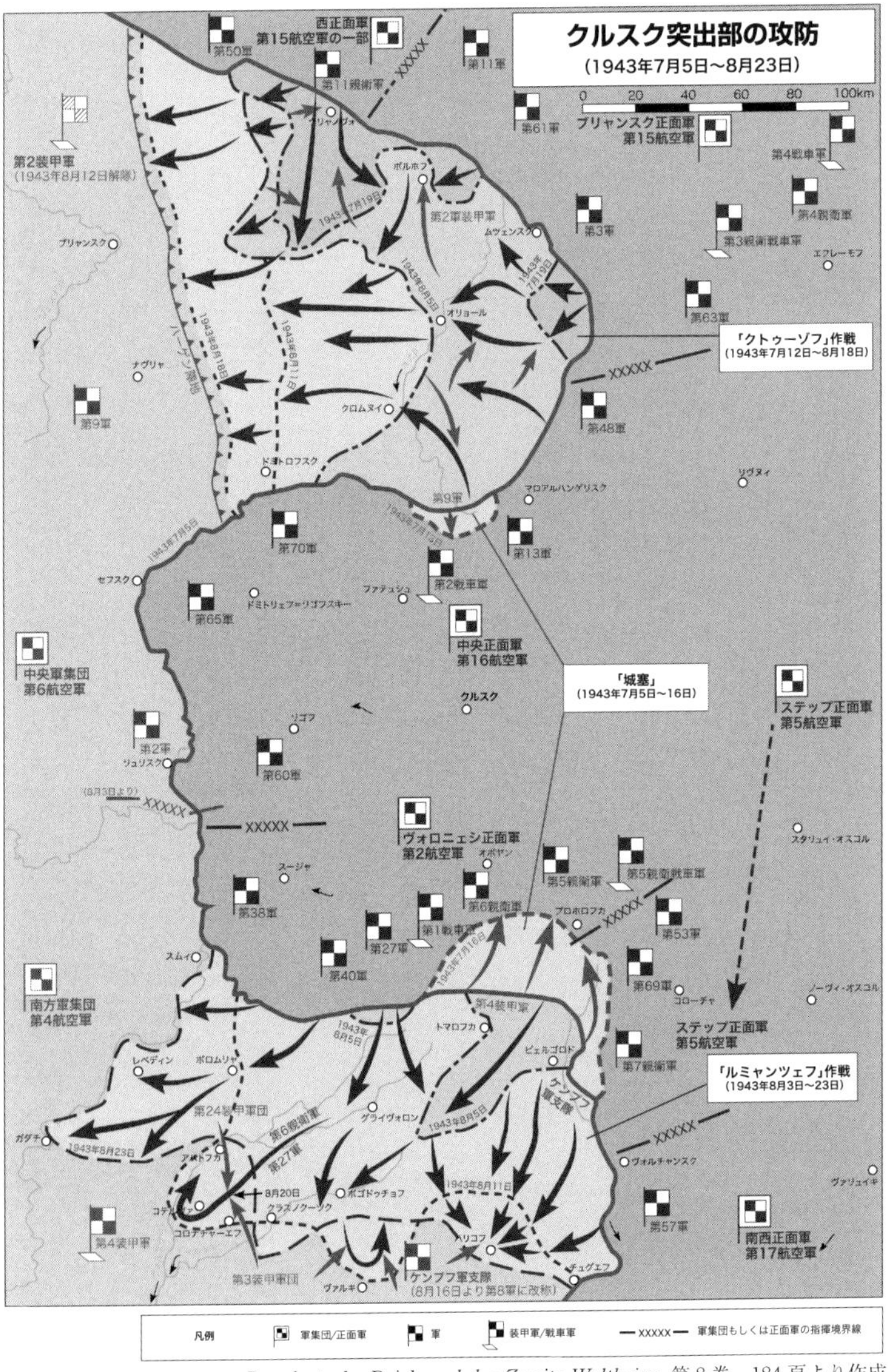
クルスク突出部の攻防
(1943年7月5日~8月23日)
0 20 40 60 80 100km
西正面軍
第15航空軍の一部
第50軍
第11軍
第11親衛軍
第61軍
ブリャンスク正面軍
第15航空軍
第4戦車軍
第4親衛軍
第3軍
第3親衛戦車軍
エフレーモフ
第2装甲軍
(1943年8月12日解隊)
ブリャンスク
ボルホフ
第2軍装甲軍
ムツェンスク
第63軍
オリョール
「クトゥーゾフ」作戦
(1943年7月12日~8月18日)
ナヴリャ
第9軍
クロムヌイ
第48軍
ドミトロフスク
リヴヌイ
マロアルハンゲリスク
第70軍
第13軍
セフスク
ファテジュ
第2戦車軍
第65軍
中央正面軍
第16航空軍
中央軍集団
第6航空軍
「城塞」
(1943年7月5日~16日)
ステップ正面軍
第5航空軍
クルスク
リゴフ
第2軍
リュリスク
第60軍
ヴォロニェシ正面軍
第2航空軍
オボヤン
スタリュイ・オスコル
スージャ
第38軍
第5親衛軍
第5親衛戦車軍
第6親衛軍
プロホロフカ
第1戦車軍
第53軍
第27軍
スムィ
第40軍
第69軍
コローチャ
ノーヴィ・オスコル
南方軍集団
第4航空軍
第4装甲軍
トマロフカ
ステップ正面軍
第5航空軍
レベディン
ボロムリャ
ビェルゴロド
第7親衛軍
「ルミャンツェフ」作戦
(1943年8月3日~23日)
第24装甲軍団
グライヴォロン
ケンプフ軍支隊
第6親衛軍
ガダチ
第27軍
ヴォルチャンスク
アフトゥイルカ
ヴァリュイキ
8月20日
ボゴドゥチョフ
第57軍
コテリヴァ
クラスノクーツク
コロティヤーエフ
ハリコフ
南西正面軍
第17航空軍
第4装甲軍
第3装甲軍団
チュグエフ
ヴァルキ
ケンプフ軍支隊
(8月16日より第8軍に改称)
凡例
軍集団/正面軍
軍
装甲軍/戦車軍
XXXXX 軍集団もしくは正面軍の指揮境界線

Das deutsche Reich und der Zweite Weltkrieg, 第8巻、184頁より作成

部を切除し、ソ連軍の大部隊を殲滅できると確信した。

しかしながら、元帥の夢想が現実とならなかったことはいうまでもない。7月10日に米英連合軍がシチリアに上陸したとの報を受けたヒトラーは、同月13日、クルーゲとマンシュタインを総統大本営に召集、「城塞」作戦中止を命じたのである。[18] 当然のことながら、ソ連軍撃滅が目前に迫っていると信じるマンシュタインは激しく抗議したが、総統は聞き入れない。やむなくマンシュタインは、代替案として、第4装甲軍を北と西に旋回させ、突出部尖端にあるソ連軍を撃滅する「ローラント」作戦実行の許可を求めた。ヒトラーもこれを了承したものの、ここでも作戦術が阻止作用をおよぼした。「クトゥーゾフ」作戦に続き、ソ連軍はドニェツ方面で連続打撃のための支攻撃を発動したのだ（7月17日）。これを封じる必要を考えれば、たとえ限定的なものであろうと攻勢継続など問題外だった。ヒトラーは7月16日に第2SS装甲軍団を抽出し、予備兵力としてビェルゴロドに集結するよう命じた。この日、「ローラント」はペーパー・プランに終わり、「城塞」も崩れさったのである。

以上、クルスク戦に関する新しい像を略述してみた。おそらく、もっとも重要な点は、作戦術を応用した連続攻勢により、作戦次元から戦略次元の勝利を導こうとしたソ連軍が、単一作戦のレベルでしか思考しなかったドイツ軍をうわまわっていたことであろう。

そう、「城塞」は、実は発動以前に失敗を運命づけられていた。そして、敢えて逆説的な表現を許していただくならば、クルスク戦におけるソ連軍の勝利は、クルスク以外の場所で勝ち取られていたのである。

Ⅳ－4　西方の決壊——グレネード作戦

広正面攻勢

１９４５年、第二次世界大戦の最後の年を迎えるころには、ヨーロッパ戦域西部戦線の大勢は決していた。前年12月にドイツ軍が発動したアルデンヌ攻勢も、結局は突出部《バルジ》をつくったのみに終わったのである。反撃に転じた連合軍は、戦線を元の状態どころか、ずっとドイツ本土寄りに押し戻しつつあった。しかも、この反攻作戦により、西部戦線に在ったドイツ軍の予備兵力・物資は費消されてしまったから、連合軍の攻撃に適切に対応することは難しくなっている。つまりは災い転じて好機となったといってよい。仮に敵味方の立場が変わり、ドイツ軍がこうしたチャンスを得たとすれば、リスクを冒してでも急進し、敵の撃滅をはかったであろう。

だが、連合国遠征軍総司令官であるドワイト・D・アイゼンハワー米元帥は、ロンメルやグデーリアンのような人物ではなかった。元帥は、電撃的な突進などは認めず、ドイツ軍の抵抗が認められる場合には、

破壊される前のレマーゲン（ルーデンドルフ）鉄橋

戦車と航空戦力の支援を差し向け、慎重な策を取るように指導したのである。もっとも、かかる作戦戦術が採られた理由は、アイゼンハワー個人の性格にのみ帰せられるものではなかったろう。民主主義諸国家の軍隊を率いるからには、無用な損害を——ときによっては必要な損害も——覚悟しての猛進撃など許されはしない。そんな真似をすれば、たちどころに本国世論の批判を浴び、解任の憂き目に遭うことは必至である。

かような連合軍の特性は、戦略・作戦レベルにも影響していた。アイゼンハワーは、ドイツ本土へ向かうにあたり、特定の軍に物資や航空支援を集中して突出させるのではなく、麾《き》下《か》諸軍にいわば肩を並べての攻撃を実行させ、ライン川西岸のドイツ軍を撃滅したのちに進撃するとの案を選んだのだ。英帝国陸軍参謀総長アラン＝ブルック元帥のように、ライン渡河のためには、ある一戦区を選んで攻撃を集中すべきだと反対を唱える向きもあったが、アイゼンハワーは広正面戦略を採用した。ノルマンディ海岸堡からの突破以来の方針であり、しばしば歴史家に慎重過ぎたと批判される決定ではあったけれど、この場合に限っては利点も少なくなかった[▼1]。何といっても、西部戦線のドイツ軍は弱体化している。均等に圧力をかけられると、予備兵力や前線から抽出した部隊をかき集めて、危険な正面に手当てすることがきわめて困難になってしまうのだ。

左からジョージ・パットン、ドワイト・D・アイゼンハワー、オマー・N・ブラッドレー。バストーニュにて撮影されたもの

このライン川西岸作戦は、具体的には三つの攻勢から成っていた。第一は連合軍北翼の英第21軍集団によるライン川下流域攻勢（おおよそヴェーゼルからデュッセルドルフをめざす）、第二はオマー・N・ブラッドレー中将率いる米第12軍集団麾下の米第1軍および第3軍によるライン川中流域攻勢（ケルンからコ

ブレンツに至る地域）、同じく第12軍集団麾下第7軍（第3軍の一部も参加）によるライン川上流域攻勢だった。

そのうち、バルジの戦い以来、英第21軍集団麾下に編入されていた米第9軍が実行するルーア川渡河攻勢こそ、「グレネード」（榴弾の意）作戦であった。これは、オランダのナイメーヘン方面から進出してくるカナダ第1軍の攻勢、「ヴェリタブル」（「真正の」の意）作戦と呼応しており、この地区のドイツ軍を撃滅して、ライン川まで前進することを目的としていた。

米第9軍戦闘序列
（1945年2月23日）

- **第9軍**（ウィリアム・H・シンプソン中将）
  - 第29歩兵師団
  - 第13軍団
    - 第5機甲師団
    - 第84歩兵師団
    - 第102歩兵師団
  - 第16軍団
    - 第8機甲師団
    - 第17空挺師団
    - 第35歩兵師団
    - 第75歩兵師団
    - 第79歩兵師団
    - 第95歩兵師団
  - 第19軍団
    - 第2機甲師団
    - 第30歩兵師団
    - 第83歩兵師団

Operation Granate, 29 頁より作成

ウィリアム・H・シンプソン中将
（写真撮影時期は不明）

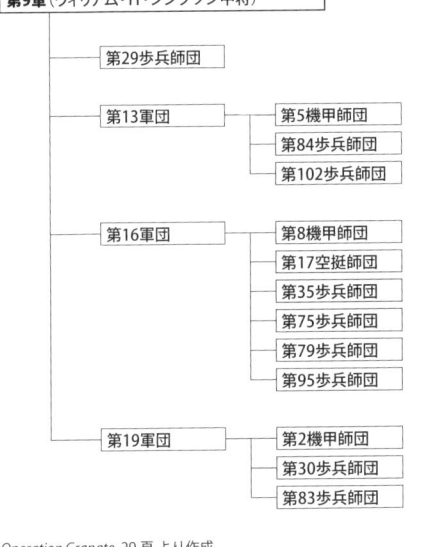

老元帥の憂鬱

一方、西部戦線のドイツ軍の総帥であるゲルト・フォン・ルントシュテット元帥は憂色を濃くしていた。元帥は、ヒトラーと衝突し、何度も解任されながらも、危機になるたびに呼び返されてきた。グレネード作戦当時の職は、西方総軍《オーバーベフェールスハーバー・ヴェスト》司令官である。しかし、ドイツ陸軍の長老であり（１８７５年生まれ）、卓越した指揮官として尊敬を集めてきたルントシュテットでさえも、今度ばかりはなすすべもないと思われた。圧倒的な連合軍に対して、手持ちの兵力が少なすぎるのだ。本節のテーマとなる戦いが行われた地域を例に取れば、ケルンからゲルデルンに至る戦線を守るのは、消耗しきった4個師団のみというありさまだった。

人的資源も払底しており、老人や15歳以上の少年で編成された国民突撃隊《フォルクスシュトゥルム》までも戦場に投入しなければならない[2]。彼らの対戦車兵器といえば、パンツァーファウストぐらいである[3]。西方総軍は、このような窮状を逃れるために、あるいは海軍や空軍の人員を回すように（１９４５年1月10日）、あるいはまた少なくとも10個補充大隊を緊急に増援してくれ（同年2月2日）と、国防軍最高司令部《オーバーコマンド・デア・ヴェーアマハト》（ＯＫＷ《オーカーヴェー》）に乞うたものの、さしたる効果はなかった。また、アルデンヌ攻勢の失敗、そして東部戦線でドイツ国境が突破されたことにより、将兵の士気も地に落ちている。2月初めのルントシュテットの観察によれば、「部隊は、もううんざりだと思っている」のだった。彼らを鼓舞するために勲章が乱発されたが、さして功を奏したとは思えない[4]。

さらに老元帥を悩ませたのは、総統アドルフ・ヒトラーの将軍たちへの不信が強まり、常軌を逸した掣《せい》肘《ちゅう》を加えてきたことであった。いささか長くなるけれども、１９４５年1月21日に老元帥が受け取った総統命令を引用しよう。

1．軍司令官、軍団長、師団長は、以下に掲げるような決定、もしくは計画につき、あらかじめ充分な時間を取って、私に報告する責任を負う。私が、そうした決定に対し関与できるよう、場合によっては前線部隊に適時示達される取り消し命令を発することができるようにするためである。
（Ⅰ）作戦機動に関するあらゆる決定。

（Ⅱ）通常、最高司令部の命により実施される以外の、師団以上の兵力を以てする攻撃計画すべて。

（Ⅲ）平穏な戦線において、通常なされる部隊偵察の域を超え、それゆえに敵の注意を当該戦区に引きつけるような攻撃行動すべて。

西方総軍戦闘序列
（1945年3月1日）

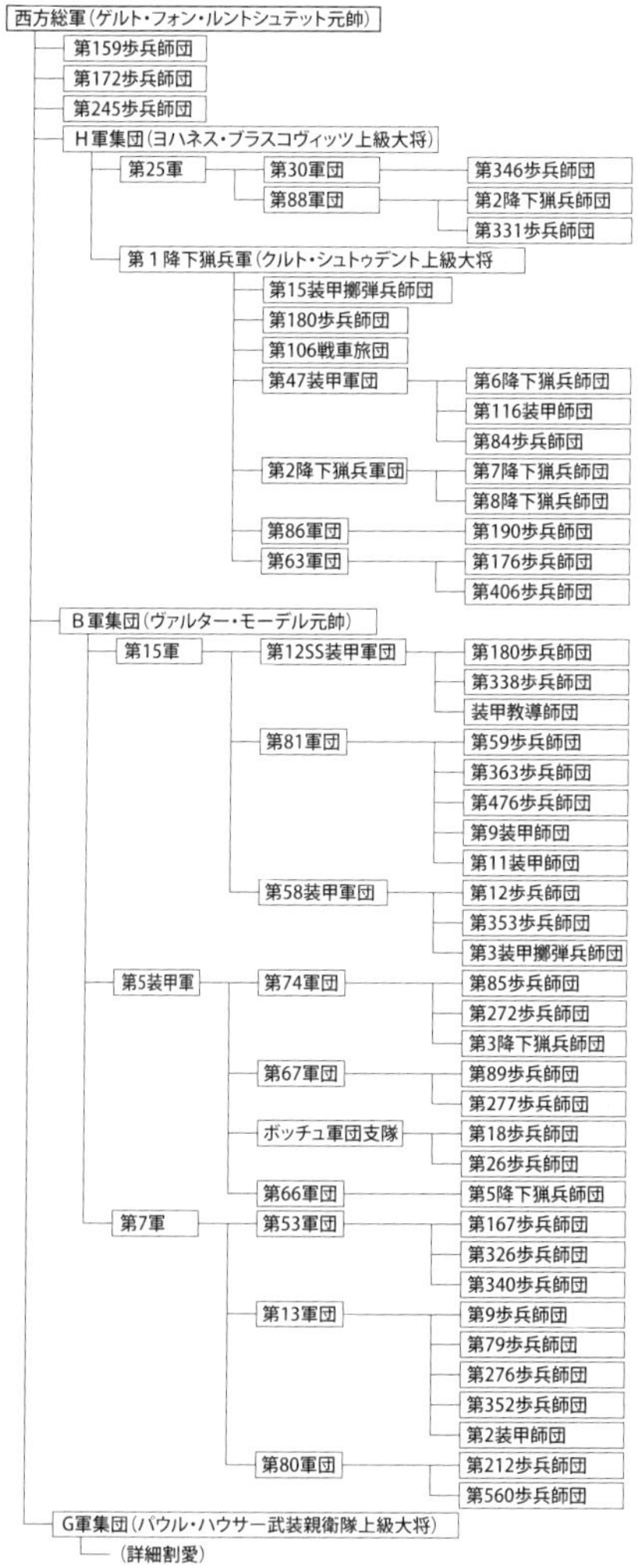

Operation Granate, 30 頁 より作成。

ゲルト・フォン・ルントシュテット元帥（1944年1月撮影）

(Ⅳ) 計画的な離脱・退却行動すべて。
(Ⅴ) 陣地、要塞都市、要塞を放棄する企図すべて。
2. 軍司令官、軍団長、師団長、各級参謀長ならびに全参謀将校は、直接私自身に宛てられる、もしくは報告経路を踏んで上げられる報告書がいっさい偽りを含まぬように配慮することについて、私に個人的な責任を負う。今後、何らかの事実を私に対して隠蔽しようとしたならば、意図的なものであれ不注意からのことであれ、厳罰に処す。

アドルフ・ヒトラー

部下に対する猜疑心を剥き出しにした指示であった。これでは、老練なルントシュテットといえども、腕の振るいようがない！　事実、ルントシュテットは、戦前から戦争初期にかけて建設された要塞線「西方防壁《ヴェストヴァル》」の残滓《ざんし》に頼るよりも、天然の要害ライン川の後方に撤退したいと考えていたのだが、そんなことは、とてもできるものではなかった。

作戦遅延

かくのごとき状態であるからには、ひとたび連合軍の攻勢が発動されたなら、ライン川西岸のドイツ軍はまたたく間に一掃されてしまうだろう。実際、連合軍側の軍司令官たちはそのような企図を抱いていた。北からはカナダ第1軍と英第2軍、南では米第9軍が突進、ドイツ軍を挟撃して包囲殲滅するのである。しかし——そうはならなかった。ルントシュテットが、敢えて非常手段に訴えたからだ。1945年2

月8日、カナダ第1軍がヴェリタブル作戦を発動し、攻撃にかかるや、ドイツ軍はルーアタール・ダムの底部放流施設を爆破し、ルーア川流域に氾濫を起こして、水の障壁をつくったのであった。その結果、2月10日に開始される予定だった米第9軍によるグレネード作戦は、およそ半月も遅延するに至ったのである。

もっとも、第21軍集団司令官バーナード・L・モントゴメリー元帥は、このような行動を予測しており、たとえヴェリタブルとグレネードの間隔が空いたとしても、カナダ第1軍にまず攻撃させるほうが有利だと判断していた。▼5 とはいえ、ドイツ軍の戦線に突撃する役目を一手に負わされた英・カナダ軍の将兵にしてみれば、米第9軍が手をこまぬいているのは利敵行為に近いと感じられる。このころ、カナダ第1軍や英第2軍の将校たちのあいだでは、「裏切ったヤンキー」との非難がまかり通っていたという。第一次世界大戦では勲功章を授与され、第二次世界大戦ではフランス解放戦やバルジの戦いを経験しているベテラン、第9軍司令官ウィリアム・H・シンプソン中将にとっては、なんとも歯がゆい日々であった。

しかしながら、実はドイツ軍もこの間に大きなチャンスを逃していた。米第9軍の攻撃が浸水で遅延しているうちに、カナダ第1軍から離脱し、ライン川の東岸に撤退してしまえば、大河という自然の要害に頼って、より長期的に抵抗を継続することが期待できる。西部戦線における連合軍の第一目標はルール工業地帯であるとみていたルントシュテットは、それゆえに早期の撤退を望んだが、総統が許さなかった。ヒトラーは、連合軍の空襲により通信交通網が破壊されている以上、ライン川は工業地帯に原料を運ぶための重要な輸送路であるから、その利用を確保するため、前方、西方防壁沿いに戦線を維持しなければならないと主張したのだ。かくて、退却できないドイツ軍と米第9軍は水を挟んで、にらみ合いを続けることになる。

榴弾炸裂

しかし、第9軍が解き放たれる日がついにやってきた。2月23日、グレネード作戦が発動されたのである。なお水位が高く、攻撃にかかるには突撃舟艇や装軌水陸両用車両をかき集めなければならぬありさまだったけれども、シンプソンは戦闘攻撃可能な状態がもたらされたと判断したのだった。

3時間15分にわたる猛烈な準備砲撃ののち、午前3時30分に、16個師団25万人の大軍が前進を開始する。矢おもてに立ったのは、攻撃のくさびは三つ、右翼第19軍団、中央部の第13軍団、左翼第16軍団である。ただし、攻撃を受けたグスタフ＝アドルフ・フォン・ツァンゲン歩兵大将の率いるドイツ第15軍だった。ただし、攻撃を受けた地域に配置されていたのは、わずか4個歩兵師団にすぎず、軍予備もなかった。急ぎ、B軍集団ないしは西方総軍の予備を投入する必要があるのはあきらかだった。けれども、それらの多くはすでに、カナダ第1軍ならび英第2軍の攻勢に押されていた第1降下猟兵軍に差し向けられている。そのため、米第9軍の橋頭堡確立を妨げることはできなかった。

27日、第9軍麾下の3個軍団は早くも橋頭堡から打って出て、総攻撃を開始した。最初に目指すのは、工業都市であるメンヒェン＝グラートバッハ、さらにクレフェルト方面に突進して、ライン川とその橋梁の奪取を狙うのだ。加えて、旋回して北東方面に向かう第13軍団ならびに第19軍団の左側背を掩護すべく、隣接する米第1軍の第7軍団も前進する。随伴する工兵部隊は、増水した地区に仮設の橋を架け、ブルドーザーで道路の瓦礫を撤去して、車両が通過できるようにするため、獅子奮迅《ししふんじん》の働きをみせた。

また注目すべきは、第19軍団麾下の第2機甲師団がルーア川を渡り、橋頭堡で待機していたことだ。「手に負えないやつ」《ヘル・オン・ホイールズ》のニックネームを持ち、当時の米陸軍でも2個しかない「重機甲師団」[▼6]である第2機甲師団は、メンヒェン＝グラートバッハの南東に前進、同市を包囲する態勢を整えることになっていた。

第9軍の参謀たちは、この二重都市にあっては、前年10月にアーヘンをめぐって行われた戦い同様に、[7]ドイツ軍が激烈な抵抗を示すものと予想し、正面攻撃を避けて、包囲撃滅をはかろうと考えていたのである。かかる強力なアメリカ軍の攻撃に対し、ドイツ軍は、ウルフト渓谷ダムの放流施設を爆破し（2月24日夜）、再び増水を起こして、米軍の進撃を遅らせようと試みた。2月25日付のＯＫＷ宛情勢報告では、この措置により数百万立方メートルの水がルーア川河床に流れ込み、米軍の重装備輸送は阻害されるであろうとされている。しかし、すでにルーア川を渡った第9軍の勢いを止められるものではなかった。ドイツ軍部隊の多くが敗走し、本土戦の陰惨な特徴があらわになる。テロによる抗戦強制だ。「番犬《ケッテンフント》」とあだ名される野戦憲兵が脱走兵を捕らえては、巡回即決軍法会議で死刑を宣告し、ただちに処刑しては遺体をそこかしこに吊すという光景がみられた。だが、死の恐怖によってすら、崩壊をくいとめることは困難であった。召集された国民突撃兵の多数が、敵が近づくや、袖章や武器を捨てて民間人に戻るか、そのまま逃走するというありさまだったのである。

装甲教導師団投入

むろん、西方総軍も米第9軍の攻勢が深刻な事態をもたらすことを認識していなかったわけではなく、対策の一つとして、手元に残った数少ない打撃部隊である装甲教導師団《パンツァー・レーア・ディヴィジョーン》[8]をB軍集団麾下に移すと、2月24日に決定していた。投入される先は、当然第15軍の戦区だ。装甲教導師団は24日から25日にかけての夜に前線を離脱し、移動準備にかかる。けれども、彼らの旅路は容易ではなかった。そもそも燃料が不足していて、すぐには進発できなかったのだ。全師団が路上行軍するだけの燃料を確保することは難しいと見込まれたことから、装軌車両は鉄道輸送することになった。だが、利用可能な路線はゲルデルン－クレフェルト－シーフバーン－メンヒェン＝グラートバッハ区間しかなかったから、移動は遅れた。装甲教導師団を麾下に入れた第12ＳＳ装甲軍団は焦り、シーフバーンおよびメンヒェン＝グラートバッハで荷《に》下《おろ》したのち、可及的速やかにエルケレンツ地区に進むよう厳命した。

さりながら、装甲教導師団は、26日朝の時点では、シーフバーンへの集結も完了できなかった。連合軍の航空阻止[9]が、ドイツ軍の機動を著しく困難にしていたのである。日中は戦闘爆撃機がひっきりなしに攻撃をしかけてくるため、密集した縦隊での移動など不可能で、ドイツ軍は小集団に分かれて、掩体物から掩体物へと少しずつ進んでいくしかなかった。これに、燃料不足や道路の破壊、混乱した命令が拍車をかけ、多大なる遅延が生じる。装甲教導師団は敢えて夜間強行軍も実施したが、焼け石に水というものだった。同師団がライト付近に到達したのは、ようやく28日早朝のことであった。

が、反撃を要求する総統命令を受けていた第12ＳＳ装甲軍団としては、装甲教導師団に休息を許す余裕などない。2月28日、同軍団は、エルケレンツ北方に開いた戦線間隙部[10]を埋めるための攻撃を進めよと、装甲教導師団に命じた。ヒトラーの楽観、というよりも妄想が、またしても前線部隊に苦難を強いたのである。そもそも、彼我の兵力差を考えれば、消耗疲弊した装甲教導師団には、本格的な攻撃は荷が重すぎた。しかも、この反撃企図は、命令が下された時点で、無意味なものとなっていたといえる。なぜなら、米第9軍の進撃があまりに早く、2個軍団がすでに北へ旋回、第15軍右翼に隣接する第1降下猟兵軍の南翼までも脅かしていたからだ。これでは攻撃どころではなく、包囲をまぬがれるために、ライト南方に防衛線を布くことのほうがよほど重要だった。

とはいえ、装甲教導師団長ホルスト・ニーマック少将としては、命令に従わないわけにはいかない。ニーマックは、主として東部戦線で戦歴を重ね、重傷を負ったのち、１９４５年1月15日に装甲教導師団長職を拝命した、頼りになる古強者である。[11]その少将といえども、不可能を可能にするわけにはいかぬ。続く戦闘は、冷厳な戦理を証明するだけのことであった。

28日午前中に、命令された線を占めた（といっても、左翼はがら空きであった）装甲教導師団隷下の部

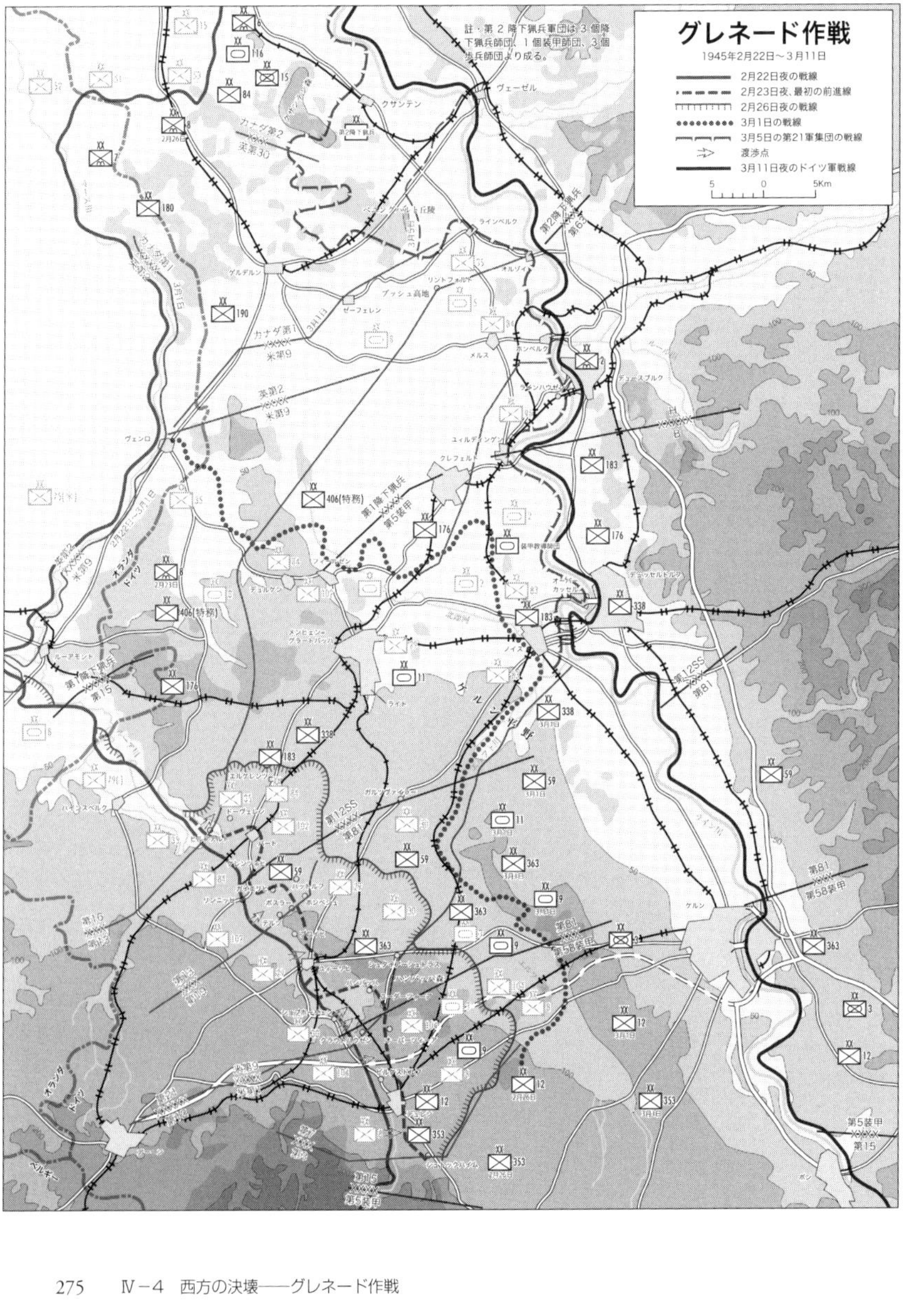
グレネード作戦
1945年2月22日～3月11日
2月22日夜の戦線
2月23日夜、最初の前進線
2月26日夜の戦線
3月1日の戦線
3月5日の第21軍集団の戦線
渡渉点
3月11日夜のドイツ軍戦線
5 0 5Km
註・第２降下猟兵軍団は３個降下猟兵師団、１個装甲師団、３個歩兵師団より成る。
ヴェーゼル
クサンテン
ラインベルク
ゲルデルン
オルゾイ
リントフォルト
ブッシュ高地
ゼーフェレン
ホンベルク
メルス
デュースブルク
ヴェンロ
ユイルディンゲン
クレフェルト
装甲教導師団
デュッセルドルフ
ノイス
ルーアモント
ケルン
ボン
カナダ第2
英第30
カナダ第1
米第9
英第2
第2降下猟兵
第63
第1降下猟兵
第5装甲
第12SS
第81
第58装甲
第15
第16
第5装甲
406(特務)
オランダ
ドイツ
ベルギー

隊は、第901装甲擲弾兵連隊の一部[12]と戦車1個中隊（戦車12両）ならびに戦車猟兵中隊（対戦車砲10門）から成るフォン・ハウザー戦隊《カンプフグルッペ》だった（指揮官は、男爵パウル・フォン・ハウザー大佐）。ハウザー戦隊は、空襲にさらされながらも、午後遅くには最初の目標であるヒルデラートをめざす攻撃に出た。が、メンラートとヴィクラートを結ぶ線に到達した直後に、米第5機甲師団の先鋒戦闘団と遭遇、乱戦におちいる。この戦いでは、戦車猟兵が奮戦し、敵戦車15両を撃破したとされる。けれども、ハウザー戦隊の貧弱な戦力では、それ以上の抵抗はできなかった。やむなくハウザー大佐は、出撃陣地に帰投すべしと下令する。ハウザー戦隊は、米軍の追撃を振り切り、離脱に成功したものの、反撃は失敗に終わったのだ。

28日夜、米第9軍は、メンヒェン＝グラートバッハとライトの包囲環を完成させた上で、さらに東方に進撃した。

ヒトラー退却を認める

こうした事実を突きつけられ、さしもの強情なヒトラーも譲歩せざるを得なくなっていた。2月26日にはなお、第12SS装甲軍団を後退させ、第1降下猟兵軍左翼と連結させて戦線を維持したいとのルントシュテットの提案をにべもなく拒絶していた総統だったけれど、ライン川西岸地区を保持するのが困難になっていることは明白だった。

翌27日、西方総軍はあらためて北のH軍集団左翼をケッセルからニーダークリュヒテン南方の線まで後退させると同時に、第176歩兵師団を抽出、間隙を埋めるとともに、装甲教導師団をラインダーレン地区に進出させて戦線の維持を連結させるという計画を認めるよう、総統に請願した。同日の夜、OKW統帥幕僚部長の代理として作戦会議に出席していた総統付陸軍連絡将校のハインリヒ・ボルクマン中佐も、[13]この提案を支持する。ヒトラーも「渋々ながら《シュヴェーレン・ヘルツェンス》」撤退を許さざるを得なかった。今や突出した形状になっていたルーアモント地域に固執していては[14]、両側面を突破され、包囲殲滅されかねないということを、総統もついに認識したのだ[15]。

さらに、ルントシュテットは、西部戦線全般にわたり、ささやかな行動の自由を求めた。一定地域を死守するよりも、戦線の連結を守るほうが重要だと考えた老元帥は、OKWへの報告を維持しつつも、戦術的に必要な措置を独自に行う権限を西方総軍に付与するように進言したのである。むろん、いちいち総統に許可を求めていたのでは、貴重な時間を浪費してしまうからであった。この上申において、ルントシュテットは述べている。「戦線がライン川へと折り返されてしまう。実力を以て、かかる事態が生起するのを防ぐことに、小官はすべてを傾注しているのだと申し上げておきましょう」と。ヒトラーは認めた。認めざるを得なかったのである。

以後、ルントシュテットの指示を受けて、西方総軍は戦術を転換する。損害を最小にとどめながら、ライン川東岸に退却するのだ。そのためには、綿密な計画のもと、効率的に橋梁を利用して後退し、最後の部隊が去ったあとに橋を爆破することが必要だった。

終幕——ルントシュテット解任

ルントシュテットが、より合理的な戦術を実行するべく総統を説得したのちも、米第9軍の猛進は続いた。ドイツ軍は局所的な抵抗を試みるのが精一杯で、米軍を押しとどめることなど不可能だった。3月1日には米第29歩兵師団がメンヒェン＝グラートバッハを奪取した。第一目標と設定されていた都市が陥落したのだ。同日、第2機甲師団の先鋒は、クレフェルト郊外に達していた。3月3日には、ゲルデルンで米軍と英・カナダ軍が手をつないだ。ライン川西岸のドイツ軍は一掃され、ヴェリタブルからグレネード、「ブロックバスター[16]」と続く一連の攻勢作戦は成功裡に終了したのである。

橋を横断する連合軍（Bundesarchiv）

米第9軍は、グレネード作戦において、3万の捕虜を取り、ドイツ軍将兵6000名を殺傷したとの統計を取っている。自らの損害は7300名にすぎなかったというから、名実ともに大勝利であった。しかしながら、ドイツ軍が戦力ではるかに劣り、しかもヒトラーによって撤退を禁じられていたことを考えれば、当然の結果だったといえなくもない。

むしろ、戦略次元で厳しくみるべきなのは、米第9軍が、圧倒的な優勢を保っていたにもかかわらず、ライン川の橋梁を急襲奪取するのに失敗していることであろう。ユィルディンゲンやラインハウゼンの橋を確保する試みは成功しなかった。3月2日、第9軍の先鋒がデュッセルドルフ対岸でライン川に達したときも、その大橋はすでに爆破されていたのだ。もっとも、第9軍以外の軍も、この任務を果たせずにいた。3月4日に米第1軍がケルンでライン川にたどりついたときには、橋梁は破壊されていたし、北のイギリス軍に至っては、ドイツ軍の後衛部隊に悩まされ、全軍がライン川の線に着いたのは、ようやく3月10日になってのことであった。

宣伝大臣として、敵側の報道を注意深く分析していたヨーゼフ・ゲッベルスは、こうした成功について、「敵の報道において、ルントシュテットは再び高評価を得ている。わが部隊がほとんど無傷でライン川を越えて逃れてきたことは、彼のおかげなのだ」と、3月6日の日記に書いている。

だが、ゲッベルスの上機嫌は長くは続かなかった。3月7日、米第1軍麾下第3機甲師団が、ライン川中流部にあるレマーゲンの鉄橋（ルーデンドルフ橋）を無傷で奪取したのである。大河という防壁に、小さな穴が開いたのだ。この穴は、連合軍の大部隊という奔流によって、すぐに巨大な間隙へと広げられるであろう。ルントシュテットが恐れていた事態だった。

ルーデンドルフ橋失陥の報を聞いたヒトラーもまた激怒し、そくざにルントシュテット解任を決めた。後を襲うのは、前年10月の自動車事故で負った重傷から回復したばかりのアルベルト・ケッセルリング元帥である。3月9日、ケッセルリングをベルリンに迎え、新西方総軍司令官に任命したヒトラーは、しかるのちにルントシュテットに対し、職を解く旨を電話で告げた。▼17 その理由として、貴官は巡回即決軍法会議のようなことに関わるのを好まないだろうからと、おためごかしを言われたと、ルントシュテットは戦後に回想している。老元帥はまたしても、そして永遠に現役を去ったのであった。

しかしながら、かかるヒトラーの措置も、結局は空しかった。グレネード作戦、ドイツ側の呼称でいうライヒスヴァルトの戦いで、圧倒的な連合軍に抗した第15軍将兵やルントシュテットの努力にもかかわらず、西部戦線の決壊は不可避となっていた。レマーゲンの鉄橋を最初の入り口として、連合軍はドイツ本土への進撃を開始する。およそ二カ月後、第三帝国は崩壊し、ヒトラーの迷夢も終わったのである。

補章　何を読むべきか？　ドイツ軍事史基本文献案内

ドイツ陸軍の歩兵下士官、1941 年
(Bundesarchiv)

本書を手に取られた読者は、もとよりドイツ軍事史に関心があることであろう。それゆえ、これを一読したのち、よりいっそうの知識を得たいと思う向きも少なくないと思われる。そこで、ドイツ軍事史に関する基本文献の読書案内を付録とし、先へ進むための手引きとしたい。とはいえ、ドイツの前身たるプロイセンの軍事史から、現在のドイツ連邦国防軍《ブンデスヴェーア》のそれに至るまで、網羅的に紹介することは不可能であるから、本書の主たるテーマである第一次世界大戦勃発から第二次世界大戦の終結までの時期におけるドイツ陸軍を対象とすることにした。

その際、一般読者の便宜をはかるため、可能なかぎり邦語文献、ついで英語文献を優先する。ドイツ語を学んだ方は、本書の「主要参考文献」をみていただきたい。また、古い邦語文献も示しておくが、これらは古書市場で入手したり、あるいは、国立国会図書館デジタルコレクションなどで閲覧することができる。なお、典拠があきらかでない、もしくは、客観的な立論・証明の手順を踏んでいない、通俗的な書籍や雑誌記事については、まったく触れていないことをお断りしておく。

通史

古典的な通史として、J・ウィーラー＝ベネットの『権力のネメシス――国防軍とヒトラー』（山口定訳、新装版、みすず書房、１９８４年）が、まず挙げられる。原書初版刊行が１９５３年と古いため、現在では事実誤認も多々指摘されているが、１９２７年から１９３４年までベルリンに滞在し、ヒンデンブルクやゼークトなど、当時のドイツ軍の要人たちと親交のあったウィーラー＝ベネットの叙述は重要な証言を含んでおり、今日なお一読の価値がある。また、邦訳はないが、大選帝侯の時代から第二次世界大戦に敗れるまでを描いたスタンダードな通史として、Gordon A. Craig, *The Politics of the Prussian Army, 1640~1945*（Oxford et al., 1955）がある。濱田常二良『独逸軍部論』（昭和刊行會、１９４４年）は、１９３５年より１９４０年まで朝日新聞ベルリン特派員を務めた著者によるドイツ軍史で、同時代文献としても興味深い。

ドイツ軍の頭脳たる参謀本部の歴史については、やはり古典である Walter Görlitz, *Kleine Geschichte des deutschen Generalstabes*（Berlin, 1967）が、ヴァルター・ゲルリッツ『ドイツ参謀本部興亡史』（守屋純訳、学習研究社、１９９８年）として邦訳刊行されている。ただし、残念なことに誤訳が少なくない。実例を一つ示しておく。

Kavallerie, unterstützt von Straßenpanzerkraftwagen, stieß nach. Sechs bis sieben deutsche Divisionen wurden völlig überrannt. Flüchtende deutsche Infanterie empfing herangezogene Eingreif-Einheiten mit dem Ruf „Streikbrecher". Britische Panzerwagen rollten bis zu deutschen Divisions-Gefechtsständen durch（Görlitz, S.209）.

「装甲車輌に騎兵が追尾し、六個から七個の独軍師団が完全に粉砕された。恐慌状態になった独軍歩兵は英軍を見て『スト破り』が来たという叫び声をあげて逃げ出し、それを追って英軍戦車はたちまち独軍の師団司令部にまで殺到してきた」（守屋訳、306頁）。

「路上運用される装甲自動車に支援された騎兵が追撃した。ドイツ軍師団6ないし7個が完全に蹂躙《じゅうりん》された。潰走するドイツ歩兵は、召致された介入〔増援〕部隊をも『スト破り』なる喚声《かんせい》で迎えたのである。イギリス戦車は、ドイツ軍諸師団の戦闘司令所まで突進してきた」（大木試訳）。

この箇所は、敗走し、自暴自棄になったドイツ軍将兵が、なお前線に向かおうとする増援部隊に対し、戦闘放棄という「スト」を妨害するのかと罵っているさまを描写しているのである。ルーデンドルフの戦時回想録に記された有名なエピソードだ（本書74頁参照）。

本邦訳は、ドイツ参謀本部史の古典ということで、一般読者ばかりか、研究者にも参照されているという。それだけに全面的に依拠できない訳文になっているのは、遺憾なことというほかない。なお、ベストセラーになった渡部昇一『ドイツ参謀本部』（中公新書、1974年）は、主要部分を*Kleine Geschichte des deutschen Generalstabes*のもととなった前著の英訳版*History of the German General Staff 1657-1945*(New York, 1953) に依拠している。その事情については、秦郁彦「借用の人・渡部昇一氏」『現代史の光と影　南京事件から嫌煙権論争まで』（グラフ社、1999年）を参照されたい。また、よりコンパクトな通史として、バリー・リーチ『ドイツ参謀本部』（戦史刊行会訳、原書房、1979年）がある。

第一次世界大戦

第一次世界大戦のドイツ軍について、日本語で読めるものは必ずしも多くない。よって、まずは英語の新しい文献、David Stone, *The Kaiser's Army. The German Army in World War One* (London et al.,

2015）ならびに Dennis Showalter, *Instrument of War. The German Army 1914-18* (Oxford et al., 2016) を挙げておく。第一次世界大戦の通史としては、新しい研究の成果を反映した、木村靖二『第一次世界大戦』（ちくま新書）、マイケル・ハワード『第一次世界大戦』（馬場優訳、法政大学出版局）、フォルカー・ベルクハーン『第一次世界大戦　1914〜1918』（鍋谷郁太郎訳、東海大学出版部）などがある（すべて、2014年刊行）。また、ジャン＝ジャック・ベッケール／ゲルト・クルマイヒ『仏独共同通史　第一次世界大戦』（剣持久木／西山暁義訳、岩波書店、2012年）も参考になろう。

大部の通史としては、バジル・リデ《マ》ル・ハー《マ》ト『第一次世界大戦』（上村達雄訳、上下巻、中央公論新社、2000年）が挙げられるが、情報が古く、現在では否定された説なども述べられているので注意が必要である。また、第一次世界大戦の緒戦をヴィヴィッドに描いたノンフィクションとしては、バーバラ・タックマン『八月の砲声』（山室まりや訳、新装版、筑摩書房、1986年）が薦められる。

ドイツ陸軍の公刊戦史は、一部が陸軍の機関誌『偕行社記事』の臨時増刊として翻訳されている。また、ドイツ海軍の公刊戦史も、日本海軍軍令部が翻訳刊行している。

ドイツ軍将帥の回想録では、独逸参謀本部「ファルケンハイン」将軍『独逸最高統帥』（偕行社、1921年）、エーリヒ・ルーデンドルフ『世界大戦を語る　ルーデンドルフ回想録』（法貴三郎訳、朝日新聞社、1941年、原書より抜粋、翻訳したもの）、パウル・フォン・ヒンデンブルク『わが生涯より』（尾花午郎訳、白水社、1943年）が邦訳で読める。ただし、いずれも戦前・戦中の出版である。珍しいところでは、現代の砲兵戦術にまで影響を与えているブルフミュラーの著書が、旧陸軍の内部史料として訳されている（獨「ブルッフミュラー」大佐著「陣地戦ニ於ケル攻撃砲兵」『砲兵』第26号（臨時号）、1930年）。また、これは現代の研究書であるが、本多巍耀『皇帝たちの夏——ドイツ戦争計画の破綻』（高輪出版社、1992年）は、タンネンベルク会戦の作戦を立案したとされるホフマン参謀の伝記である。

以下、個々の作戦・会戦について、邦語文献を示す。タンネンベルク会戦に関しては、旧軍の研究文献をもとにした、陸戦史研究普及会編『タンネ《マ》ンベル《マ》ヒ殲滅戦』（原書房、１９６７年）がある。マルヌ会戦は、アンリ・イスラン『マルヌ会戦　第一次世界大戦の序曲　１９１４年秋』（渡辺格訳、中央公論新社、２０１４年）が邦訳されている。イスランの著書では、アンリ・イスラン『第一次世界大戦の終焉――ルーデンドルフ攻勢の栄光と破綻　１９１８年春』（渡辺格訳、中央公論新社、２０１４年）も出版された。１９１８年のドイツ軍最後の攻勢を扱ったものとしては、飯倉章『１９１８年最強ドイツ軍はなぜ敗れたのか』（文春新書、２０１７年）が刊行されている。ただし、本書には、「ブルヒミ《マ》ュ《マ》ーラーの砲術」（同、１４９頁）など、軍事知識の面で、首をかしげざるを得ない記述が散見される。念のため、説明を加えておくと、「砲術」とは個々の砲の操作や取り扱いのわざであり、ブルフミュラーが革新をなしとげたのは、それらの集団運用法「砲兵戦術」である。

ライヒスヴェーア

第一次世界大戦に敗れたカイザーの軍隊が消滅したあとに、あらたな国防軍が誕生した。いわゆるライヒスヴェーア（Reichswehr）である。このヴァイマール共和国の軍隊に関する通史としては、前掲『権力のネメシス』が詳しい。また、英語の古典的な研究としては、F. L. Carsten, *The Reichswehr and Politics 1918-1933*（Oxford et al., 1966）が、いまだ重要であろう。日本人の研究書としては、室潔『ドイツ軍部の政治史――１９１４～１９３３』（早稲田大学出版部、１９８９年）が、第一世界大戦末期からヒトラーの政権掌握までのライヒスヴェーアの動きを論じている。

ライヒスヴェーア指導者の伝記や回想録となると、日本語で読めるものは非常に少ない。ハンス・フォン・ゼークト『一軍人の思想』（岩波新書、１９４０年）は、先ごろ、およそ70年ぶりに増刷され、手に入りやすくなった。ゼークトの軍事思想については、James S. Corum, *The Roots of Blitzkrieg. Hans von Seeckt and German Military Reform*（paperback-edition, Lawrence, KA., 1992）が示唆に富む。

また、ゼークト時代に編纂されたドイツ軍の教範は、その先進性ゆえに、今日の米陸軍や海兵隊が研究するところとなっている。これについては、ナチス時代に出されたのちの教範とともに、ドイツ国防軍陸軍統帥部／陸軍総司令部『軍隊指揮——ドイツ国防軍戦闘教範』(旧日本陸軍・陸軍大学校訳、大木毅監修、作品社、2018年)として、翻刻出版された。

ヒトラー政権誕生から第二次世界大戦まで

1933年に政権を掌握したヒトラーが侵略の準備を進めるなか、国防軍(ライヒスヴェーア)も1935年にヴェーアマハト(Wehrmacht)と改称され、拡張の一途をたどった。この間のドイツ軍部の動きについては、山口定『ヒトラーの抬頭　ワイマール・デモクラシーの悲劇』(朝日文庫、1991年)に詳しく触れられている。経済面からの再軍備研究としては、大島道義『総力戦時代のドイツ再軍備　軍事財政の制度論的考察』(同文館、1996年)が参照されるべきであろう。拡張政策と国防軍については、三宅正樹『ヒトラーと第二次世界大戦』(清水新書、1984年)と綱川政則『ヨーロッパ第二次大戦前史の研究——イギリス・ドイツ関係を中心に——』(刀水書房、1997年)で概略をたどれる。イェルク・ムート『コマンド・カルチャー　米独将校教育の比較文化史』(大木毅訳、中央公論新社、2015年)は、ドイツ軍と米軍の指揮官養成を比較検討したユニークな研究である。寺坂精二『ナチス・ドイツ軍事史研究』(甲陽書房、1970年)は、早世した著者による先駆的業績といえる。さらに、社会史・日常史・心性史的側面からの新しいアプローチによる成果として、小野寺拓也『野戦郵便から読み解く「ふつうのドイツ兵」——第二次世界大戦末期におけるイデオロギーと「主体性」』(山川出版社、2012年)ならびに、ゼンケ・ナイツェル／ハラルト・ヴェルツァー『兵士というもの　ドイツ兵捕虜盗聴記録に見る戦争の心理』(みすず書房、2018年)が挙げられる。

ヨーロッパの第二次大戦史の流れを知るための本としては、H・P・ウィルモット『大いなる聖戦　第二次世界大戦前史』（等松春夫訳、上下巻、国書刊行会、２０１８年）ならびに、Ｇ・Ｌ・ワインバーグ『第二次世界大戦』（矢吹啓訳、創元社、２０２０年）が有益であろう。リチャード・ベッセル『ナチスの戦争１９１８－１９４９　民族と人種の戦い』（大山晶訳、中公新書、２０１５年）は、より広い視座から欧州の第二次世界大戦を扱っている。

ヴェーアマハトに関する史料集となると、さすがに日本語で読めるものは少ないが、総統指令を集めたものが、英語版からの重訳で、ヒュー・R・トレヴァー＝ローパー編『ヒトラーの作戦指令書――電撃戦の恐怖――』（滝川義人訳、東洋書林、２０００年）として、翻訳刊行されている。また、ドイツ軍と第二次世界大戦についての基本史料であるハルダー陸軍参謀総長日誌、Arbeitskreis für Wehrforschung, *Generaloberst Halder Kriegstagebuch. Tägliche Aufzeichnungen des Chefs des Generalstabes des Heeres 1939-1942* (3 Bde., Stuttgart, 1962-1964) は、拙訳で作品社より翻訳刊行の予定。

第二次世界大戦で作戦指揮にあたった国防軍の伝記・回想録は、多数出版されている。「砂漠の狐」と称されたロンメル将軍については、その回想録、エルヴィン・ロンメル『「砂漠の狐」回想録』（大木毅訳、作品社、２０１７年）、最新の伝記である拙著『「砂漠の狐」ロンメル』（角川新書、２０１９年）を挙げておく。ロンメルに身近に接した人物による回想録、ハインツ・シュミット『砂漠のキツネ　ロンメル将軍』（清水政二訳、角川文庫、１９７１年）も興味深い。

ドイツ装甲部隊を率いて、大きな戦果をあげたグデーリアンの回想録（ハインツ・グデーリアン『電撃戦　グデーリアン回想録』、本郷健訳、上下巻、中央公論新社、１９９９年）も訳されており、重要な史料となっているが、自己弁護や不都合な事実の無視などがはなはだしい。それらは、拙著『戦車将軍グデーリアン　「電撃戦」の演出者』（角川新書、２０２０年）で検討した。ちなみに、グデーリアンの軍事思想を知るには、その主著『戦車に注目せよ！』ほかの論考を収録した、ハインツ・グデーリアン『戦車に注目せよ――グデーリアン著作集』（大木毅編訳、作品社、２０１６年）が参考になる。さらに、グデーリアンの腹心だったネーリング将軍によるドイツ装甲部隊史も邦訳されている（ヴァルター・ネーリング『ドイツ装甲部隊史　一九一六－一九四五』、大木毅訳、作品社、2018年）。

マンシュタインの回想録（エーリヒ・フォン・マンシュタイン『失われた勝利』、本郷健訳、上下巻、中央公論新社、2000年）も同様で、マンゴウ・メルヴィン『ヒトラーの元帥　マンシュタイン』（大木毅訳、上下巻、白水社、2016年）などを併読することが必要となろう。マンシュタインについては、自伝も翻訳刊行されている（エーリヒ・フォン・マンシュタイン『マンシュタイン元帥自伝――一軍人の生涯より』、大木毅訳、作品社、2018年）。加えて、マンシュタインの副官であったシュタールベルクの回想録（アレクサンダー・シュタールベルク『回想の第三帝国　反ヒトラー派将校の証言　1932－1945』、鈴木直訳、上下巻、平凡社、1995年）も示唆に富む。

フランス侵攻やバルバロッサ作戦で重要な役割を演じたホート将軍の回想録（ヘルマン・ホート『パンツァー・オペラツィオーネン――第三装甲集団司令官「バルバロッサ作戦」回顧録』、大木毅編訳、作品社、2017年）も、当事者の記録として興味深い。F・W・フォン・メレンティン『ドイツ戦車軍団全史――フォン・メレンティン回想録――』（矢嶋由哉／光藤亘訳、朝日ソノラマ、一九八〇年）は、作戦・戦術レベルにおけるドイツ軍の運用を詳細に記している。

以下、第二次世界大戦でのドイツ陸軍の作戦・戦闘を扱った文献から、なるべく新しいものを列挙する。北欧侵攻作戦に関する数少ない邦語文献に、J. Andenæs, J./ O. Riste/ M. Skodvin,『ノルウェーと第二次世界大戦』（池上佳助訳、東海大学出版会、2003年）がある。1940年の西方侵攻作戦の研究としては、すでに古典となった観のあるカール＝ハインツ・フリーザー『電撃戦という幻』（大木毅／安藤公一訳、上下巻、中央公論新社、2003年）を挙げよう。レン・デイトン『電撃戦』（喜多迅鷹訳、ハヤカワ文庫、1994年）も好著ではあるけれども、フリーザー以後となると、さすがに古びた箇所が目立つ。北アフリカの戦いについては、古い文献ではあるが、まとまったものとして、アラン・ムーアヘッド『砂漠の戦争』（平井イサク訳、ハヤカワ文庫、1977年）がある。

独ソ戦については、デビッド《ママ》・M・グランツ／ジョナサン・M・ハウス『［詳細］独ソ戦全史「史上最大の地上戦」の実像』（守屋純訳、学研M文庫、2005年）は、本来優れた通史であるものの、邦訳版は、拙著『独ソ戦 絶滅戦争の惨禍』（岩波新書、2019年）、228頁以下で指摘したように、誤訳がはなはだしく、依拠するわけにはいかない。すでに原書の増補改訂版が刊行されたことでもあり（David M. Glantz/Jonathan M. House., *When Titans Clashed. How the Red Army Stopped Hitler*, revised and expanded edition, Lawrence, Kan., 2015）、当面はこちらを利用するほうが無難であろう。「バルバロッサ」作戦研究では、バリー・リーチ『独軍ソ連侵攻』（岡本雷鋪訳、原書房、1981年）がスタンダードである。

個々の戦闘に関しては、アンドリュー・ナゴルスキ『モスクワ攻防戦――20世紀を決した史上最大の戦闘』（津守滋監訳／津守京子訳、作品社、2010年）が、ソ連の首都防衛戦を扱う。アントニー・ビーヴァー『スターリングラード 運命の攻囲戦1942－1943』（堀たほ子訳、朝日文庫、2005年）は、スターリングラード戦を活写している。それ以降のソ連軍反攻とクルスクの戦いについては、デニス・ショウォルター『クルスクの戦い1943 独ソ「史上最大の戦車戦」の実相』（松本幸重訳、白水社、2015年）がある。なお、クルスク戦の最新研究書であるRoman, Töppel, *Kursk 1943. Die größte Schlacht des Zweiten Weltkriegs* (Paderborn, 2017) は、拙訳で中央公論新社より刊行される予定である。

西側連合軍のシチリア島上陸以降のイタリア戦線を描いたものとしては、さしあたり、B・パルミーロ・ボスケージ『イタリア敗戦記――二つのイタリアとレジスタンス』（下村清訳、新評論、1992年）を挙げておく。ノンフィクションのクラシックである、コーネリアス・ライアン『史上最大の作戦』（広瀬順弘訳、ハヤカワ文庫、1995年）は、ノルマンディ上陸作戦を描く。より新しい作品、アントニー・ビーヴァー『ノルマンディー上陸作戦1944』（平賀秀明訳、上下巻、白水社、2011年）も同作戦をテーマとする。

戦争の最終段階に関しては、ヴォルフガング・パウルのノンフィクション・ノヴェル『最終戦――一九四五年ドイツ』（松谷健二訳、フジ出版社、１９７９年）が、東西両戦線の崩壊を叙述している。アントニー・ビーヴァー『ベルリン陥落１９４５』（川上洸訳、白水社、２００４年）は、凄絶なベルリン攻防戦をテーマとしている。

なお、著者（大木）も、ドイツ軍事史・第二次世界大戦史を中心とした論集として、『ドイツ軍事史――その虚像と実像』（作品社、２０１６年）、『第二次大戦の〈分岐点〉』（作品社、２０１６年）、『灰緑色の戦史　ドイツ国防軍の興亡』（作品社、２０１７年）を上梓している。ご関心のある向きは、こちらも参照していただければ幸いである。

あとがき

読者のご支援のおかげで、戦史・軍事史に関する論集の四冊目を刊行することができた。出版事情が厳しいなか、ハードカバーの高価な書籍が引き続き刊行されるというのは、昨今稀《まれ》なことであり、本当に有り難いことだと思っている。

その一方でまた考えることもある。これほどの反響があったのは、取りも直さず欧米の戦史・軍事史研究の成果が、ここ何十年にもわたり、不充分にしか紹介されていなかったからで、読者の飢餓感が尋常ではなかったからではなかろうか。

また、戦後ながらく、さまざまな幸運から戦争に直面せずにきた（歴史的にみても、例外的状況だろう）日本人が、もはやそうはいかなくなっていると察し、軍事、さらには、戦争や軍隊がいかにして今日のごときかたちになったかを知ることが必要になってきたと体感しているのではないかという推測もないわけではない。

いずれにしても、かかる読者の需要に応え、しかも、より正確な知識を提供する責任は、ますます大きくなるばかりであろう。そのことを嚙みしめつつ、今後も精進すると誓言し、あとがきとしたい。

なお、本書は例によって、『コマンドマガジン』（国際通信社）ほかに掲載された論考に加筆訂正し、再構成したものであることをお断りしておく。初出時にお手をわずらわせた『コマンドマガジン』編集部の松井克浩・倉橋慶の両氏、本書の編集に携わられた作品社の福田隆雄氏に、記して感謝申し上げる。

2020年3月

大木　毅

された。工場から渡されたばかりのV号戦車パンター60両が配備された事実は、1945年のドイツ軍としては特筆しておくべきことであろう。

▼9　航空阻止は、橋梁やトンネル、鉄道の操車場など、交通の要衝を攻撃し、それによって、戦線後方の敵部隊や物資の輸送を妨害、遅滞させ、あるいは撃破することを目的とする航空戦術。

▼10　エルケレンツは2月26日に、米第102歩兵師団によって占領されていた。

▼11　ニーマックは、戦後連邦国防軍の予備役准将となり、西ドイツ国防相の諮問役を務めた。

▼12　装甲車両のみを攻撃に参加させ、非装甲車両は後方に控置していた。

▼13　ボルクマンは、1943年以来総統付陸軍連絡将校を務め、1944年7月20日のヒトラー暗殺未遂事件で重傷を負った人物であった。こうした経歴ゆえに、ヒトラーは、ボルクマンを厚く信頼していたのである。

▼14　この地区に、1944年秋以来構築されてきた陣地帯が存在したことも、総統が撤退を渋る理由の一つだった。

▼15　前述の2月28日の装甲教導師団に対する攻撃命令は、この方針変更がいまだ前線に伝わっていなかったために出されたものと推測される。

▼16　カナダ第1軍が英第30軍団の増援を受けて、2月26日に発動した、ライン川下流域での攻勢作戦。「ブロックバスター」は超大型爆弾の意。

▼17　ゲッベルスはさっそく掌を返した。「彼は年を取りすぎたし、西方で進んでいるような危機的状況に対処するには、第一次世界大戦的な考えにあまりにも依存しすぎているのだ」というのが、3月9日の日記の記述である。

尋問に耐えかねて、思いつくままにでたらめなことを述べたのではないかと推理している。

▼15 この記述は、邦訳（ゲ・カ・ジューコフ『ジューコフ元帥回想録』、清川勇吉、相場正三久・大沢正共訳、朝日新聞社、1970年）がある初期の版ではなく、より多くの加筆訂正がなされたのちの版に拠っている。

▼16 Korpsabteilung. ある師団司令部の指揮下に他の師団を置き、軍団相当の機能を持たせる臨時の指揮単位。

▼17 プロホロフカ戦のみならず、「城塞」に参加した兵力（とくに戦車のそれ）と損害については、なお論争が続いている。

▼18 クルスク戦について精力的に研究を進めているドイツの歴史家テッペルは、「城塞」中止の直接の理由はシチリア上陸ではないとの新説を唱えている。その議論の検討も他日に譲るが、仮に彼の主張が正しいとすれば、作戦術にもとづくソ連軍連続攻勢の効果がいっそう証明されることになる。

Ⅳ－4 西方の決壊――グレネード作戦

▼1 むろん、そのためにスターリンの赤軍に後れを取り、ソ連の中東欧支配を許したとの批判も成り立つ。が、そうした事態を避けるために急進撃を命じるのは政治の役目であり、遠征軍総司令官の権限外であるとの見方も可能であろう。

▼2 国民擲弾兵（フォルクスグレナディーア）師団と改称された、かつての歩兵師団にまで、国民突撃隊が編入された例もある。

▼3 ルントシュテットは戦後、「年端も行かぬ少年にこんな兵器を持たせて、敵に向かわせるのは、まったく犯罪だった」と回想している。

▼4 ヒトラーは、戦功をあげた者には自分の肖像写真をくれてやればよかろうと、ルントシュテットにほのめかしさえした。元帥は一応、部下の指揮官たちにはかってみたが、反応は予想通りだったため、この件は沙汰止みになった。

▼5 事実、ヴェリタブル作戦が進むとともに、多くのドイツ軍部隊がその方面に誘引されるのをみて、モントゴメリーは喜んでいたという。その状態で、米第9軍がグレネード作戦を発動すれば、手薄になった敵を撃つことになると考えたのである。

▼6 2個戦車連隊、合計で中戦車大隊4個および軽戦車大隊2個を有する編制であった。

▼7 メンヒェン＝グラートバッハは、メンヒェン市とグラートバッハ市が拡大し、合併した都市。また、アーヘンは、初めて敵手に落ちたドイツ本土の大都市ということになった。

▼8 装甲教導師団は、アルデンヌ攻勢で大損害を受けたが、予想されるライン西岸での連合軍攻勢に備えるため、1945年1月にグラーフェンブロイヒ付近で再編

▼6　[　] 内は、引用文献原著者の補註。以下同様。

▼7　イスラエルの歴史家マーセル・ステインは、この第 9 軍戦時日誌の記載について、疑義を示している。こうした戦闘意欲の表明は、往々にして国防軍の戦時日誌にみられる紋切り型の表現であり、必ずしも実情を表してはいないというのである。しかし、ドイツの歴史家ローマン・テッペルは、戦時日誌担当経験者へのインタビューほかの調査を行い、マーセルの主張に反駁、問題の第 9 軍戦時日誌の記載も信憑性があるとした。本節も、テッペルの見解に拠っている。

▼8　作戦命令第 6 号の付属文書 2 には、「『城塞』攻勢の目的は、敵部隊と軍需物資の撃破、戦線短縮とならんで、戦争遂行上重要な労働動員のために捕虜と民間人労働者を獲得、鹵獲品を利用することにある」と定められている。当時のドイツ軍の作戦指導に前近代的な要素が入りこんでいたことを示す史料であるといえよう。

▼9　「城塞」発動までの紆余曲折については、前掲「ツァイツラー再考」ならびに、拙稿「クルスク戦の虚像と実像」『ドイツ軍事史』(作品社、2016 年) をみられたい。

▼10　よく知られているように、クルスク戦にのぞむソ連軍は、天文学的な数の地雷を活用した。ドイツ軍の攻撃を受け止める任を負った中央およびヴォロニェシ正面軍では、防御陣地のもっとも脆弱な部分に、1 キロあたり 1500 個の対戦車地雷と 1700 個の対人地雷を敷設したという。

▼11　たとえば、日本陸軍が作戦術に関する文献を大量に翻訳させていることからもわかる通り、世界の軍事筋がその存在に気づいていなかったわけではない。が、戦争は戦略・作戦・戦術の三次元から成る階層構造をつくっているとみなし、そうした概念規定から戦勝を導くという作戦術の思考方法は充分理解されたとはいえない。それが再び世界の注目を浴びたのは、ヴェトナム戦争に敗れたアメリカが再検討してからのことである。今日では、作戦術 Operational Art は、各国の軍隊の熱心な研究対象になっている。

▼12　作戦術の発展については、Richard W. Harrison, *The Russian Way of War. Operational Art, 1904-1940*, Lawrence, Kans., 2001 が詳しい。

▼13　「縦深作戦」理論の具現化といえる「1936 年版赤軍野外教令」を著したのは、のちにスターリンに粛清された第一国防人民委員代理ミハイル・N・トゥハチェフスキー元帥だったと推定されている。これは日本陸軍によって翻訳されていたが、戦後、一般向けに出版された研究書に全文収録された (土居明夫『ソ連の戦術』、大蔵出版、1953 年)。

▼14　ソ連側にこうした誤認が生じた理由について、ドイツの歴史家カール＝ハインツ・フリーザーは、敵地の地雷除去などという任務に就く一等兵に、攻撃開始時刻などという機密事項が教えられていることはまずないから、ソ連軍の苛烈な

に到着していなかった。

▼12　ミッチャムはまた、ヒトラーは、ハウサーに対する一種の意趣返しとして、その後の功績にもかかわらず、柏葉付騎士鉄十字章の授与を1943年7月まで遅らせたと主張している。

▼13　この人事とともに、ランツ軍支隊は「ケンプフ軍支隊」と改称された。

▼14　第17軍団を基幹に編合された軍支隊。司令官は、カール＝アドルフ・ホリト歩兵大将。

▼15　ゴリコフは、1940年から1941年まで赤軍情報総局長の地位にあり、英米に駐在するソ連武官団については、直接指揮していたといわれる。

▼16　第4航空軍は、1月の時点では一日あたり平均350回程度の出撃しかできずにいたが、メンテナンス組織等を向上させた結果、2月20日以降は一日平均一千回の出撃を達成していた。

Ⅳ－3　作戦術の勝利――新しいクルスク戦像

▼1　1943年3月10日、南部ロシアのザポロジェに置かれていた南方軍集団司令部での会議で、マンシュタインは、ひとまずソ連軍に大攻勢を許し、その態勢が伸びきったところで決定的な打撃を加えるという、いわゆる「後手からの一撃《シュラーゲン・アウス・デア・ナッハハント》」案を提案していたが、出席していたヒトラーは賛成しなかった。そこで、いわば次善の策として、マンシュタインは「先手」を取ってクルスク突出部を攻撃、これを覆滅するという提案を行ったのである。だが、総統は賛否について言質を与えなかった。しかし、三日後、スモレンスク付近にあった中央軍集団司令部で開催された会議において、ヒトラーはクルスク突出部攻撃案を披露している。けれども、出席した軍司令官たちは、ドイツ軍諸師団の弱体、装甲部隊における彼我戦力の不均衡、ソ連軍がすでに梯形防御陣を固めていることなどを指摘し、懸念を示した。

▼2　1943年2月18日にザポロジェの南方軍集団司令部で開かれた会議において、ヒトラーは「本年は大規模な作戦は実行不可能で」「複数の小さな鉤《ハーケン》を打ち込むことができるだけだ」と発言している。

▼3　実際に「大鷹《ハービヒト》」および「豹《パンター》」作戦として、計画が立案された。

▼4　戦後のツァイツラーによる国防軍弁明論については、拙稿「ツァイツラー再考」『ドイツ軍事史』（作品社、2016年）を参照されたい。

▼5　有名な「ホスバッハ」覚書である。1937年11月5日、ヒトラーは国防大臣ならびに外務大臣、陸海空軍の総司令官を集め、戦争に踏み切る覚悟であることを告げた。総統付国防軍副官として同席していたホスバッハは、メモを取ることを許されていなかったものの、会議のあとで記憶に頼り、覚書を作成した。それが第二次世界大戦史の重要な史料となったわけである。

▼9　ほかに、フリードリヒ・クヴェンティン少佐が指揮する第6装甲捜索大隊（SdKfz 233八輪重装甲車20両を装備）が、ヒューナースドルフ戦隊に追随し、第23装甲師団との指揮境界線ならびに側面と後方の捜索にあたるものとされた。

▼10　再編成後においても、第6装甲師団の補助車輌は、路外走行性能が高い軍用車ではなく、ほとんどがフランス製の民間用車輌だった。これらの型式はばらばらだった上に、エンジンや足回りが貧弱で、さまざまな問題を引き起こした。

▼11　陸軍参謀総長クルト・ツァイツラー上級大将。

Ⅳ－2　後手からの一撃——鉄血のチェスゲーム

▼1　ハンガリー語は日本語同様、姓名の順で氏名を表記する。従って、ヤーニが姓。ちなみに、ヤーニ上級大将は、1943年3月31日にドイツの騎士鉄十字章を授与されている。

▼2　2個連隊を基幹とする編制。

▼3　マンシュタインは、回想録『失われた勝利』で、彼我の兵力比は七対一に達していたと主張しているが、これは誇張されているものと思われる。

▼4　グランツの記述によれば、第6軍撃滅のために、コンスタンチン・K・ロコソフスキー大将指揮のドン正面軍麾下7個軍が拘束されていた。

▼5　同日、A軍集団麾下の第1装甲軍は、ドン軍集団指揮下に移された。が、第11軍作戦参謀、さらにはドン軍集団（のち南方軍集団）参謀長として、マンシュタインを助けたテオドル・ブッセ歩兵大将の回想によれば、第13装甲師団および第50歩兵師団はA軍集団麾下に残された。

▼6　マンシュタインは他に、戦争指導においてヒトラーを補佐するため、国防軍全体の作戦をつかさどる「国防軍参謀総長」職を創設することを提案したが、これはしりぞけられた。

▼7　「軍支隊」（Armeeabteilung）は、ある軍団司令部の下に他の軍団を置き、臨時に「軍」同様の機能を持たせた大規模団隊。通常、司令官の名を付して呼ばれる。この場合は、第30軍団長マクシミリアン・フレッター＝ピコ砲兵大将に指揮されている。

▼8　指揮官は、フベルト・ランツ山岳兵大将。

▼9　第3山岳師団などは、歩行できる負傷兵や、休暇中に原隊が潰滅してしまい、帰隊先がなくなった兵をかき集めるありさまだった。第335歩兵師団は比較的兵力を保持していたが、それでも約3500名まで減少していた。

▼10　スターリングラード作戦の戦訓に鑑み、赤軍大本営は、持続的な縦深打撃作戦の遂行を可能とする、より大規模な戦車軍を編成することを計画していた。ポポフ機動支隊は、その嚆矢《こうし》である。

▼11　同軍団所属の三番目の装甲擲弾兵師団「髑髏《トーテンコップフ》」は、この時点では東部戦線

チュも同様に心臓発作に襲われている。

▼9　かつてルントシュテットが学んだ地、リヒターフェルデに駐屯していたこの部隊は、1941年の時点では自動車化歩兵師団に拡充されていた。

▼10　西正面軍は、狙撃兵師団31個、戦車旅団5個を擁しており、戦車を除いては、すべての面でクライストの第1装甲軍に優る兵力を持っていた。

▼11　師団長のヨーゼフ・ディートリヒ親衛隊大将までも凍傷にかかっていた。

第Ⅳ章　薄暮の狼たち　ドイツ国防軍の終焉

Ⅳ－1　無限の48キロ――「冬の雷雨」作戦と第6装甲師団

▼1　「軽師団」は、自動車化歩兵師団と装甲師団の中間に位置する、やや戦車を強化された編制。歩兵師団の一種が、同じ名称を与えられたこともある。後者は、のちに「猟兵師団《イェーガー・ディヴィジョーン》」Jäger Divisionと改称された。そのうち、第1軽師団が、1939年10月18日に、第11戦車連隊その他を編合して、第6装甲師団に改編されたのである。

▼2　自身、第6装甲師団に所属し、ポーランド、フランス、ロシアを転戦したホルスト・シャイベルトは、その著書で「わが師団の基幹要員は、ライン川流域ヴェストファーレン地方から召集されていた。ルール地方の中心地域の住民が持つ技術的天分と、ライン川流域の人間ならではの機敏さを併せ持つのが、ヴェストファーレン人の特徴であり、戦車兵にはもってこいの資質といえた」としている。

▼3　スターリングラードで包囲された兵員の数については、20万ないし30万と諸説分かれているが、ここでは、最近の定説を採った。

▼4　周知のごとく、戦意高揚、のちには死守の覚悟をうながすため、パウルスは、1942年11月30日に上級大将、1943年1月31日に元帥とされた。

▼5　しばしば「冬の嵐」と訳されてきたが、ドイツ語の原語Wintergewitterに則して、「冬の雷雨」とする。

▼6　もっとも、第6装甲師団は、フランスに移される以前に、35t戦車などのチェコ製戦闘機材のほとんどを喪失していたようだ。1942年1月6日付の師団作戦参謀宛、隷下第11戦車連隊の無線通信によると、条件付で運用できるのは、Ⅱ号戦車3両、Ⅳ号戦車1両だとされている。再編成後、「冬の雷雨」作戦に投入される直前の定数は、Ⅱ号戦車21両、7.5センチ口径短砲身戦車砲装備Ⅲ号戦車30両、5センチ口径長砲身戦車砲装備Ⅲ号戦車75両、7.5センチ口径長砲身戦車砲装備Ⅳ号戦車24両、指揮戦車5両であった。

▼7　1938年の合邦《アンシュルス》の結果、ドイツ国防軍に吸収されたオーストリア連邦軍の将校のうち、上級大将に進級した者は3名だけだが、ラウスは、その一人であった。

▼8　1942年7月5日、戦意高揚のため、「狙撃兵」（自動車化歩兵）は、「装甲擲弾兵」と改称された。

の生き残りから成っていた。

また、レリュシェンコの命令により、カトゥコフ旅団にはロケット砲大隊1個が配属されていた。これについては、興味深い挿話が残されている。初めてロケット砲を見たカトゥコフは、普通のトラックから鉄道のレールが突き出しているようなしろものだと思った。が、カトゥコフが不審そうにしているのに気づいたロケット砲大隊長は、「ちょっと待ってください。このオルガンが演奏をはじめだしたら、大佐殿もご意見を変えるはずですよ」と述べたのだという。もちろん、続く戦闘において、ロケット砲大隊長の言葉の正しさが証明されたのであった。

▼9　1941年10月5日、第2装甲集団は、「第2装甲軍」に改称された。

▼10　グデーリアンは、エーベルバッハから受けた印象を、このように回想している。「彼は、肉体的のみならず、精神的にも打撃を受けている。それはあきらかだった。わが軍の最良の将校が、直前の戦闘でかくも動揺しているのは、なんとも驚くべきことだった」。

▼11　第1親衛狙撃軍団（10月10日、第26軍に改編）の指揮は、アレクセイ・V・クルキン少将が継承した。

Ⅲ－4　運命の逆転――東部戦線のフォン・ルントシュテット

▼1　ルントシュテットは、家を留守にする際には毎日妻に手紙を書くと自らに課しており、それは出征時にあっても変わらなかった。バルバロッサ作戦において野戦郵便システムが整いきらず、充分に頼りにできなくなったときにも、ドイツ本国と往還する航空伝書使にハガキを託し、到着しだい投函してくれと頼んでいたという。

▼2　ちなみに、同士官学校の敷地と建物は、のちに武装親衛隊アドルフ・ヒトラー親衛旗団の兵営として使用された。なお、同連隊の名称Leibstandarteは「親衛旗」と訳されることが多いが、Standarteは中世のドイツ騎士団の編制単位のそれを継承しているので、中世史研究の定訳である「旗団」をあてた。

▼3　たとえば、グデーリアンやエーリヒ・フォン・マンシュタインが、陸軍大学校の1913年クラスだが、彼らは訓練課程の途中で動員され、戦争に参加することを余儀なくされている。

▼4　ズボンについた深紅色の縦筋は、参謀将校のシンボルであった。

▼5　1941年10月25日、装甲集団から装甲軍に改編。

▼6　ロシア語で「ドン河畔のロストフ」の意。モスクワ南方に同名の町があるため、こう呼んで区別する。

▼7　第30軍団（第22、第72、第170歩兵師団）と第54軍団（第46、第50、第73歩兵師団）。

▼8　ちなみに、ルントシュテットが心臓発作を起こしてから数日後に、ブラウヒッ

▼13　独ソ開戦時には、第30戦車師団長。生粋の機甲将校で、独ソ戦中に累進し、戦後は機甲部隊総司令官の地位にまで登りつめた。

▼14　10月19日、SS少将に進級。ビットリヒは、のちに第2SS装甲軍団長となり、東西両戦線を転戦した。有名な戦功としては、1944年9月に連合軍の「マーケット・ガーデン」作戦を迎え撃ち、英第1空挺師団を撃滅したことが挙げられよう。

▼15　たとえば、いわば尖兵となった「帝国」師団「ドイツ」連隊の各小銃中隊は、モジャイスク戦終了時点で、現有兵力30ないし100名というところまで弱体化していた。

III－3　モスクワの守護神――T-34とムツェンスクの戦い

▼1　初演は1934年。1935年1月26日に『ムツェンスク郡のマクベス夫人』を観劇したスターリンは、上演途中で退席してしまった。二日後の28日、共産党中央委員会の機関紙『真実《プラウダ》』紙に、この作品を酷評する無記名の批評が掲載され、以後、『ムツェンスク郡のマクベス夫人』上演は、スターリンのソ連においてはタブーとなったのである。

▼2　第4装甲師団隷下部隊を基幹とする。指揮官は、第4装甲師団隷下第5戦車旅団長のハインリヒ・エーベルバッハ大佐。

▼3　エーベルバッハ戦隊は給油を受けていなかったが、9月29日から30日にかけての降雨ののち、道路が乾いて、輸送車両の運行が容易になったため、10月2日、燃料補給に成功したのである。

▼4　4日に自ら偵察に出たレリュシェンコは、オートバイで前進中だった第34NKVD連隊長イヴァン・I・ピヤシェフ中佐に邂逅したのを幸い、オリョールに向かえと命令されていた同連隊を麾下に入れたのであった。

▼5　レリュシェンコは、第1親衛狙撃軍団長を拝命する直前まで、戦車・自動車化部隊新編・人員配置局長兼機甲主務委員会副議長（1941年8月に就任）として、この再編作業にあたっていた。

▼6　カトゥコフとフェドレンコは、1930年代にキエフ軍管区でともに勤務して以来の知己だった。

▼7　第4戦車旅団長以後のカトゥコフの経歴は以下の通り。1942年5月、第1戦車軍団長。1942年9月、第3機械化軍団長。1943年1月、予備第3軍司令官。1943年1月、第1戦車軍司令官。1944年4月、第1親衛戦車軍司令官。クルスクの戦いなどで功績をあげたカトゥコフは、戦後、機甲科元帥まで登りつめた。

▼8　カトゥコフは、第4戦車旅団の編成作業をスターリングラードで行ったのである。戦車工場がスターリングラードにあり、生産された戦車の受領に好都合なためだった。また、同旅団の戦車兵はおもに、ウマーニで包囲されることをまぬがれて脱出した第15戦車師団ならびにリヴォフで大損害を受けた第32戦車師団

ルトの『補給戦』にヴィヴィッドに描きだされている。

Ⅲ－2　泥の海の攻防――モスクワ前面モジャイスクの戦い

▼1　独ソ開戦以来初めての、国民に向けたヒトラー演説であった。

▼2　西正面軍が保有していた479両の戦車のうち、T-34などの新型は45両のみだった。

▼3　よく知られているように、ブジョンヌィはロシア内戦で騎兵部隊を率いて、数々の戦功をあげた人物である。しかしながら、その指揮統率の知識や経験はすでに時代遅れになっており、独ソ戦初期において正面軍その他の司令官を歴任したものの、数々の失態を演じることとなった。

▼4　タイフーン作戦初日に、第8航空軍団の航空機は平均四回出撃した。なかには六回出撃した機体もあったという。作戦全体の航空支援にあたったアルベルト・ケッセルリング元帥指揮の第2航空軍全体では、作戦第二日目に984回出撃し、敵車両679台を撃破という記録が残されている。

▼5　コーニェフの代理、イヴァン・V・ボルディン中将の指揮のもと、反撃用に編合された支隊で、3個狙撃師団と2個戦車旅団で構成されていた。

▼6　タイフーン作戦遂行中の1941年10月5日、グデーリアンの第2装甲集団は、「第2装甲軍」に改称された。本節では、この画期に従い、第2装甲集団と第2装甲軍の表記を使い分ける。

▼7　第2および第5装甲師団。いずれもバルカン作戦で消耗しており、控置されていた。

▼8　ただし、赤軍参謀本部軍事史課が1943年にまとめたモスクワ戦研究によると、陣地の完成度合いはまちまちで、ドイツ軍がモジャイスク線に取りついた時点での計画達成率は40ないし80パーセントだったという。

▼9　第一次編成の第5軍はキエフ戦で潰滅しており、これは第二次編成されたもの。

▼10　当時、装甲集団は自前の後方追送機関を持たず、最寄りの軍に頼っていた。そのため、第4装甲集団も第4軍の指揮下に入るかたちになっていた。グデーリアンの第2装甲集団も同様にクルーゲの指揮下にあり、この両者がモスクワ攻防戦中にあつれきを起こしたことは有名なエピソードである。

▼11　ヘープナーはのちに「モスクワ突進のスピードは、上級司令部の誤りによって減殺されてしまった」と述べている。ソ連軍の窮状を考えると、一理ある批判だが、燃料不足や包囲陣の穴をふさぐために装甲部隊を押さえに使わなければならなかったことに鑑みて、ヘープナーが望んだような装甲部隊の全力突進は可能であったかどうか、疑問が残る。

▼12　パウル・ハウサーは、第一次世界大戦前に陸軍大学校を卒業、参謀将校の資格を得ており、1932年に少将で停年退役するまでは国防軍の将校であった。

て、カナ表記を定めることにした。以下同様。

▼8　グデーリアン集団には、軍団司令部（自動車化）2個、装甲師団4個、自動車化歩兵師団2個が編合されることになっていた。これらの師団は、ベルリンとブレスラウの周辺地区で再編成を進めていた。むろん、この部隊の名は、司令官に予定されていた、ハインツ・グデーリアン装甲兵大将（1940年7月19日、上級大将に進級）にちなんだものである。

なお、グデーリアンは、戦後に著した回想録において、自分がソ連侵攻の決定を知ったのはモロトフ訪独直後であり、それに対する懸念を上申したと記した。が、1940年8月29日付のグデーリアン集団作戦参謀フリッツ・バイエルライン大佐の提案書が残っており、そこでは、第18軍開進訓令において作戦目標が不分明であることが批判されたのち、南方ではドニエストル川沿いにルーマニア国境を掩護しつつキエフに突進、北方では東プロイセンから打って出てミンスクをめざすという作戦を提案している。従って、バイエルラインの直属上官であるグデーリアンが、1940年7月末、もしくは8月の時点で、ソ連侵攻企図が胎動していることを察していた可能性はきわめて高いといえる。もっとも、ドイツの歴史家エルンスト・クリンクのように、当時のグデーリアン集団の実体は軍団司令部1個のみであったから、この提案書は研究教育のための図上演習の結果報告かもしれぬと疑義を呈する論者もいる。

▼9　マルクスは、自らが作戦立案に参画したソ連侵攻において左足を失い、3人の息子のうち2人までもロシアで戦死させることになった。彼はのちに、第84軍団長として、連合軍のノルマンディ上陸を迎え撃ち、1944年6月12日に戦死している。

▼10　ここに記した対ソ戦決定への陸軍参謀将校の積極的関与については、前出のクリンクがすでに、『ドイツ国と第二次世界大戦』第4巻（1983年、初版刊行）で指摘していることだが、日本ではほとんど紹介されていない。

▼11　「OKW統帥局」が改称され、「OKW統帥幕僚部」となったのは、1940年8月8日であるが、本節では便宜上、後者で統一する。

▼12　ただし、マルクスの名誉のために付け加えておくと、彼は、ドイツのソ連侵攻が英ソ同盟の成立やアメリカの参戦を招くのではないかと不安を抱き、私的なルートを通じてOKH首脳部に懸念を表明している。

▼13　この時点では、対ソ戦に投入される3個軍集団の正式呼称は、A、B、Cのままだが、理解を容易にするため、北方、中央、南方として記述する。

▼14　リーチは、ヨードルを通じてロスベルク・プランの内容を知らされていたことが、こうしたヒトラーの判断につながった可能性があると推測している。

▼15　バルバロッサ作戦におけるドイツ東部軍の兵站の実情については、クレフェ

▼10　ただし、国防軍のエリート部隊である「大ドイツ」自動車化歩兵師団、武装親衛隊の「アドルフ・ヒトラー直衛旗団」、「帝国」、「髑髏」の3個自動車化歩兵師団には、例外的にティーガー中隊が配属された。が、これらも、しだいに大隊規模に拡充され、装甲軍団直属の重戦車大隊として運用されるようになっていったのである。

▼11　1943年に出された指令により、ティーガー生産に許可なく外国人労働者を使うことは禁止された。

▼12　ただし、ティーガー乗りには、その重装甲に過剰な信頼を抱き、好んで危険を冒す傾向がみられたという。装甲兵総監ハインツ・グデーリアン上級大将は、そうした不死身意識は非現実的であり、不必要な損害を出す原因となっていると指摘した上で、戦術の原則を守るように指示している。

第Ⅲ章　拡散する嵐　ソ連侵攻

Ⅲ－1　高慢と誤算――バルバロッサ作戦の成立

▼1　従来、『わが闘争』は、のちの副総統ルドルフ・ヘスなどに口述筆記したものとされていたが、近年になって、ヒトラーが携帯用タイプライターを使って自ら原稿を作成した可能性があるとする異論が出てきている。Florian Beierl/Othmar Plöckinger, Neue Dokumente zu Hitlers Buch Mein Kampf. In: *Vierteljahrshefte für Zeitgeschichte* 57（2009), Heft 2.

▼2　ヒトラーのソ連侵攻決定に関する研究史は、三宅正樹『日独伊三国同盟の研究』（南窓社、1975年）の第8章および第9章に手際よくまとめられているので、詳しいことを知りたい向きは参照されたい。

▼3　バリー・リーチ『独軍ソ連侵攻』、岡本雷輔訳、原書房、1981年。

▼4　拙著『ドイツ軍事史――その虚像と実像』（作品社、2016年）所収の「1939年の対ソ戦？――ドイツのソ連侵攻作戦に関する新説」をみられたい。

▼5　この時点での国防軍最高司令部長官はヴィルヘルム・カイテル元帥。陸軍総司令官ブラウヒッチュ元帥、空軍総司令官はヘルマン・ゲーリング国家元帥、海軍総司令官エーリヒ・レーダー元帥。

▼6　それは、いわゆる冬戦争、対フィンランド戦争におけるソ連軍の苦戦で暴露されていた。OKH東方外国軍課の分析や駐ソ陸軍武官エルンスト＝アウクスト・ケストリング中将（1940年10月1日、騎兵大将に進級）の報告の多くも、ソ連軍はまだ粛清のダメージから回復していないとの判断を示していた。

▼7　この時期のポーランド、バルト三国、ソ連の国境は大幅に変わっているため、ヴィスワ川（ドイツ語表記はヴァイクセル）のように複数の言語表記を持っている地名をどのようにカナ表記するかは難しい問題である。本書では、記述の時点で、その地がどの国に属していたかを確認し、領有している国の言語にもとづい

▼9　武装親衛隊「髑髏《トーテンコップフ》」自動車化師団が、連合軍の捕虜97名を射殺した。皮肉にも、この事件の現場は、「天国《ル・パラディ》」という地名だった。

▼10　自身、ダンケルクから撤退した経験を持つ陸軍軍人であり、戦後著述家となったバーカーは、この司令所の作戦室として使われていた部屋は、本来発電機《ダイナモ》を設置するためのもので、そこから「ダイナモ」の秘匿名称が付けられたとしている。

▼11　資料によって数字は異なるが、3万ないし3万5000の将兵が残っていたとされる。

▼12　この数字には、ともに救出されたフランス、ベルギー、オランダ、ポーランド義勇軍の将兵も含まれている。ただし139頁の表とは異なる史料に拠っている。

コラム②　虎の育て方　ティーガー戦車の誕生と運用

▼1　戦車の専門家であるフォン・ゼンガー・ウント・エターリン博士によれば、1933年ごろに、重量約35トンの多砲塔戦車が計画されているが、これをティーガーの直系の祖先とみなすことはできまい。

▼2　リーゼ少将（1882～1945年）は、第98予備歩兵連隊の中隊長として第一次世界大戦に従軍し、第一級ならびに第二級鉄十字章を受けている。最終階級は歩兵大将で、根っからの歩兵である。

▼3　連続的に使用できる出力。最大出力ではない。

▼4　ジェンツとドイルによれば、それは賢明な選択だった。航空機用エンジンを使えば、駆動部分がより重くなる。戦車の総重量は橋梁の荷重限界によって制限されるから、それは必然的に装甲や武装の弱体化をもたらすのであった。

▼5　開発中のⅣ号戦車の秘匿名称も「護衛戦車」であった。結果的には、第二次世界大戦のドイツ軍主力戦車となったⅣ号戦車だが、当初は他の型の戦車を支援するものとして企図されていたのである。

▼6　この兵器0725型7.5センチ砲は装甲貫徹力が高く、軽量でもあることから、戦車砲に適していたのだが、その硬芯弾に使用するタングステンの輸入確保が危ぶまれたため、採用は見送られた。ちなみに、同硬芯弾1発につき、約1キロのタングステンが必要だったという。

▼7　丸カッコ内のHとPは、それぞれ「ヘンシェル Henschel」と「ポルシェ Porsche」の略。

▼8　このようにポルシェ・ティーガーは不採用になった。けれども、ポルシェ社では、第一回生産分90両がすでに組み立てに入っており、その作業は一時中止された。周知のごとく、これらのほとんどが駆逐戦車フェルディナントに改修され、戦線に投入されている。

▼9　Ausf. はドイツ語の Ausführung「型」の略、Sdkfz. は Sonderkraftfahrzeug「特殊車両」の略である。

▼14　皮肉なことに、この砲はドイツのクルップ社で製造された28センチ砲であった。

▼15　戦艦「ウォースパイト」と駆逐艦9隻を有しており、空母「フューリアス」の艦載機によって支援されていた。

▼16　ディートルは、このナルヴィクの難戦に耐えているあいだ、ゲッベルスの宣伝省によって、氷原の英雄といったたぐいのプロパガンダをほどこされ、国民的な偶像となった。のちのロンメルの名声にかき消された感もあるが、戦時下のナチス・ドイツにおいて、ディートルは「ナルヴィクの勇将」として宣伝されていたのである。

▼17　国王ホーコン七世は、6月7日にイギリスに渡り、亡命政権樹立にかかっていた。

II－5　九日間の奇跡――ダンケルク撤退作戦

▼1　「フランク支隊」は、同支隊を指揮していた第5師団長ハロルド・エドマンド・フランクリン少将の姓から名づけられた。ちなみに、フランク支隊の戦車部隊の指揮を執っていたのは、機甲戦の専門家として有名なジファード・ル・ケーヌ・マーテル少将だった。

▼2　マチルダの前面装甲80ミリは、第一線に配されていたドイツ軍対戦車砲では貫徹できなかったのである。第7装甲師団の戦闘報告には、「対戦車砲陣地は敵軍によって破られ、砲撃され、蹂躙された。機関銃部隊は全滅した」と記されている。

▼3　正確には、第六代ゴート子爵ジョン・スタンディッシュ・サーティーズ・プレンダーガスト・ヴェレカーであるが、通常ゴート卿と呼ばれる。

▼4　このイーデンの命令においても、撤退決意について、ベルギー軍とフランス軍には伝えるなと言い添えられている。

▼5　メイスフィールドは、記者として自らダイナモ作戦に参加し、散文といくつかの詩によるルポルタージュ『九日間の奇跡』を刊行した。

▼6　ベ《マ》イジ《マ》ル・ヘンリー・リデ《マ》ルハ《マ》ート『ヒトラーと国防軍』、岡本雷鋪訳、新版、原書房、2010年は、この「伝説」を広める上で大きな役割を果たした。本書は、イギリスに抑留されていたドイツ軍の元将官たちへのインタビューをまとめた貴重な文献ではあるが、同時に彼らの自己弁護の議論を多数含むものとなっているので、注意が必要である。

▼7　ダイナモ作戦中に出撃した戦闘機の数は、のべ2739機に達した。

▼8　ベルギーへの飛行場の推進はいまだ終わっておらず、爆撃機の大半はドイツ本土から出撃していた。ドイツ南部のバイエルンに基地を置く部隊などは、ドイツ国内でいったん着陸給油し、しかるのちにダンケルク空域をめざさなければならなかったのである。加えて、他正面での航空支援の必要もあり、ドイツ空軍がダンケルクに全力を集中することは不可能だった。

一般向けに出版された。日本海軍も本書に注目し、翻訳刊行している。ウォルフガング・ウ《マ》ェゲナ《マ》ー『世界戦争ニ於ケル独逸海軍戦略』、海軍軍令部訳、海軍軍令部、1932年。

▼5　ちなみに、ヴェーゲナーは中将に進級した直後に、レーダー提督と衝突して、退役に追い込まれたが、その著作に示された戦略思想は、戦後の西ドイツ連邦海軍において高く評価され、連邦軍大学校の教材にも採用された。また、諸外国の海軍筋にも注目されるところとなり、1989年には『世界大戦の海洋戦略』英訳版が、権威ある合衆国ネイヴァル・インスティトゥート出版局より刊行されている。Holger H. Herwig (ed.), *The Naval Stratcgy of the World War. Classics of Sea Power*, Annapolis, 1989.

▼6　このように、一部は第一次世界大戦にまでさかのぼるドイツ海軍の戦略における北欧要因を理論的に分析した研究として、スウェーデンの歴史家ゲムツェルの著作があり、組織論としても秀逸である。Carl-Axell Gemzell, *Reader, Hitler und Skandinavien, Der kampf für einen maritimen Operationsplan*, Lund, 1965.

▼7　当時のドイツ海軍における大型艦船の艦種分類については、拙著『第二次大戦の〈分岐点〉』（作品社、2016年）所収の「消えた装甲艦」を参照されたい。

▼8　よく引かれるエピソードとして、作戦立案を命じられたファルケンホルストが、書店で「ベデカー」（有名な観光ガイド）の北欧案内を買ってきて、それをもとに、ホテルの一室で原案を立てたという話がある。しかしながら、その典拠となっているのは、ニュルンベルク裁判におけるファルケンホルストの証言のみである。実際には、彼はOKWで、情報が古くなったとはいえ、外国軍課が作成した「ノルウェー要覧」などを参照していた。従って、「ベデカー」の挿話は、北欧作戦の即興性を強調し、そこから計画的な侵略ではなかったという印象を引き出すための誇張である可能性が高いと思われる。しかしながら、ノルウェー軍の状況、とりわけ海岸砲台に関する情報不足は、ドイツ軍が予想外の損害を出す遠因となった。

▼9　当時、ヒトラーはベルリンにあり、首相官邸にファルケンホルストを呼びつけては、作業の進捗状況を報告させたという。

▼10　秘匿名称は、ドイツ北部を流れる川の名にちなむ。

▼11　ドイツ海軍の艦名のうち、「アトミラール」（提督の意）がつくものは、初出のみフルネームで記す。

▼12　そのなかには、アマリエンボー宮殿の守備に当たっていた近衛教導大隊の交戦も含まれている。

▼13　デンマーク侵攻にあたって、ドイツ軍は少数の降下猟兵部隊を投入しているが、これは記録に残っている史上初の組織的な空挺作戦とされている。

している)、青年将校時代には、第二次世界大戦生き残りの降下猟兵を教官として訓練を受けていたという。

▼5 1933年9月1日、シュトゥデントは陸軍から、極秘裡に創設されていた空軍に転属した。ちなみに、ケッセルリングなど陸上作戦の指揮を執った空軍将校は少なくないが、彼らの多くは第一次世界大戦の陸軍航空隊出身で、陸軍将校としての教育訓練を受けていることを思えば、驚くにはあたらない。

▼6 この時期の統計によると、西部戦線のドイツ軍においては、戦闘経験者と非経験者の比率は1対17になっていた。

▼7 1944年7月13日進級。

II－3 ヒトラーの戦略

▼1 Paul Schmidt, *Statist auf diplomatischer Bühne*, Bonn, 1950. パウル・シュミット著、長野明訳『外交舞台の脇役』、私家版、1998年。

▼2 Karl=Heinz Frieser, *Blitzkrieg-Legende*, 2. Aufl., München, 1996. カール＝ハインツ・フリーザー著、大木毅／安藤公一共訳『電撃戦という幻』、全2巻、中央公論新社、2003年。

▼3 Klaus Hildebrand, *Deutsche Außenpolitik 1933-1945,* 3. Aufl., Stuttgart, 1976.

▼4 Percy Ernst Schramm (Hrsg.), *Kriegstagebuch des Oberkommandos der Wehrmacht,* Bd.1, Frankfurt a.M., 1965.

▼5 Ingeborg Fleischhauer, *Die Chance des Sonderfriedens. Deutsche-sowjetische Geheimgespräche 1941-1945*, Berlin, 1986.

▼6 *Akten zur deutschen Auswärtigen Politik 1918-1945,* Serie E, Bd.5, Göttingen, 1978.

▼7 この記述からもわかるように、著者(大木)はドイツ必敗論者である。

II－4 北の稲妻――「ヴェーザー演習」作戦

▼1 ドイツの戦争経済にとって、死活的な重要性を有するスウェーデンの鉄鉱石の大部分は、冬季にはナルヴィク経由で輸送しなければならない。従って、同市を機雷等で封鎖すれば、輸送船は沿岸航路ではなく、北海の公海部分を通らなければならず、英海軍に阻止される可能性が高まるのであった。

▼2 このころ、イギリスは「リックマン連盟」の秘匿名称を持つ破壊グループを組織し、スウェーデンの鉄鋼積み出し港ウクセレースンを使用不能にしようと試みたが、スウェーデンの公安当局に摘発され、失敗した。

▼3 ヴァイマール共和国時代、ドイツ海軍はReichsmarine、直訳すれば「ライヒ海軍」と称していたが、ヒトラーが政権を掌握し、1935年に再軍備宣言を出したのちは、Kriegsmarine(「戦時海軍」ぐらいの意)に改名した。

▼4 のちに、Wolfgang Wegener, *Die Seestrategie des Weltkrieges*, Berlin, 1929として、

▼6　ながらく、ヴェーファーの死こそが、ドイツ空軍が戦略空軍となる可能性を消してしまったという説が唱えられてきた。その際、しばしば根拠とされるのが、ヴェーファーの死後、通称「ウラル爆撃機」、四発の重爆撃機開発が中止されたことである。しかし、今日では、四発重爆撃機の開発が中断したのは、ドイツ航空産業の限界によるものであったことが判明している。また、ここに述べたごとく、ドイツ空軍を、いわば「作戦空軍」とするドクトリンは、ヴェーファー空軍参謀総長時代において、すでに定まっていた。

▼7　コンドル兵団司令官はフーゴー・シュペルレ中将であったが、彼はもっぱらフランコ将軍に付いて、助言にあたっており、コンドル兵団の具体的な作戦指揮はリヒトホーフェンに任されていた。ヴォルフラムは、第一次世界大戦のエース、「赤い男爵《レッド・バロン》」ことマンフレート・フォン・リヒトホーフェンの従弟にあたる。

▼8　1937年4月26日は月曜日で、市の立つ日であり、周辺の住民がゲルニカの市場に向かっていた。コンドル兵団の偵察員は、それを「予備」が集結しているものと誤認したのである。

▼9　コンドル兵団と同じく、フランコ支援に送られたイタリア義勇軍《コルポ・トルッペ・ヴォロンタリー》の空軍部隊。

▼10　反乱軍北部方面軍参謀長フアン・ビゴン大佐。

▼11　「リューゲン」は、バルト海にあるドイツ最大の島の名。

▼12　日本では、ほとんど知られていないが、スペインに派遣された独伊空軍部隊は、1937年3月31日から4月4日にかけて、ビルバオと政府軍前線を結ぶ交通の要衝ドゥランゴを空襲、多大な民間人の犠牲を引き起こしている。ドゥランゴの死者数については諸説あるが、有力なのは、およそ250名前後という数字である。

▼13　むろん、リヒトホーフェンは、リューゲン作戦実施にあたって、民間人を死傷させることなど意に介さなかったわけであり、ドイツの敗戦後、戦争犯罪人として裁かれることは確実であったと思われる。が、リヒトホーフェンは戦争末期に腫瘍をわずらって、死の床にあった。1945年7月12日、アメリカ第3軍の捕虜となっていたリヒトホーフェンは他界した。

Ⅱ－2　シュトゥデント将軍の虚像と実像

▼1　ファラー＝ホックリーは、イギリスの軍人・戦史家で、第二次世界大戦中は第1空挺師団に所属していた。自身、何度も落下傘降下を経験している。

▼2　こうした嫌疑により、シュトゥデントは1947年に軍事裁判の被告となり、訴因五つのうち三つにつき有罪とされ、五年の禁固刑を宣告された。ただし、1948年に健康上の理由で釈放されている。

▼3　現在では、「連邦国防軍社会科学研究所」と統合され、「連邦国防軍軍事史・社会科学研究センター」に改編されている。

▼4　ロートは、自らも降下猟兵であり（連邦国防軍では「降下猟兵」の呼称を継承

するように強制した。

▼3　Sonderführer. 軍属の階級で、大尉相当。

▼4　19世紀に創設されたイタリア軍のエリート軽歩兵部隊で、直訳すれば「狙撃兵」。ヘルメットに鳥の羽根飾りを付し、そのしるしとしている。

▼5　北アフリカでドイツ軍将兵に配給されたラクダの肉は、しばしばコミカルな反応を引き起こしたらしい。前出のシュミットの記述を引用する。「それから、レバーのバタ焼きというご馳走にありつける吉日がやってきた。食堂担当の士官が大声で言った。『おかわりの欲しい方は申し出てください』。私たちは、鷹揚なのにびっくりしたが、もちろん、遠慮などする者はひとりもいなかった。だが、つぎの食事の際、彼は大声で告げた。『ラクダのレバー、おかわりの欲しい方は申し出てください』。私たちは顔を伏せてしまった」。

▼6　ちなみに、この悩ましい回想を残したシュピターラーは、ながらくドイツ・アフリカ軍団の情報将校を務めたのち、エル・アラメインの戦で軽傷を受けて、ドイツに送還された。

第Ⅱ章　稲妻はいかにして鍛えられたか　両大戦間期から第二次世界大戦まで

Ⅱ－1　軍事面からみたゲルニカ

▼1　義勇軍といっても、それは国際法上の中立を守るための偽装措置で、実態はドイツ国防軍の将兵によって編成されていた。コンドル兵団派遣の動機と経緯については、拙稿「周縁への衝動――ロシア以外の戦争目的」、大木毅『ドイツ軍事史――その虚像と実像』（作品社、2016年）を参照されたい。

▼2　当時のバスク自治政府の発表によれば、1654名の死者、889名の負傷者が生じたとされている。が、その後の研究調査によって、この数字は誇張されていることが判明した。現在では、死者は200ないし300名と推定されている。正確な数字が出せないのは、ゲルニカに流入していた避難民の数が判然とせず、従って、そこからの死傷者数も確定できないからである。

▼3　ミルヒは、航空省次官になるまで、ドイツ航空ルフトハンザ社の重役を務めていた。その後、陸軍大佐として現役復帰し、1936年に空軍に移籍した。最終的には空軍元帥に進級している（1940年）。

▼4　ドゥーエは、将来の戦争は国民すべてが戦うものであるから、敵国民の精神的抵抗力をくじくことこそが勝敗を左右すると考え、それは航空戦力によってこそ達成されるとしていた。

▼5　ドイツ空軍は、こうした空軍力の使用構想を、「作戦的航空戦遂行《オペラティーフェ・ルフトクリークフュールング》」（operative Luftkriegführung）という独特の概念で表していた。これについては、いずれ稿をあらためて詳述したい。

Urkunden der Oberste Heeresleitung über ihre Tätigkeit, Berlin, 1922.

▼12　ブルフミュラーの砲兵戦術については、本書第1章第1節「突破ミュラーの砲兵戦術」を参照されたい。なお、邦語文献には、「ブルクミュラー」、「ブルヒミューラー」など、首をかしげざるを得ない表記が多々見られる。旧日本陸軍の一部の文献にある表記を無批判に採用したものか。もちろん、Burchmüller の「ch」は喉音であり、「ブルフミュラー」のカナ表記がいちばん近いと思われる。

▼13　ユティエ（Hutier）将軍は、しばしばドイツ語読みされて「フーチェル」と表記されている。が、この人物は、ユグノーの家系であり、従って「ユティエ」となる。

▼14　第18軍には、第7軍より1個軍団（ガイル支隊）が臨時配属されていた。

▼15　イギリス軍1個師団は、9個歩兵大隊を有していたが、うち3個を前哨線、4個を主陣地帯、2個を後方陣地に配置することとされていた。

▼16　「ゲオルゲッテ」は、薄いちりめんの織物、ジョーゼットという意味もある。が、この場合は、人名としての「ゲオルゲッテ」を秘匿名称にしたものであろう。

▼17　いずれも、ナポレオン戦争のプロイセン軍司令官の名。

▼18　「グナイゼナウ」は、ナポレオン戦争におけるプロイセン軍の指揮官。解放戦争やワーテルローの戦いで、ブリュッヒャー将軍の参謀長を務めた。

▼19　「ハーゲン」は、ゲルマンの英雄叙事詩『ニーベルンゲンの歌』で、英雄ジークフリートを暗殺するブルグンド王国の重臣。

▼20　「マルヌシュッツ」は、文字通り「マルヌ掩護」の意。「ランス」は、作戦目標となった都市ランス（Reims）。

▼21　もともとは、ドイツ国籍で氏名も「シュテファン・ヴェストマン」だったが、ヒトラーの政権掌握ののち、イギリスに移住し、「スティーヴン・ウェストマン」と英語流に名をあらためた。

▼22　英語の spirit に「精神」と「酒精」の両方の意味があることにかけた洒落。

コラム①　ロンメルはパスタを好んだか

▼1　「老いぼれ」は、北アフリカのドイツ軍将兵が、イタリア製の牛肉缶詰につけたあだ名。誰からともなく、ラベルに付されている「AM」は、「老いぼれ」（Alter Mann）の略だと言いだし、それが広まったのである。この缶詰には、ほかにも、「ムッソリーニのロバ」（Asinus Mussolini）、「死んだアラブ人」（Arabo Morte）の呼び名があった。いずれも、中身の牛肉が硬くてまずいことに由来していることはいうまでもない。

▼2　1939年10月21日に、ヒトラーとムッソリーニが締結した国籍選択協定。南チロルのドイツ系住民ならびにラディン人（イタリアに居住する、ラディン語を母語とする少数民族）に、ドイツに移住・帰化するか、イタリアに残るかを選択

▼2　1917年9月19日の会議で、ルーデンドルフは、麾下の軍・軍集団の参謀長に対し、西部戦線での大攻勢など問題外であると発言している。その一方で、1917年春には、すでに、西部で決戦を求める攻勢を検討していたとの証言もある。おそらく、ロシア革命という一大変化が生起するまでは、ルーデンドルフも迷っていたものと思われる。

▼3　ドイツを中心とする中欧同盟側は、1916年のルーマニア軍主力撃滅、1917年のロシアの戦争脱落と、連合軍という鎖のなかから、いちばん弱い環を狙って攻勢をしかけ、成果をあげてきた。1918年の攻勢においても、その発想の段階では、「脆《もろ》い環」であるバルカンの連合軍、あるいはイタリア軍が攻撃対象として考えられていたのである。

▼4　興味深いことに、ヴェッツェルによる情勢判断の結論は、イタリアでの攻勢が成功裡に進んだ場合にのみ、1918年春季に西部戦線で決戦を行うという目標を達成し得るというものになっている。ルーデンドルフも、その部分の余白に「さよう、すべてはイタリアに懸かっている」と書き込んだのであった。長期の戦争に疲れたドイツ軍にとって、東部戦線のみならず、イタリア戦線も負担になっていたことをうかがわせる挿話であろう。

▼5　これに対して、日露戦争と第一次世界大戦の苦い経験から学んだロシア・ソ連の軍事理論家たちは、戦略次元の見地から、作戦次元の行動を定めていくための理論「作　戦　術《アピラーチヴノエ・イスクーストヴァ》」を、1930年代に完成させた。

▼6　この概念は、「重心」の問題として、現代用兵思想においても、しばしば議論の的になっている。「重心」（center of gravity）は、クラウゼヴィッツの「重点」（Schwerpunkt）の英訳に由来する。

▼7　最近出た邦語文献では、アヴェーヌで会議が行われたとされているが、誤記であろう。

▼8　秘匿名称「ミヒャエル」は、兵士の守護天使である大天使ミカエルのドイツ語呼称にちなんだもの。ミヒャエルはまた、955年に東フランク国王オットー一世がマジャール人を破ったレヒフェルトの戦い以来、同王国の守護天使であり、のちにはドイツの守護天使とされた。かかる天使の名を冠した作戦ということで、ドイツ軍指導部のなみなみならぬ決意がうかがえよう。

▼9　第一線には、警戒部隊程度を置くのみで、敵が陣地帯深奥部に達して、砲兵の支援範囲を外れたところで、予備兵力を以て逆襲に転じ、陣地を保持する戦術。

▼10　ただし、この言葉は、第二次大戦後に、そうした指揮のあり方を説明するためにつくられたもので、同時代的には使われていない。

▼11　ミヒャエル作戦関係を含むOHLの文書は、第一次世界大戦後に史料集にまとめられて刊行されており、簡単に参照することができる。Erich Ludendorff,

て地中から飛び出していたことから、「銃剣塹壕」の存在があきらかになったのである。

こうして発見された「銃剣塹壕」は、戦争の悲惨の象徴となったが、一方で論争も引き起こすことになった。砲撃のみで塹壕が埋まることはあり得ない、「銃剣塹壕」は戦死者の埋葬地だったのではないかとの説が出されたのである。そこから生じた論争は、今日なお結着がついていない。

▼2 ドイツの歴史家ゲルト・クルマイヒは、多くの文献に述べられている70万、ないしは100万の将兵がヴェルダンで命を落としたとする言説は、この戦闘の意義を強調するための誇張であり、第一次世界大戦の西部戦線における諸戦闘に比べて、極端に犠牲を出した戦いだったわけではないとしている。そうだとしても、独仏両軍の損害がそれぞれ30万余という数字は、やはりヴェルダン攻防の壮絶さを表すものであろう。ちなみに、第二次世界大戦のスターリングラード戦で包囲されたドイツ第6軍の兵員数は、諸説あるが、19万5000ないし22万だったとされている。

▼3 ただし、モルトケの解任は、当面秘密とされた。諸外国に流布していた、ドイツは短期決戦に失敗したとの評価を裏書きすることになるのを恐れたのである。OHL長官の交代が公式に発表されたのは、11月になってのことだった。

▼4 第一次世界大戦開戦以来、歴代OHL長官として、3名が任命された。初代がモルトケ、第二代がファルケンハイン、第三代がパウル・フォン・ヒンデンブルク元帥である。それぞれが統帥にあたった時期を区別するため、「第一次OHL」、「第二次OHL」、「第三次OHL」と呼ばれることがある。

▼5 1915年1月21日に進級。

▼6 ただし、ヴェルダン戦で功績をあげたフィリップ・ペタン元帥（最終階級）は、1929年に出版した著書『ヴェルダンの戦い』で、「クリスマス覚書」には、まったく信憑性が認められないとしている。

▼7 1915年当時中将。1918年に退役したときに、元帥勤務上級大将という珍しい階級に進級している。

▼8 カイザーは、1914年8月にヴィルヘルム皇太子を第5軍司令官に任命した際、クノーベルスドルフを参謀長に付けてやるから、彼の進言には必ず従うべしと釘を刺していた。

▼9 普仏戦争では、ヴェルダンは、フランス野戦軍が撃破されたのちまでも抵抗を続け、最後に降伏した要塞となった。

I－4 ルーデンドルフの戦い――ドイツ陸軍最後の攻勢

▼1 タンネンベルク会戦当時、ヒンデンブルクは上級大将で、ドイツ東部の防衛に当たる第8軍司令官、ルーデンドルフは同軍参謀長で、階級は少将だった。

▼3　生命を肯定する力こそが、生物の進化をうながし、世界を変化させるとした主張。

▼4　むろん、灰緑色は、ドイツ軍の制服の色である。第一次世界大戦開戦当時、ドイツ軍はすでに、この迷彩効果がある色を採用していた。これに対し、フランス軍はなお、目立つ青い上着と赤いズボンを制服に使っていた。

▼5　シュリーフェン自身の表現による。〔　〕内は、引用者の補註。以下、同様。

▼6　詳しくは拙稿「作戦が政治を壟断するとき」（大木毅『ドイツ軍事史』、作品社、2016年所収）ならびに「シュリーフェン計画という神話――その虚像と実像」（大木毅『灰緑色の戦史』、作品社、2017年所収）を参照されたい。

▼7　連邦国家であったドイツ帝国では、バイエルン、ザクセン、ヴュルテンベルクなどの諸邦が独自に陸軍省や参謀本部を持っていた。ただし、帝国全体の軍令事項や戦時の戦争指導については、プロイセン王国の参謀本部が統轄する。ゆえに、「大参謀本部」と呼ばれた。シュリーフェンや小モルトケが総長を務めたのは、このプロイセン王国陸軍参謀本部であるが、便宜上、ドイツ帝国の参謀総長とした。

▼8　大参謀本部が戦時に動員され、陸上戦闘の指揮を執る「陸軍最高統帥部」を構成する。

▼9　このうち、1個軍団は情勢の変化に鑑み、命令を変更して、西部戦線に留め置かれた。一方、東部戦線に送られた2個軍団と1個騎兵師団は、西部戦線の攻勢には使えなくなり、また、ドイツ第8軍がロシア第2軍を殲滅したタンネンベルクの戦いには間に合わず、遊兵と化したのは、周知の事実である。

▼10　当時の無線機はまだ大型で、移動させにくく、おおむね軍以上の大規模団隊において使用された。

▼11　仏第7歩兵師団の輸送に当たったタクシー会社が、のちに陸軍省に請求した金額は、7万102フランであった。現在の貨幣価値に換算して、おおよそ43万円ほどである。意外に少ないようではあるが、それだけ前線がパリに近づいていたことを示す数字であろう。ちなみに、パリとウルク河畔の距離は、およそ60キロである。

▼12　マッケンゼン軍集団参謀副長、ルーマニア軍政府参謀長などを務めた。1917年9月23日には、当時のドイツで最高の勲章であるプール・ル・メリート章を授けられている。

I－3　無意味な流血――ヴェルダン要塞攻防戦

▼1　「銃剣塹壕」は、ヴェルダン要塞のドゥオーモン堡塁跡の近くにある戦争記念碑である。昭和天皇が皇太子時代に、この地を訪問したことなどから、日本でも有名になった（ただし、しばしば「銃剣の丘」と訳されている）。1916年6月12日、ここでドイツ軍の砲撃により、塹壕が崩落し、47名の将兵が生き埋めになったとされる。1919年、彼らの構えた小銃に装着された銃剣の穂先が、列をなし

トル・奥行30メートルの鉄条網を破壊するには、およそ600発の砲弾を要するとされている。

▼10　当時のドイツにあっては、陸軍幼年学校・士官学校を卒業した貴族出身者は、騎兵や歩兵（とくに近衛連隊）といった、伝統的で華々しい兵科を選ぶのが常であった。これに対して、砲兵や工兵といった技術的知識を必要とする兵科に進むのは、ブルジョワ階級の者が多かった。

▼11　3年の志願兵役ののち、将校に任官する制度。

▼12　ただし、給付される年金は、少佐相当のものとされた。

▼13　当時のドイツ軍は、20～21歳の現役、22～27歳の予備役、28～31歳の第一後備役、32～39歳の第二後備役より成っていた。後備師団は、主として第一後備役および第二後備役の将兵により編成される。

▼14　かような戦法を取ったことから、同攻勢の指揮を執ったロシア南西正面軍司令官アレクセイ・A・ブルシーロフ騎兵大将を以て、いわゆる「浸透戦術」の嚆矢とする主張もあるが、実情を子細に検討すれば、それには賛成しかねる。ブルシーロフの回想録をみても、そうした意見を支持するような記述はみられないのである。

▼15　第二次世界大戦が勃発する直前、1939年8月に、ブルフミュラーは退役少将の階級を与えられていた。

I－2　マルヌ会戦――ヘンチュ中佐に責ありや？

▼1　日本陸海軍は、第一次世界大戦に示された近代戦の様相に多大なる関心を示し、参戦各国の公刊戦史の訳出や、それにもとづく研究を広範に進めた。たとえば、石田保政講述『欧州大戦史の研究』（全9巻、陸軍大学校将校集会所、1938～1940年）などは、その代表例であろう。しかしながら、旧軍の研究には、いわゆる「教訓戦史」、自らのドクトリンや用兵思想に都合のいい戦訓を引き出すことを重視する傾向があるのは否めない。

また、旧軍が基礎資料とした各国の公刊戦史にしても、第一次世界大戦後の国際情勢に合わせ、自国に有利なように史料を操作したり、従軍した将校の論功行賞への配慮から記述がゆがめられた例があることが判明している。とはいえ、参戦各国の公刊戦史には、現存していない文書による記述が含まれていることから（たとえば、ドイツの公刊戦史には、第二次世界大戦中の空襲により焼失した陸軍文書館の所蔵史料が使われている）、それらは今日でも歴史家に利用されているが、綿密な史料批判が必要であることはいうまでもない。

▼2　周知のごとく、マルヌ会戦は1914年と1918年の二度にわたって生起し、いずれも第一次世界大戦の帰趨《きすう》に重大な影響を与えた。本節で扱うのは、前者であり、正確には「第一次マルヌ会戦」と呼ぶべきであるが、便宜上略称する。

註

第Ⅰ章　鋼鉄の嵐　第一次世界大戦とドイツ軍

Ⅰ－1　突破ミュラーの砲兵戦術

▼1　直訳すれば「塹壕足」。低温で湿った、不潔な状態に肌をさらしていることから起こる皮膚病。第一次世界大戦の塹壕戦を象徴する疾病といえる。

▼2　ドイツ軍とは対照的に、フランス軍は、まったくといってよいほど榴弾砲に重きを置いていなかった。攻撃偏重のドクトリンから、高い機動性と速射能力を有する、有名な「７５」《スワソンカーンズ》こと、1897式75ミリ野砲を主力として、野戦にのぞむものとされていたのである。ちなみに「75」は、世界で初めて液気圧式駐退復座機を装備しており、1分間に20発の砲弾を放つことが可能であった。

一方、イギリス軍は、ボーア戦争の戦訓に鑑み、榴弾砲や重砲の比率を他国の軍隊よりも格段に増やしていた。1914年に西部戦線に投入されたイギリス軍は、1個師団につき、18ポンド軽砲（83.8ミリ口径）54門、4.5インチ榴弾砲（114.3ミリ口径）18門、60ポンド重砲（120ミリ口径）4門を装備していたのである。

▼3　1918年にドイツ軍砲兵は、野砲6764門に対し、口径77ミリ以上の砲1万2286門を保有するまでになった。

▼4　空中で作動、砲弾を炸裂させ、目標となる部隊に多数の損害を与えるよう考案された信管を備えた砲弾。

▼5　「ラファール」は、フランス語で「疾風」の意。

▼6　「バラージュ」は、やはりフランス語起源で、もともとは「ダム」を意味する。一方ドイツ軍は、弾幕射撃のことをFeuerwalzeと称した。直訳すれば、「砲火による圧延」《フォイアーヴァルツェ》である。

▼7　1916年に参謀総長職を退いたのち、ファルケンハインは、ルーマニアや中東、ロシアを転戦した。ちなみに、1917年9月には、オスマン帝国の元帥に叙せられている。

▼8　ペタンはこの戦功により、一躍フランスの英雄とされ、最終的には元帥にまで上りつめた。しかし、1940年にフランスがドイツの軍門に下ると、親独ヴィシー政権の主席となったため、戦後、叛逆罪で死刑を宣告された（のち終身禁錮刑に減刑）ことは周知の事実であろう。

▼9　1925年に合衆国陸軍省が出した研究報告「師団隷下諸兵科部隊の戦術と戦法」には、75ミリ野砲4門から成る砲兵中隊が、射撃距離2500メートルで、幅20メー

デニス・ショウォルター『クルスクの戦い 1943　独ソ「史上最大の戦車戦」の実相』、松本幸重訳、白水社、2015 年。

Stahel, David, *Operation Barbarossa and Germany's Defeat in the East*, Cambridge, 2009.

Ditto, *Operation Typhoon. Hitler's March on Moscow, October 1941*, Cambridge et al., 2013.

Ditto, *The Battle for Moscow*, Cambridge et al., 2015.

バーバラ・タックマン『八月の砲声』、山室まりや訳、新装版、1986 年。

田中利幸『空の戦争史』、講談社現代新書、2008 年。

Thompson, Julian, *Dunkirk. Retreat to Victory*, paperback-edition, New York, 2015.

ゴードン・トマス／マックス・モーガン＝ウィッツ『ゲルニカ　ヒトラーに魅入られたスペイン都市』、古藤晃訳、新版、第三書館、1993 年。

ヒュー・トマス『スペイン市民戦争』、都築忠七訳、新装版、みすず書房、1988 年。

Töppel, Roman, Legendenbildung in der Geschichtsschreibung-Die Schlacht bei Kursk, in *Militärgeschichtliche Zeitschrift*, 61 (2002), H.2.

Ditto, Kursk-Mythen und Wirklichkeit einer Schlacht, in *Vierteljahreshefte für Zeitgeschichte*, Jg.57 (2009), H.3.

Ditto, *Kursk 1943. Die größte Schlacht des Zweiten Weltkriegs*, Paderborn, 2017.

Wegener, Carl, *Heeresgruppe Süd*, Bad Nauheim, 1967.

Zabecki, David T., *Steelwind. Colonel Georg Bruchmüller and the Birth of Modern Artillery*, Westport, CT., 1994.

Ditto, *The German 1918 Offensives*, London/New York, 2006.

Zettering, Niklas/Frankson, Anders, *Kursk 1943. A Statistical Analysis*, London/Portland,Or., 2000.

Ditto, *The Drive on Moscow 1941. Operation Taifun and Germany's First Great Crisis in World War II*, Oxford et al., 2012.

Ziemke, Earl F., *Stalingrad to Berlin : The German Defeat in the East*, Washington, D.C., 1968.

ン・マーレィ『ドイツ空軍全史』、手島尚訳、学研M文庫、2008年。

Nehring, Walther K., *Die Geschichte der deutschen Panzerwaffe 1916-1945*, Berlin, 1969. ヴァルター・ネーリング『ドイツ装甲部隊史　一九一六－一九四五』、大木毅訳、作品社、2018年。

Newton, Steven H.（Ed.）, *Kursk. The German View. Firsthand Accounts of the German Commanders Who Planned and Executed the largest Tank Battle in History*, Cambridge, 2002.

大木毅『ドイツ軍事史――その虚像と実像』、作品社、2016年。

同　『第二次大戦の〈分岐点〉』、作品社、2016年。

同　『灰緑色の戦史――ドイツ国防軍の興亡』、作品社、2017年。

同　『独ソ戦　絶滅戦争の惨禍』、岩波新書、2019年。

Paul, Wolfgang, *Der Endkampf um Deutschland 1945*, Esslingen am Neckar, 1976. ヴォルフガング・パウル『最終戦――一九四五年ドイツ』、松谷健二訳、フジ出版社、1979年。

Pahl, Magnus, *Fremde Heere Ost. Hitlers militärische Feindaufklärung*, Berlin 2012.

Pöhlmann, Markus, *Der Panzer und die Mechanisierung des Krieges. Eine deutsche Geschichte 1890 bis 1945*, Paderborn, 2016.

Reichsarchiv（Hrsg.）, *Der Weltkrieg 1914 bis 1918. Die militärischen Operationen zu Lande. Bd. 3: Der Marne-Feldzug. Von der Sambre zur Marne*, Berlin, 1926.

Ditto, *Der Weltkrieg 1914 bis 1918. Die militärischen Operationen zu Lande. Bd. 4: Der Marnefeldzug–Die Schlacht*, Berlin, 1926.

Reinhardt, Klaus, *Die Wende vor Moskau. Das Scheitern der Strategie Hitlers im Winter 1941/42*, Stuttgart, 1972.

Roskill, S. W., *The War at Sea*, 3 vols., London, 1954-1961.

Roth, Günther, *Die deutsche Fallschirmtruppe 1936-1945. Der Oberbefehlshaber Generaloberst Kurt Student. Strategischer, operativer Kopf oder Kriegshandwerker und das soldatische Ethos*, Berlin et al., 2010.

Rosen, Richard Freiherr von, *Als Panzeroffizier in Ost und West*, 2.Aufl., Würzburg, 2014.

Rubbel, Alfred, *Im Panzer IV und Tiger an der Ostfront. Das persönliche Kriegstagebuch des Alfred Rubbel Dezember 1939-Mai 1945*, 2. Aufl., Würzburg.

Sadarananda, Dana V., *Beyond Stalingrad. Manstein and the Operations of Army Group Don*, Westport, CT./London, 1990.

Schaewitz, Michael, *Panzerregiment 11, Panzerabteilung 65 und Panzerersatz- und Ausbildungsabteilung 11*, Bd. 2, Würzburug, 2014.

Scheibert, Horst, *... bis Stalingrad 48 Kilometer. Der Versuch, die eingeschlossenen Armeen zu befreien*, Friedberg, 1987. ホルスト・シャイベルト『奮戦！　第6戦車師団』、富岡吉勝訳、大日本絵画、1988年。

Ditto, *Die 6. Panzerdivision 1937-1945*, Eggolsheim, 2003.

ヴォルフガング・シュナイダー『重戦車大隊記録集』、向井祐子訳、富岡吉勝監修、全2巻、大日本絵画、1996～1999年。

Schneider, Helmut（Hrsg.）, *Erinnerungen an das Panzerregiment 4 und die Tigerabteilung 507*, Würzburg, 2016.

瀬井勝公編著『戦略論大系⑥　ドゥーエ』、芙蓉書房出版、2002年。

Senger und Etterin, F. M. von, *Die deutschen Panzer 1926-1945*, 2.Aufl., München, 1965.

ウィリアム・シャイラー『第三共和政の興亡』、井上勇訳、全2巻、東京創元社、1971年。

ヴァルター・J・シュピールベルガー『ティーガー戦車』、津久部茂明訳、富岡吉勝監修、大日本絵画、1998年。

2000.
川成洋／渡部哲郎『新スペイン内戦史』、三省堂選書、1986 年。
栗栖弘臣『マジノ線物語――フランス興亡 100 年』、K & K プレス、2001 年。
Keegan, John et al., *Soldiers: A history of men in battle*, New York et al., 1986. ジョン・キーガン／ジョン・ガウ／リチャード・ホームズ『戦いの世界史　一万年の軍人たち』、大木毅監訳、原書房、2014 年。
Kershaw, Ian, *Fateful Choices. Ten Decisions that Changed the World 1940-1941*, London et al., 2007. イアン・カーショー『運命の選択 1940-1941　世界を変えた 10 の決断』、河内隆弥訳、上下巻、白水社、2014 年。
木村靖二『第一次世界大戦』、ちくま新書、2014 年。
エゴン・クライネ／フォルクマール・キューン『ティーガー　無敵戦車の伝説　1942 ～ 45』、富岡吉勝訳、上下巻、大日本絵画、1991 年。
Klink, Ernst, *Das Gesetz des Handelns. Die Operation „Zitadelle“ 1943*, Stuttgart, 1966.
キヨルト〔Koeltz〕『歐洲大戦の初期ウールク（マルヌ支流）河畔に於ける獨第一軍會戦記』、志岐守治訳、1932 年。
エッカルト・コンツェ／ノルベルト・フライ／ピーター・ヘイズ／モシェ・ツィンマーマン『ドイツ外務省〈過去と罪〉: 第三帝国から連邦共和国体制下の外交官言行録』、稲川照芳／足立ラーベ加代／手塚和彰訳、えにし書房、2018 年。
ゲルト・クルマイヒ「ヴェルダン――戦いとその神話」、西山暁義訳、『軍事史学』第 52 巻（2017 年）第 4 号。
Krumeich, Gerd/Prost, Antoine, *Verdun 1916. Die Schlacht und ihr Mythos aus deutsch-französischer Sicht*, 2.Aufl., Essen, 2016.
バリー・リーチ『独軍ソ連侵攻』、岡本雷鋪訳、原書房、1981 年。
バジル・リデル・ハート『第一次世界大戦』、上村達雄訳、上下巻、中央公論新社、2000 年。
Lochmann, Dr. Franz-Wilhelm/Rosen, Richard Freiherr von/Rubbel, Alfred, *Erinnerungen an die Tigerabteilung 503*, 2. Aufl., Würzburg, 2010.
Lupfer, Timothy T., *The Dynamics of Doctrine: Changes in German Tactical Doctrine During the First World War*, Leavenworth Papers Nr.4, Ft. Leavenworth, Kan., 1981.
MacDonald, Charles B., *United State Army in World War II. The European Theater of Operations. The Last Offensive*, Washington, D.C., 1973.
ドナルド・マッキンタイア『海戦　連合軍対ヒトラー』、関野英夫／福島勉訳、早川書房、1973 年。
Maier, Klaus A., *Guernica 26. 4. 1937*, Freiburg, 1975.
Masefield, John, *The Nine Days Wonder*（*The Operayion Dynamo*）, London/Tronto, 1941.
Mattson, Gregory L., *SS-Das Reich. The History of the Second SS Division 1939-1945*, paperback-edition, London, 2015.
May, Ernest R., *Strange Victory. Hitler's Conquest of France*, London/New York, 2000.
Michalka, Wolfgang（Hrsg.）, *Der Erste Weltkrieg. Wirkung・Wahrnehmung Analyse*, München, 1994.
Militärgeschichtliches Forschungsamt, *Das deutsche Reich und der Zweite Weltkrieg*, 10 Bde., Stuttgart, 1979-2008.
三宅正樹『日独伊三国同盟の研究』、南窓社、1975 年。
Mombauer, Annika, *Hemuth von Moltke and the Origins of the First World War*, Cambride, 2001.
Müller, Christian Th., *Jenseits der Materialschlacht. Der Erste Weltkrieg als Bewegungskrieg*, Paderborn, 2018.
Murray, Williamson, *The Luftwaffe 1933-45*, paperback-edition, London/Washington, D.C., 1996. ウィリアムソ

フリッツ・フィッシャー『世界強国への道』、村瀬興雄監訳、全2巻、岩波書店、1972～1983年。
Frieser, Karl-Heinz, *Blitzkrieg-Legende. Der Westfeldzug 1940*, 2.Aufl., München, 1996. カール＝ハインツ・フリーザー『電撃戦という幻』、大木毅／安藤公一訳、上下巻、中央公論新社、2003年。
Groß, Gerhard P., *Mythos und Wirklichkeit. Geschichte des operativen Denkens im deutschen Heer von Moltke d. Ä. bis Heusinger*, Paderborn et al., 2012.
Gudmundsson, Bruce I., *Stormtroop Tactics. Innovation in the German Army, 1914-1918*, paperback-edition, Westport, Con./London, 1995.
Foley, Robert T., *German Strategy and the Path to Verdun. Erich von Falkenhayn and the Development of Attvition. 1870-1916*, 2nd edition, Cambridge et al., 2007.
Forschungsanstalt für Kriegs- und Heeresgeschichte (Hrsg.), *Die Operationen des Jahres 1916 bis zum Wechsel in der Obersten Heereslritung* (*Der Weltkrieg 1914 bis 1918*. Bd. 10), Berlin, 1936.
Gemzell, Carl-Axell, *Raeder, Hitler und Skandinavien, Der Kampf für einen maritimen Operationsplan*, Lund, 1965.
Glantz, David M., *From the Don to the Dnepre. Soviet Offensive Operations December1942-August 1943*, London et al., 1991.
Glantz, David M./House, Jonathan M., *The Battle of Kursk*, Lawrence, Kans., 1999.
Ditto, *When Titans Clashed. How the Red Army Stopped Hitler*, revised and expanded edition, Lawrence, Kan., 2015.
Gold, Ludwig/Schwencke, Alexander, *Die Tragödie von Verdun 1916*, Teil 1-4 (Schlachten des Weltkrieges. In Einzeldarstellungen bearbeitet und herausgegeben im Auftrage des Reichsarchivs. Bd. 13-15), Belin, 1926-1929.
Greene, Jack/Massignani, Alessandro, Rommel's North Africa Campaign: September 1940-November 1942v, Conshohocken, PA., 1994.
Guderian, Heinz, *Achtung-Panzer!: Die Entwicklung der Panzerwaffe, ihre Kampftaktik und ihre operativen Möglichkeiten*, Stuttgart, 1937. ハインツ・グデーリアン『戦車に注目せよ　グデーリアン著作集』、大木毅編訳、作品社、2016年に邦訳を収録。
Harrison, Richard W., *The Russian Way of War. Operational Art, 1904-1940*, Lawrence, Kans., 2001.
Herwig, Holger H., *Marne 1914. Eine Schlacht, die die Welt veränderte?*, Paderborn, 2016.
Hildebrand, Klaus, *Deutsche Außenpolitik*, 3.Aufl., Stuttgart, 1976.
Hillgruber, Andreas, *Hitlers Strategie*, 2.Aufl., München, 1982.
本多巍耀『皇帝たちの夏――ドイツ戦争計画の破綻』、高輪出版社、1992年。
Horn, Alistair, *To Lose a Battle, France 1940*, London et al., 1969.
Ditto, *The Price of Glory. Verdun 1916*, unabridged paperback edition, London et al., 1991.
Hubatsch, Walter, *„Weserübung“ Die deutsche Besetzung von Dänemark und Norwefen 1940*, Sonderausgabe, Aachen, 2011.
Hügen, Ludwig, *Der Krieg geht zu Ende. Niederrheinische Berichte zur Operation Grenade 1945*, Kempen, 1974.
Ditto, *Operation Granate*, 2.Aufl., Privatdruck, 2003.
Hürter, Johannes, *Hitlers Heerführer. Die deutschen Oberbefehlshaber im Kriege gegen die Sowjetunion 1941/42*, München, 2007.
飯倉章『1918年最強ドイツ軍はなぜ敗れたのか』、文春新書、2017年。
アンリ・イスラン『第一次世界大戦の終焉――ルーデンドルフ攻勢の栄光と破綻　1918年春』、渡辺格訳、中央公論新社、2014年。
Jacobsen, Hans-Adolf, *Dünkirchen*, Neckergemünd, 1958.
Jenz, Thoma l./Doyle, Hilary L., *Germany's Tiger Tanks. D.W. to Tiger I: Design, Production and Modification*, Atglen, PA.,

Westphal, Siegfried, *Erinnerungen*, Mainz, 1975.

Zhukov, Georgy, *Marshal of Victory: The WWII Memoirs of Soviet General Georgy Zhukov, 1941-45*, 2 vols., paperback-edition, Mechanicsburg, PA., 2015. ロシア語原書 1969 年版（政治的な背景から、省略、削除、加筆などが加えられた版である）からの抄訳として、ゲオルギー・K・ジューコフ『ジューコフ元帥回想録』、清川勇吉、相場正三久、大沢正共訳、朝日新聞社、1970 年がある。

研究書・ノンフィクション

Adamthwaite, Anthony, *France and the Coming of the Second World War 1936-1939*, London et al., 1977.

Afflerbach, Holger, *Falkenhayn. Politisches Denken und Handeln im Kaiserreich*, München, 1994.

Andenæs, J./Riste, O./Skodvin, M.,『ノルウェーと第二次世界大戦』、池上佳助訳、東海大学出版会、2003 年。

カーユス・ベッカー『呪われた海　ドイツ海軍戦闘記録』、新版、松谷健二訳、中央公論新社、2001 年。

A・J・バーカー『ダンケルクの奇跡』、小城正訳、早川書房、1980 年。

Beevor, Antony, *Crete. The Battle and the Resistance*, paperback edition, London, 2005.

Bose, Thilo von/Dahlmann, Reinhold/Stenger, Alfred, *Das Marnedrama 1914*, Teil 1-4（Schlachten des Weltkrieges. In Einzeldarstellungen bearbeitet und herausgegeben im Auftrage des Reichsarchivs. Bd. 22-26）, Belin, 1928.

Bruchmüller, Georg, *Die deutsche Artillerie in den durchburchschlachten des Weltkrieges*, Berlin, 1922.

Ditto, *Die Artillerie beim Angriff im Stellungskrieg*, Berlin, 1926. 獨「ブルッフミュラー」大佐著「陣地戦ニ於ケル攻撃砲兵」『砲兵』第 26 号（臨時号）、1930 年。

Citino, Robert M., *The Wehrmacht Retreats. Fighting a Lost War, 1943*, Lawrence, Kans., 2012.

Clarke, Dale, *World War I Battlefield Artillery Tactics*, Oxford et al., 2014.

Corum, James S., *The Luftwaffe. Creating the Operational Air War, 1918-1940*, Lawrence, Kans., 1997.

Ditto, *Wolfram von Richthofen. Master of the German Air War*, Lawrence, Kans., 2008.

Corum, James S./Muller, Richard R., *The Luftwaffe's Way of War. German Air Force Doctrine 1911-1945*, Baltimore/Charleston, MD., 1998.

Creveld, Martin van, *Supplying War*, Cambridge, 1977. マーチン・ファン・クレフェルト『補給戦』、佐藤佐三郎訳、中公文庫、2006 年。

Ditto, *Command in War*, Cambridge, MA et al., 1985.

Deighton, Len., *Bliztkrieg. From the Rise of Hitler to the Fall of Dunkirk*, paperback-edition, London et al., 1980. レン・デイトン『電撃戦』、喜多迅鷹訳、ハヤカワ文庫、1994 年。

Demmler, Ernst, "Bruchmüller, Georg" in: *Neue Deutsche Biographie* 2（1955）, S. 643 [Onlinefassung]; URL: https://www.deutsche-biographie.de/gnd119393735.html#ndbcontent.

Derry, Thomas Kingston, *The Campaign in Norway*, London, 1952.

DiNardo, Richard L., *Germany and the Axis Powers. From Coalition to Collapse*, Lawrence, Kan., 2005.

Drabkin, Artem/Sheremet, Oleg, *T-34 in Action*, paperback-edition, Mechanicsburg, PA., 2008.

Duppler, Jörg/Groß, Gerhard P.（Hrsg.）, *Kriegsende 1918. Ereignis, Wirkung, Nachwirkung*, München, 1999.

Ellis, Lionel, *The War in France and Flanders, 1939–40*（History of the Second World War, edited by James Butler）, London, 1954.

Elstob, Peter, *Condor Legion*, New York, 1973.

Erickson, John, *The Road to Berlin*, London, 1983.

Knopp, Guido, *Hitlers Krieger*, Taschenbuchausgabe, München, 2000. グイド・クノップ『ヒトラーの戦士たち』、高木玲訳、原書房、2002年。

Ludendorff, Erich, *Meine Kriegserinnerungen 1914-1918*, Volksausgabe, Berlin, 1941. エーリヒ・ルーデンドルフ『世界大戦を語る　ルーデンドルフ回想録』、法貴三郎訳、朝日新聞社、1941年（抜粋に解説を加えたもの）。

Manstein, Erich von, *Verlorene Siege*, Bernard & Graefe-Ausgabe, Bonn, 1998. エーリヒ・フォン・マンシュタイン『失われた勝利』、本郷健訳、上下巻、中央公論新社、2000年。

Mellenthin, Friedrich-Wilhelm von, *Panzer Battles. A Study of the Employment of Armor in the Second World War*, peperback-edition, New York, 1971. F・W・フォン・メレンティン『ドイツ戦車軍団全史――フォン・メレンティン回想録』、矢嶋由哉／光藤亘訳、朝日ソノラマ、1980年。

Melvin, Mungo, *Manstein. Hitler's Greatest General*, paperback-edition, London, 2011. マンゴウ・メルヴィン『ヒトラーの元帥　マンシュタイン』、大木毅訳、上下巻、白水社、2016年。

Messnger, Charles, *The Last Prussian. A Biography of Field Marshal Gerd von Rundstedt, 1875-1953*, London, 2011.

Mézières, Urlich de (Hrsg.), *Nie Ausser Dienst. Zum achtzigsten Geburtstag von Generalfeldmarschall Erich von Manstein*, Köln, 1967.

Montgomery, Bernard Law, *Normandy to the Baltic*, London et al., 1946.

Müller, Rolf-Dieter, *Reinhard Gehlen. Geheimdienstchef im Hintergrund der Bonner Republik. Die Biografie*, 2 Bde., Berlin, 2017.

Nebelin, Manfred, Ludendorff. *Diktator im Ersten Weltkrieg*, München, 2010.

大木　毅『「砂漠の狐」ロンメル　ヒトラーの将軍の栄光と悲惨』、角川新書、2019年。

同　　　『戦車将軍グデーリアン　「電撃戦」の演出者』、角川新書、2020年。

Pyta, Wolfram, *Hindenburg. Herrschaft zwischen Hohenzollern und Hitler*, München, 2007.

Raus, Erhard, *Panzer Operations. The Eastern Front Memoir of General Raus, 1941-1945*, paperback-edition, Cambridge, MA., 2005.

Raeder, Erich, *Mein Leben*, 2 Bde., Tübingen, 1956-1957.

Ribbentrop, Joachim von, *Zwischen London und Moskau*, Leoni, 1954.

Roberts, Geoffrey, *Stalin's General. The Life of Georgy Zhukov*, New York, 2012. ジェフリー・ロバーツ『スターリンの将軍ジューコフ』、松島芳彦訳、白水社、2013年。

Rommel, Erwin, herausgegeben von Lucie-Maria Rommel und Fritz Bayerlein, *Krieg ohne Hass. Afrikanische Memoiren*, 2. Auflage, Heidenheim, 1950. エルヴィン・ロンメル『「砂漠の狐」回想録』、大木毅訳、作品社、2017年。

Schmidt, Paul, *Statist auf diplomatischer Bühne*, Bonn, 1950. パウル・シュミット『外交舞台の脇役』、長野明訳、私家版、1998年。

ハインツ・シュミット『砂漠のキツネ　ロンメル将軍』、清水政二訳、角川文庫、1971年。

Smelser, Ronald/Syring, Enrico (Hrsg.), *Die Militärelite des Dritten Reiches. 27 biographische Skizzen*, Taschenbuchausgabe, Berlin et al., 1997.

Ueberschär, Gerd R., (Hrsg.), *Hitlers militärische Elite. 68 Lebensläufe*, 2.Aufl., Darmstadt, 1998.

Warlimont, Walter, *Im Hauptquartier der deutschen Wehrmacht 39~45*, 3.Aufl., München, 1978.

Weinberg, Gerhard L. (Hrsg.), *Hitlers Zweites Buch*, Stuttgart, 1961. アドルフ・ヒトラー『ヒトラー第二の書』、立木勝訳、成甲書房、2004年。

事典・職官表などレファレンス類

Absolon, Rudolf, *Die Wehrmacht im Dritten Reich*, 6 Bde., Boppard a. Rh., 1960-1995.

Bradley, Dermot/Hildebrand, Karl-Friedrich/Rövekamp, Markus（Hrsg.）, *Die Generale des Heeres 1921-1945. Die militärischen Werdegänge der General, sowie der Ärzte, Veterinäre, Intendanten, Richter und Ministerialbeamten im Generalsrang*, Osnabrück, 1993-.

Hirschfeld, Gerhard/Krumeich, Gerd/Renz, Irina（Hrsg.）, *Enzyklopädie Erster Weltkrieg*, 2.Aufl., Paderborn, 2014.

Keilig, Wolf, *Die Generale des Heeres und die Sanitätsoffiziere im Generalsrang*, Friedberg, 1983.

Krivosheev, G.E.（ed.）, *Soviet Casualties and Combat Losses in the Twentieth Century*, London et al., 1997.

Mehner, Kurt/Staněek, Jaroslav, *Armee unter den Roten Stern*, Osnabrück, 1999.

Schmitz, Peter/Thies, Klaus-Jürgen/Wegmann, Günter/Zweng, Christian, *Die deutschen Divisionen 1939-1945 Heer/Landgescützte Kriegsmarine/Luftwaffe/Waffen-SS*, Bd.1-4, Osnabrück, 1993-2000.

Tessin, Georg, *Verbände und Truppen der deutschen Wehrmacht und Waffen SS im Zweiten Weltkrieg 1939-1945*, 15 Bde., Osnabrück, 1971.

伝記・回想録・自伝

Blumentritt, Guenther, *Von Rundstedt. The Soldier and the Man*, London, 1952.

Brussilow, Alexej A., *Meine Erinnerungen*, Berlin（ost）, 1983.

E・H・クックリッジ『ゲーレン――世紀の大スパイ』、向後英一訳、角川文庫、1974年。

オットー・カリウス『ティーガー戦車隊　第502重戦車大隊オットー・カリウス回顧録』、菊池晟訳、上下巻、大日本絵画、1995年。

Diedrich, Torstein, *Pauls-Das Trauma von Stalingrad*, Paderborn, 2008.

Eisenhower, Dwight D., *Crusade in Europe*, Johns Hopkins University Press edition, Baltimore/London, 1997. D・D・アイゼンハワー『ヨーロッパ十字軍　最高司令官の手記』、朝日新聞社訳、朝日新聞社、1949年。

Falkenhayn, Erich von, *Die Oberste Heeresleitung in ihren wichtigsten Entschließungen*, Berlin, 1920. 独逸参謀本部「ファルケンハイン」将軍『独逸最高統帥』、偕行社、1921年。

Farrer-Hockley, Anthony H., *Student*, New York, 1973.

Gehlen, Reinhard, *Der Dienst. Erinnerungen 1942-1971*, Mainz u.a., 1971. ラインハルト・ゲーレン『諜報・工作　ラインハルト・ゲーレン回顧録』、赤羽龍夫訳、読売新聞社、1973年。

General Ernst Köstring. *Der militärische Mittler zwischen dem Deutschen Reich und der Sowjetunion 1921-1941*, bearbeitet von Hermann Teske, Frankfurt a.M., 1965.

Guderian, Heinz, *Erinnerungen eines Soldaten*, Motorbuch-Auflage, 1998. ハインツ・グデーリアン『電撃戦　グデーリアン回想録』、本郷健訳、上下巻、中央公論新社、1999年。

Hartmann, Christian, *Halder. Generalstabschef Hitlers 1938-1942*, 2.Aufl., Paderborn et al., 2010.

Hindenburg, Paul von, *Aus meinem Leben*, Leipzig, 1929. パウル・フォン・ヒンデンブルク『わが生涯より』、尾花午郎訳、白水社、1943年。

アドルフ・ヒトラー『わが闘争』、平野一郎／将積茂訳、上下巻、角川文庫、1973年。

Hoth, Hermann, Der Kampf von Panzerdivisionen in Kampfgruppen in Beispielen der Kriegsgeschichte, in: *Wehrkunde*, Bd.7（1959）, Nr.11. ヘルマン・ホート「戦史の実例にみる、戦隊として運用された装甲師団の戦闘」、ヘルマン・ホート『パンツァー・オペラツィオーネン――第三装甲集団司令官「バルバロッサ作戦」回顧録』、大木毅編訳、作品社、2017年。

主要参考文献

主として参考にした史資料のみを挙げた。邦訳書の著者名・書名等で、本書と異なる表記を採用しているものもあるが、こちらはママとした。

史料集

Arbeitskreis für Wehrforschung, *Generaloberst Halder Kriegstagebuch. Tägliche Aufzeichnungen des Chefs des Generalstabes des Heeres 1939-1942*, 3 Bde., Stuttgart, 1962-1964.

ドイツ国防軍陸軍統帥部／陸軍総司令部『軍隊指揮——ドイツ国防軍戦闘教範』、旧日本陸軍・陸軍大学校訳、大木毅監修、作品社、2018年。

Bock, Fedor von（herausgegeben von Klaus Gerbet）, *Zwischen Pflicht und Verweigerung, Das Kriegstagebuch*, München et al., 1995.

Condell, Bruce/Zabecki, David T.（ed.）, *On the German Art of War. Truppenführung. German Army Manual for Unit Command in World War II*, Mechanicsburg, paperback-edition, PA., 2009.

Domarus, Max, *Hitler. Reden und Proklamationen 1932-1945*, 4 Bde., München, 1965.

Glanz, David M（ed.）./Orenstein, Harold S.（trans.）, *The Battle for Kursk 1943. The Soviet General Staff Study*, London, 1999.

Heiber, Helmut（Hrsg.）, *Hitlers Lagebesprechungen. Die Protkollfragmente seiner militärischen Konferenzen 1942-1945*, Stuttgart, 1962.

Hubatsch, Walther（Hrsg.）, *Hitlers Weisungen für die Kriegführung 1939-1945. Dokumente des Oberkommandos der Wehrmacht*, Taschenbuchausgabe, München, 1965. 英訳版 Hugh Trevor-Roper（Ed.）, Hitler's War Directives 1939-1945, London, 1965からの邦訳がある（ヒュー・R・トレヴァー＝ローパー編『ヒトラーの作戦指令書——電撃戦の恐怖』、滝川義人訳、東洋書林、2000年）。

Hürter, Johannes（ed.）, *A German General on the Eastern Front. The Letters and Diaries of Gotthard Heinrici, 1941-1942*, Barnsley, 2014.

Internationaler Militärgerichtshof, *Der Prozess gegen die Hauptkriegsverbrecher vor dem internationalen Militärgerichtshof*（*Amtliche Texte*）, 42 Bde., Nürnberg 1947-1949.

Ludendorff, Erich, *Urkunden der Oberste Heeresleitung über ihre Tätigkeit*, Berlin, 1922.

Rahn, Werner/Schreiber, Gerhard（Hrsg.）, *Kriegstagebuch der Seekriegsleitung 1939-1945*, 68 Bde., Hamburg, 1993-1996.

Salewski, Michael, *Die deutsche Seekriegsleitung 1935-1945*, 3 Bde., Frankfurt a.M. u.a, 1970-1973.

Schramm, Percy Ernst/Greiner, Helmuth, *Kriegstagebuch des Oberkommandos des Wehrmacht*（*Wehrmachtführungsstab*）*1940-1945*, 4 Bde., 1965-1972.

Soviet General Staff, *The Battle of Moscow 1941-1942. The Red Army's Defensive Operations and Counter-Offensive Along the Moscow Strategic Direction*, Solihull, 2015.

Wagner, Gerhard（Hrsg.）, *Lagevorträge des Oberbefehlshabers der Kriegsmarine vor Hitler 1939-1945*, München, 1972.

[ヤ行]

[ラ行]

[ワ行]

[マ行]

[ナ行]

[ハ行]

索引

Ⅳ－２　作戦術の勝利——新しいクルスク戦像【『コマンドマガジン』129号、2016年】
Ⅳ－３　後手からの一撃——鉄血のチェスゲーム【『コマンドマガジン』132号、2017年】
Ⅳ－４　西方の決壊——グレネード作戦【『コマンドマガジン』133号、2017年】

補章——何を読むべきか？　ドイツ国防軍の基本文献案内【書き下ろし】

あとがき【書き下ろし】

【初出一覧】

はじめに【書き下ろし】

第Ⅰ章　鋼鉄の嵐　第一次世界大戦とドイツ軍
Ⅰ－1　突破ミュラーの砲兵戦術【『コマンドマガジン』130号、2016年】
Ⅰ－2　マルヌ会戦――ヘンチュ中佐に責ありや？【『コマンドマガジン』145号、2019年
Ⅰ－3　ヴェルダン要塞攻防戦【『コマンドマガジン』146号、2019年】
Ⅰ－4　ルーデンドルフの戦い――ドイツ陸軍最後の攻勢　【『コマンドマガジン』140号、2018年】

コラム①：ロンメルはパスタを好んだか【『コマンドマガジン』144号、2018年】

第Ⅱ章　稲妻はいかにして鍛えられたか　両大戦間期から第二次世界大戦まで
Ⅱ－1　軍事面からみたゲルニカ　【『コマンドマガジン』139号、2018年】
Ⅱ－2　シュトゥデント将軍の虚像と実像【『コマンドマガジン』115号、2014年】
Ⅱ－3　ヒトラーの戦略【大木毅／鹿内靖『鉄十字の軌跡』、国際通信社、2010年】
Ⅱ－4　北の稲妻――「ヴェーザー演習」作戦【『コマンドマガジン』136号、2017年】
Ⅱ－5　九日間の奇跡――ダンケルク撤退作戦　【『コマンドマガジン』135号、2017年】

コラム②：虎の育て方――ティーガー戦車の誕生と運用【『コマンドマガジン』137号、2017年】

第Ⅲ章　拡散する嵐　ソ連侵攻
Ⅲ－1　高慢と誤算――バルバロッサ作戦の成立【『コマンドマガジン』134号、2017年】
Ⅲ－2　泥の海の攻防――モスクワ前面モジャイスクの戦い【『コマンドマガジン』131号、2017年】
Ⅲ－3　モスクワの守護神――T－34とムツェンスクの戦い【『コマンドマガジン』136号、2016年】
Ⅲ－4　運命の逆転――東部戦線のフォン・ルントシュテット【『コマンドマガジン』109号、2013年】

コラム③：ゲーレン異聞――白日のもとにさらされた影【『コマンドマガジン』142号、2018年】

第Ⅳ章　薄暮の狼たち　ドイツ国防軍の終焉
Ⅳ－1　無限の48キロ――「冬の雷雨」作戦と第6装甲師団【『コマンドマガジン』143号、2018年】

［著者紹介］

大木　毅（おおき　たけし）

1961年東京生まれ。立教大学大学院博士後期課程単位取得退学。DAAD（ドイツ学術交流会）奨学生としてボン大学に留学。千葉大学その他の非常勤講師、防衛省防衛研究所講師、国立昭和館運営専門委員、陸上自衛隊幹部学校（現教育訓練研究本部）等を経て、現在著述業。『独ソ戦』（岩波新書、2019年）で新書大賞2020を受賞。

近著に『灰緑色の戦史』（作品社、2017年）、『戦車将軍グデーリアン』（角川新書、2020年）、訳書にイェルク・ムート『コマンド・カルチャー』（中央公論新社、2015年）、マンゴウ・メルヴィン『ヒトラーの元帥　マンシュタイン』上・下（白水社、2016年）など。

Die offensiven und defensiven Schlachten der deutschen Streitkräfte.
——Vom Marne-Feldzug bis zum Ende des Dritten Reiches.

ドイツ軍攻防史——マルヌ会戦から第三帝国の崩壊まで

2020 年 5 月 15 日　第 1 刷発行
2020 年 7 月 15 日　第 2 刷発行

著者———大木 毅

発行者———和田 肇
発行所———株式会社作品社
〒 102-0072 東京都千代田区飯田橋 2-7-4
tel 03-3262-9753　fax 03-3262-9757
振替口座 00160-3-27183
http://www.sakuhinsha.com
本文組版——有限会社閏月社
図版提供——株式会社国際通信社
装丁———小川惟久
印刷・製本——シナノ印刷（株）

ISBN978-4-86182-807-2 C0020